UMA DIÁSPORA DESCONTENTE

UMA DIÁSPORA DESCONTENTE

Os nipo-brasileiros e os
significados da militância étnica
1960-1980

JEFFREY LESSER

Tradução de
Patricia de Queiroz Carvalho Zimbres

PAZ E TERRA

Preparação de originais: Michelle Strzoda
Produção gráfica: Katia Halbe
Diagramação e projeto gráfico: Join bureau
Capa: Miriam Lerner
Imagem de capa: © StockBrazil

CIP-Brasil. Catalogação na Fonte
Sindicato Nacional dos Editores de Livros, RJ

L633d
Lesser, Jeffrey
    Uma diáspora descontente : os nipo-brasileiros e os significados da militância étnica 1960-1980 / Jeffrey Lesser ; [tradução Patricia de Queiroz Carvalho Zimbres]. – São Paulo : Paz e Terra, 2008.
    il.

    Tradução de: A discontented diaspora
    Inclui bibliografia
    ISBN 978-85-7753-066-3

    1. Japoneses – Brasil – Identidade étnica. 2. Características nacionais brasileiras.
I. Título.

08-1876

CDD-305.8956081
CDU: 316.347(=1-86)

Direitos adquiridos pela

EDITORA PAZ E TERRA S.A.
Rua do Triunfo, 177
Santa Ifigênia, São Paulo, SP – CEP: 01212-010
Tel.: (11) 3337-8399
vendas@pazeterra.com.br
www.pazeterra.com.br

2008
Impresso no Brasil / Printed in Brazil

Dedicado à memória de meu pai,
William Morris Lesser, זײ״ל
de meu sogro,
Michael Shavitt זײ״ל
e
de meu mentor,
Warren Dean

Prefácio à edição brasileira

É para mim uma honra ter esse trabalho traduzido. Os assuntos investigados nesse livro, com certeza, vão abrir debates sobre temas importantíssimos ao público brasileiro. Mesmo que muitos amigos e colegas no Brasil tenham influenciado minhas idéias sobre etnicidade e identidade nacional brasileira, foram os sujeitos dessa obra que mais me inspiraram. Espero que esse livro possa tanto satisfazê-los como continuar gerando discussões e novas perspectivas.

Gostaria de agradecer a todos os meus colegas na Editora Paz e Terra, especialmente seu diretor, Marcus Gasparian, e a editora Nina Schipper, além de Katia Halbe e Cleber Paes. Eles e as outras pessoas na editora apoiaram esse projeto com muito gentileza. A tradutora Patricia de Queiroz Carvalho Zimbres fez um trabalho excelente, mantendo o mesmo nível, em conteúdo e estilo, do trabalho originalmente escrito em inglês. Gostaria de agradecer especialmente o Prof. Dr. Michael Hall, que desde minha primeira visita ao Brasil, há 20 anos, apoiou minhas pesquisas e continuou tal gentileza ao sugerir esse livro à Editora Paz e Terra.

Meu amigo e grande interlocutor Prof. Dr. Roney Cytrynowicz, como sempre, leu criticamente o texto tanto em inglês como em português. Também gostaria de agradecer o Dr. Celso Zilbovicius pela amizade de tantos anos.

Para fazer pesquisas abrangentes como essa, o historiador precisa da ajuda de muitas instituições. Gostaria de agradecer a Comissão Fulbright, cujo apoio foi fundamental nesse trabalho. Meus alunos no curso "Repensando Raça e Etnicidade: Os Estados Unidos e o Brasil nas Américas", proferido na Universidade de São Paulo em 2001, aparecem muito no texto e merecem aplausos. Por muitos anos meus amigos e colegas no Centro de Estudos Nipo-Brasileiros sempre providenciaram espaço e tempo para sentar e discutir temas de interesse mútuo. Muitos outros receberam agradecimentos no prefácio original, e eu gostaria de reiterá-los aqui.

Como tudo que escrevo, esse livro é dedicado a Eliana Shavitt Lesser, Gabriel Zev Shavitt Lesser, e Aron Yossef Shavitt Lesser. Eles, e toda a minha família brasileira, estão sempre presentes em meu pensamento e espero que esse projeto, de uma maneira modesta, represente o Brasil deles.

Junho de 2008.

Prefácio e agradecimentos

As pessoas reagem de diversas maneiras à minha pesquisa sobre os nipo-brasileiros. Os acadêmicos dos Estados Unidos geralmente conhecem os conceitos de *etnicidade* e *diáspora*, mas eles, muitas vezes, se surpreendem com o fato de os Estados Unidos não serem o único país multicultural das Américas, e de São Paulo ter uma população de ascendência japonesa maior que a de qualquer outra cidade do mundo fora do Japão. Os brasileiros, acadêmicos ou não, costumam ficar intrigados com o fato de um pesquisador (eu) nascido fora do Brasil (nos Estados Unidos) e pertencente a um grupo étnico não-asiático (judeu) ter interesse pelos *nikkeis* brasileiros.

Enquanto eu trabalhava em minha pesquisa para este livro, muitas pessoas que eu encontrava perguntavam: "Eu conheço alguém que é nipo-brasileiro. Você gostaria de conhecê-lo (ou conhecê-la)?". Isso não era de se surpreender: São Paulo é repleta de nipo-brasileiros. Evangélicos ou ateus, mecânicos de automóveis ou economistas, velhos ou jovens, *gays* ou hetero, todos eles possuem o que Daphne Patai chamou de "*status* de minoria e estigma de 'excesso de visibilidade'".[1] Embora os nipo-brasileiros sejam minoria em termos tanto numéricos quanto conceituais, os integrantes da maioria freqüentemente extrapolam para a totalidade do grupo suas experiências individuais com os *nikkeis*. Este livro, então, trata de como a etnicidade opera numa cidade onde os nipo-brasileiros são o mais visível dos grupos de minoria étnica.

A inspiração para *Uma diáspora descontente* veio de meu orientador durante o curso de graduação, Anani Dzidzienyo, e de meu orientador na pósgraduação, Warren Dean, já falecido. Foi o professor Dzidzienyo que levou a mim e a toda uma geração de alunos da Brown University a estudar o Brasil. Suas aulas eram sempre apaixonadas e políticas, como eram também os temas de seus livros. Para o professor Dzidzienyo, as ações falavam mais alto que as palavras. O professor Dean era igualmente passional e político, exigindo que seus alunos procurassem o agente em meio aos atores da história. Tanto o professor Dzidzienyo quanto o professor Dean insistiam para que eu passasse o máximo de tempo possível no Brasil, não apenas lendo documentos, mas também ouvindo as pessoas. Espero que sua influência fique aparente no tema deste livro e também em seu estilo.

* * *

Este livro não poderia ter sido escrito sem a generosidade de muitas pessoas. Patrick Allit, Roney Cytrynowicz, Jerry Dávila, Lane Ryo Hirabayashi, Koichi Mori e Thomas Skidmore leram o manuscrito completo (alguns deles mais de uma vez!) e seus comentários sempre me forçavam a repensar minhas idéias. Stephanie Dennison, Sandra McGee Deutsch, James Green, Shuhei Hosokawa, Victoria Langland, Kenneth Serbin, Kerry Smith, Tzvi Tal e Barbara Weinstein leram capítulos e, todos eles, ajudaram a aperfeiçoar o manuscrito.

Muitos colegas da Emory University fizeram comentários sobre partes do original, inclusive Matthew Bernstein, Tom Burns, Clifton Crais, Ivan Karp, Corinne Kratz, Cristine Levundiski, Bianca Premo, Mark Ravina, Philippe Rosenberg e Susan Socolow. Rafael Ioris, Ryan Lynch, William Martins e Phil Misevich ofereceram auxílio na pesquisa. Ligia Kiss transcreveu a maioria das entrevistas, e minhas conversas com ela sobre estes textos foram de valor inestimável. Fabrício Prado foi um interlocutor maravilhoso e merece todo o crédito pelos mapas, pelas tabelas e imagens deste livro. Marcos Toffoli esteve envolvido com este projeto desde sua concepção, e eu não o poderia ter concluído sem sua ajuda e amizade.

Fico especialmente grato aos colegas que se lembraram deste projeto enquanto realizavam suas próprias pesquisas e compartilharam informações comigo: Célia Abe Oi, Matthew Bernstein, Jerry Dávila, Stephanie Dennison, Carlos Fico, Alessandra Gasparotto, James Green, Victoria Langland, Robert Lee, Joseph Love, Marcos Chor Maio, Chico Mattos, Jeffrey D. Needell, Anthony Pereira, Charles Perone, Evans Ross, Kenneth Serbin, Harold D. Sims e Sílvio Tendler. Agradeço, em especial, a Marco Aurélio Vannucchi e Walter Swensson por sua inestimável ajuda.

Muitas de minhas idéias foram refinadas ou modificadas após serem apresentadas em seminários. Meus profundos agradecimentos vão para os professores e os alunos das seguintes instituições: Universidade da Flórida, Emory University, Brown University, Centro Brasileiro de Análise e Planejamento (Cebrap), Universidade Estadual de Campinas (Unicamp), Casa de Oswaldo Cruz (Fiocruz), Universidade do Vale do Rio dos Sinos (Unisinos), Universidade Federal do Rio Grande do Sul (UFRGS), Universidade Estadual Paulista (UNESP) – Marília, Instituto de Filosofia e Ciências Sociais (IFCS – UFRJ), Michigan State University, o Southern Japan Seminar da Florida International University, a Associação Alemã de Estudos Latino-Americanos (ADLAF) e a Universidade Federal de Santa Maria (UFSM). Agradecimentos especiais vão também para meus alunos na Emory University, que nunca deixaram de fazer as perguntas difíceis que para mim são fonte de constante inspiração.

Algumas fundações foram extraordinariamente generosas com o financiamento da pesquisa e da redação de meu trabalho, nos últimos anos: O American Council of Learned Societies, o Programa de Direitos Humanos e Sociedade da Fundação Ford, a Comissão J. William Fullbright, a Comissão Fullbright-Hays, o International Nikkeis Research Project e a Fundação Lucius N. Litauer. A Emory University auxiliou o projeto tanto com verbas quanto com tempo. Também desejo agradecer particularmente a Walter Adamson, Cristine Levenduski, James Melton, Robert Paul e Steven Sanderson por seu apoio. Sussumu Miyao e Kazunori Wakisaka me convidaram para passar um ano como *fellow* do Centro de Estudos Nipo-Brasileiros, e Marco Antônio Rocha e Eva Reichman, da Comissão Fullbright Brasileira, foram sempre prestativos e generosos enquanto eu executava meu trabalho.

As equipes dos muitos arquivos e bibliotecas mencionados no texto e nas notas merecem menção especial. Elas foram, sem exceção, prestativas e simpáticas e, muitas vezes, desenterraram itens esquecidos no Brasil há anos. Entre outros amigos e colegas que deram apoio à minha pesquisa no Brasil estão: Bela Bianco, Sidney Chalhoub, Elcio Cornelson, Alberto Dines, Liana Dines,

Carlos Alberto Diniz, Martin Dreher, Alessandro Gamo, René E. Gertz, Mônica Grin, Flávio Heniz, André Joanilho, Margareth Rago, Benito Schmidt, Karl Erik Schoelhammer, José Carlos Sebe, Sílvio Tendler, Tullo Vigevani, Tizuka Yamasaki e Paulo Yokota. Os alunos do curso que ministrei na Universidade de São Paulo foram sempre divertidos, estimulantes e prestativos. No Japão, meu trabalho foi auxiliado por Mark Caprio, Alexis Dudden, Shuhei Hosokawa, Fuminao Okumura e sua família, e Shigeru Suzuki. Em Israel, desejo agradecer os professores e os alunos do Instituto de Estudos Latino-Americanos e Ibéricos e o Centro S. Daniel Abraham de Estudos Internacionais, ambos da Universidade de Tel Aviv.

Este trabalho não teria sido desenvolvido sem os amigos e a família. Desejo agradecer particularmente (entre os que ainda não foram mencionados) Eduardo Barcellos, Ronald e Heather Florence, Samy Katz, Roberto Lang, Alina Skonieczny e Nando Duarte, Harold Solomon e Celso Zilbovicius.

Na última década, Valerie Millholland, da Duke University Press, vem sendo uma editora maravilhosa, para mim e para toda uma geração de latino-americanistas. Ela, a editora-assistente Miriam Angress, o editor-executivo assistente Mark Mastromarino, e o editor de texto Alex Martin foram de importância crítica para a finalização deste livro.

A editoração final deste livro foi feita enquanto eu lecionava um seminário de pós-graduação sobre as Diásporas da América Latina, com o apoio de uma Fullbright Fellowship, no Centro S. Daniel Abraham de Estudos Internacionais, na Universidade de Tel Aviv. Os maravilhosos alunos daquele seminário leram a última versão do original, e seus desafios intelectuais e culturais a meu trabalho foram fonte constante de inspiração. Meus queridos amigos de Tel Aviv, Raanan, Esti, Omer e Noa Rein, e também Rosalie e David Sitman ajudaram a tornar prazerosa a estadia de minha família.

Às famílias Lesser e Shavitt vai meu grande amor. Por fim, e mais importante que tudo, quero agradecer à minha mulher, Eliana Shavitt Lesser, e a nossos filhos gêmeos, Gabriel Zev e Aron Yosef, por seu amor, senso de aventura e boa índole.

Sumário

Ilustrações e tabelas

Abreviações

Acenb	Arquivo do Centro de Estudos Nipo-Brasileiros
AEL	Arquivo Edgard Leuenroth, Instituto de Filosofia e Ciências Humanas da Unicamp
Aerp	Assessoria Especial de Relações Públicas
Aesp	Arquivo do Estado de São Paulo
AHI-R	Arquivo Histórico Itamaraty, Brasília
ALN	Ação Libertadora Nacional
AN	Arquivo Nacional, Rio de Janeiro
Aperj	Arquivo Público do Estado do Rio de Janeiro
APP-SJ	Arquivos das Polícias Políticas – Setor Japonês
ARP	Assessoria de Relações Públicas
BJKS	Biblioteca Jenny Klabin Segall do Museu Lasar Segall, São Paulo
BN	Biblioteca Nacional, Rio de Janeiro
Ceagesp	Companhia de Entrepostos e Armazéns Gerais de São Paulo
Cedem	Centro de Documentação e Memória, São Paulo

Cenb	Centro de Estudos Nipo-Brasileiros
Cenimar	Centro de Informações da Marinha
CIE	Centro de Informações do Exército
Colina	Comando de Libertação Nacional
CPDOC	Centro de Pesquisa e Documentação de História Contemporânea do Brasil, Fundação Getulio Vargas, Rio de Janeiro
Dedoc	Departamento de Documentação da Editora Abril
Deops-SP	Departamento Estadual de Ordem Política e Social de São Paulo
Doi-Codi	Destacamento de Operações de Informações – Centro de Operações de Defesa Interna
ECA	Escola de Comunicações e Artes, Universidade de São Paulo
FAL	Fuzil Automático Leve
FCB	Fundação Cinemateca Brasileira, São Paulo
GV	Getulio Vargas
IBGE	Instituto Brasileiro de Geografia e Estatística
IHGB	Instituto Histórico e Geográfico Brasileiro
INA	Indústria Nacional de Armas
INC	Instituto Nacional do Cinema
Incra	Instituto Nacional de Colonização e Reforma Agrária
ISI	Industrialização de Substituição de Importações
ITA	Instituto Tecnológico da Aeronáutica
JAL	Japan Airlines
Masp	Museu de Arte de São Paulo
Molipo	Movimento de Libertação Popular
MR-8	Movimento Revolucionário 8 de Outubro
Narc	National Archives and Record Center, Washington, D.C.
Oban	Operação Bandeirante
PCdoB	Partido Comunista do Brasil
PCB	Partido Comunista Brasileiro
Polop	Política Operária
PRO	Public Records Office, Londres

PT	Partido dos Trabalhadores
Sabesp	Companhia de Saneamento Básico do Estado de São Paulo
SNI	Serviço Nacional de Informações
Unesco	Organização das Nações Unidas para a Educação, a Ciência e a Cultura
USP	Universidade de São Paulo
VAR-Palmares	Vanguarda Armada Revolucionária – Palmares
VPR	Vanguarda Popular Revolucionária

Nota sobre a edição

A pesquisa em diversas fontes revelou grafias distintas de nomes de alguns personagens neste livro. Na preparação de texto estas grafias foram padronizadas. Outras grafias variantes foram no entanto mantidas, quando puderam ser explicadas no texto.

SEMP TOSHIBA

OS NOSSOS JAPONESES SÃO MAIS CRIATIVOS QUE OS JAPONESES DOS OUTROS.

Figura 1. Anúncio da Semp Toshiba.

Prólogo

Os limites da flexibilidade

O *slogan* mostrado na figura 1, de um anúncio criado pela agência Talento, em 1992, para a empresa brasileira de aparelhos eletrônicos Semp Toshiba, foi "um dos *slogans* mais comentados... da propaganda brasileira".[1] Seu texto refletia a complexa relação entre o Brasil e o Japão, associada às identidades nacionais do 1 milhão de cidadãos brasileiros de ascendência japonesa. Essa vinculação entre o Brasil e o Japão não foi uma simples estratégia de *marketing*: na linguagem popular, os *nikkeis* (o termo usado por muitos nipo-brasileiros para designar a si próprios; a mesma palavra designa ao mesmo tempo descendentes de várias gerações dos imigrantes japoneses) são conhecidos simplesmente como "japoneses", uma vez que, em português, não há distinção lingüística entre os brasileiros de ascendência japonesa e os habitantes do próprio Japão.[2] O conto de Rachel de Queiroz, "Nacionalidade", ilustra esse ponto. Seu jovem protagonista é chamado de "japonês" por seus amigos, embora ele não se canse de lembrar de que ele e seus pais haviam nascido no Brasil. Uma das crianças insiste: "Nunca vi pessoa ser brasileiro e ter cara de japonês. Eu pensava que brasileiro era tudo igual".[3] Nesse conto, a raça é uma poderosa metáfora da identidade nacional e da hierarquia social, para os *nikkeis* e para todos os brasileiros que não são "tudo igual".

Essa relação entre as idéias sobre o Brasil e as idéias sobre o Japão tem uma longa história para as pessoas de origem japonesa. Tudo começou em 1908, quando chegaram os primeiros dos cerca de 250 mil imigrantes. Em 1960, o Brasil tinha a maior população *nikkei* do mundo. São Paulo era a maior cidade "japonesa" fora do Japão. Ao longo do século XX, os vínculos entre o Brasil e o Japão incluíam interações em todos os níveis políticos, econômicos, culturais e sociais.[4] Um constante fluxo de idéias sobre o Japão chegava ao Brasil por meio de imagens, produtos e pessoas. O Brasil e o Japão eram profundamente interligados na cultura popular: os pais diziam a seus filhos que, se cavassem bem fundo, eles chegariam ao Japão, enquanto os pais japoneses diziam a seus filhos que, cavando sem parar, eles sairiam no Brasil.[5] Alguns usavam essa tirada de formas mais "adultas". Uma tira humorística publicada em 1969 numa revista masculina brasileira mostrava um homem lançando um olhar lascivo a uma mulher, através da Terra (ou seja, de baixo para cima), dizendo: "Se o mundo fosse transparente, eu ia morar no Japão".[6]

Esse vínculo incomum entre o Brasil, o Japão e os nipo-brasileiros fica claro no anúncio da Semp Toshiba. "Os nossos japoneses são mais criativos que os japoneses dos outros" era um *slogan* nacionalista, embora sugerindo uma certa ambivalência, uma vez que seria esperado que o orgulho nacional resultasse numa frase como "os nossos brasileiros". No entanto, para muitos paulistanos, "os nossos japoneses" era uma forma cifrada indicando brasileiros de tipo superior, e a elite da cidade mais populosa, economicamente poderosa e politicamente dominante do país, usando a mídia, materiais didáticos e políticas governamentais, divulgava a todos os brasileiros idéias sobre raça e identidade nacional.[7] "Os nossos japoneses são mais criativos que os japoneses dos outros" implicava que São Paulo era melhor que o resto do Brasil, embora sugerir essa hierarquia não fosse a intenção da agência de publicidade. Ao longo de todo o século XX, a elite de São Paulo tomou o poderio internacional do Japão como meta, e a indústria e a sociedade japonesas como modelos.[8] As lideranças políticas e econômicas viam os habitantes "japoneses" da cidade como atores importantes na tarefa de tornar São Paulo melhor que o resto do Brasil. Na década de 1970, o banco Bamerindus, com sede em São Paulo, insistia, em sua propaganda: "Precisamos de mais brasileiros como os japoneses".[9]

Este livro faz uma triangulação entre uma cidade (São Paulo), um país (Japão) e um grupo étnico (os nipo-brasileiros), e pergunta o que a relação entre os três, nas décadas de 1960 e 1970, tem a nos ensinar sobre etnicidade e identidade nacional. Minha abordagem, portanto, parte do pressuposto de que a identidade (étnica, nacional e regional) é multifacetada e, simultaneamente, global e local. Meus argumentos se baseiam mais na palavra *e*, do que na palavra *ou*, mas não se trata aqui de um truque lingüístico. Ao contrário, esse enfoque permite que fenômenos aparentemente contraditórios sejam analisados como parte das experiências vividas e costumeiras da identidade.[10] Embora os sujeitos deste livro tenham feito escolhas do tipo ou/ou na *apresentação* de sua identidade, eles, por outro lado, se sentiam confortáveis em suas identidades múltiplas, que apenas superficialmente pareciam contraditórias.

* * *

No primeiro dia de cada semestre, na Emory University, em Atlanta, meus alunos e eu examinamos os títulos dos livros constantes da ementa do curso. Meu objetivo é convencê-los de que esses títulos foram cuidadosamente escolhidos e, quando analisados, têm muito a dizer sobre a abordagem e o conteúdo de cada autor. O título deste livro, *Uma diáspora descontente: Os nipo-brasileiros e os significados da militância étnica, 1960-1980*, não consiste numa simples coleção de chavões. As perguntas que fiz a mim mesmo foram: "Os nipo-brasileiros têm um senso de identidade de diáspora?", "Os *nikkeis* brasileiros estão descontentes?", "Em caso afirmativo, o que faz com que essa diáspora seja mais ou menos descontente que as outras?" e, por fim, "Por que os nipo-brasileiros se tornaram um foco de debates culturais em São Paulo e, por extensão, no Brasil?".

"Uma diáspora descontente" sugere que muitas pessoas, no Brasil, têm a idéia equivocada de que os *nikkeis* "se sentem" "japoneses" e, portanto, têm um vínculo emocional com o Japão como sua irrefutável pátria. Embora os nipo-brasileiros raramente se vejam como uma diáspora, nesse sentido clássico, a forte marca criada pela visão da maioria tem impacto sobre a construção de sua identidade. Os *nikkeis* tratados neste livro sempre afirmaram sua brasilidade, e a suposta diáspora, tão vividamente imaginada pela sociedade não-*nikkei* de São Paulo e por seus pais, imigrantes japoneses, criou tanto uma comunidade étnica opressiva como uma sociedade majoritária opressiva. Essa suposição produziu descontentamento por manter sempre presentes perguntas relativas à pátria dos nipo-brasileiros, questionando, portanto, sua lealdade.

"Militância étnica" também exige atenção. Os leitores norte-americanos talvez imaginem que esse termo signifique a afirmação aberta da etnicidade, em que as pessoas se filiam a movimentos políticos ou exigem ser denominadas de formas específicas. Nos Estados Unidos, "militância étnica" traz à mente a mobilização dos afro-americanos, dos latinos, dos asiático-americanos e dos judeus-americanos, tanto isoladamente quanto em coalizão. No Brasil, esse tipo de militância ocorreu ocasionalmente em movimentos políticos e culturais afro-brasileiros, mas raramente se verificou em meio a outros grupos étnicos.[11]

Por que, então, o uso de "militância étnica" no título? Porque, na ausência de movimentos formalmente constituídos em favor dos direitos dos *nikkeis*, a militância étnica tomou outras formas. Nos Estados Unidos, nos anos 1960 e 1970, isso freqüentemente incluía a "conquista" de "espaços étnicos" na arena nacional, mas, no Brasil, a maioria supunha que os grupos minoritários desejavam viver apenas no interior de "espaços étnicos". Para os nipo-brasileiros, militância significava escapar, de forma enfática, das classificações étnicas, tanto da sociedade majoritária quanto da geração de seus pais imigrantes. Quer ingressando em movimentos políticos ilegais, submetendo-se a treinamento de guerrilha ou atuando em filmes eróticos, os sujeitos deste livro afirmaram de forma militante sua brasilidade e, ao fazê-lo, para sua grande surpresa, acabaram por reforçar sua condição de minoria.

Ao reunir as idéias de diáspora, descontentamento, etnicidade e militância, levo a sério a "nação" e a "identidade nacional". Embora esta última seja um artifício heurístico que o Estado tenta criar e controlar, ela é sempre modificada pela experiência vivida. Essa linha de análise é útil porque a forte presença de imagens, produtos japoneses e nipo-brasileiros em São Paulo é contextualizada por uma população de ascendência japonesa que atinge um total de 750 mil habitantes. São Paulo é diferente de outras cidades das Américas, onde as imagens do Japão podem ser fortes, mas a população de ascendência japonesa é pequena, o que torna apenas ocasional a personificação dessas imagens.

Os *nikkeis* são um assunto atraente por uma série de razões. A histórica e profunda adesão brasileira à ideologia cultural da modernização associou os nipo-brasileiros ao Japão, uma das potências mundiais maiores e de crescimento mais rápido. Portugal, o "país-mãe" do Brasil, ao contrário, figurou de forma desfavorável no cenário mundial ao longo de praticamente todo o século XX, como um lugar de repressão e de estagnação cultural e econômica. A partir de

1920, pelo menos, boa parte da elite brasileira passou a ver o Japão, e não Portugal, como um modelo de nação em que a tradição e a modernização econômica geravam poderio internacional. Aos olhos de muitos de seus compatriotas brasileiros, os *nikkeis* pareciam trabalhadores, empreendedores e bem-sucedidos, como o próprio Japão. Quando a revista *Realidade* perguntou, em 1966, "Vale a pena ser brasileiro?", uma resposta positiva veio do fazendeiro japonês naturalizado brasileiro Hiroshi Saito (nascido em Nagasaki), que tornou o Brasil um lugar melhor plantando produtos agrícolas "estrangeiros".[12] A solução para o avanço do Brasil era importar uma população estrangeira que trazia produtos estrangeiros, tecnologias estrangeiras e uma ética de trabalho estrangeira.

A análise da identidade *nikkei* esclarece alguns dos aspectos nos quais o Brasil difere das demais repúblicas americanas que têm significativas populações de ascendência japonesa. No Peru, muitos dos cidadãos de origem japonesa são vistos como chineses, criando assim uma asiaticidade complexa que compete com a identidade da maioria nativa.[13] Nos Estados Unidos, a imigração japonesa foi em grande parte proibida em 1907 (exatamente quando ela começou no Brasil), e o Estado, injustamente, confinou os cidadãos americanos de ascendência japonesa durante a Segunda Guerra Mundial.[14] Nas décadas de 1960 e 1970, a ambivalência nos Estados Unidos relacionava-se a um temor da eficiência e do crescimento econômico japoneses, que faziam muitos americanos lembrarem os valores da individualidade que, segundo eles imaginavam, faltava aos japoneses. Um outro aspecto em que o Brasil difere dos Estados Unidos é que, no Brasil, os atributos étnicos, físicos ou de gênero são discutidos explicitamente, embora nem sempre de forma confortável. As pessoas chamam-se umas às outras de *gordinho*, *careca* ou *japonês*. A experiência *nikkei* no Brasil freqüentemente revela o que muitas vezes fica oculto nos Estados Unidos, onde, a partir da década de 1960, pressões culturais tenderam a calar as expressões públicas de estereótipos.

No Brasil, a ascensão social tende a acarretar mudanças nas categorizações étnicas e raciais, e os nipo-brasileiros, de modo geral, alcançaram êxito econômico. Na década de 1930, era comum os *nikkeis* serem transferidos da categoria "amarelo" (o termo usado no censo brasileiro) para a categoria "branco". Quando um deputado federal, discursando na Câmara em 1935, disse que "Os colonos japoneses... são até mais brancos que os portugueses", poucos foram os que discordaram.[15] Essas transferências raciais não ocorreram apenas com os *nikkeis*. O antropólogo Darcy Ribeiro conta uma conversa, ocorrida num coquetel, entre o famoso pintor Santa Rosa e um jovem afro-brasileiro que se queixava das barreiras raciais à sua ascensão na carreira diplomática: "Compreendo perfeitamente o seu caso, meu caro rapaz", teria dito Santa Rosa. "Eu também já fui negro".[16]

A crença de que a raça poderia ser incluída na classe social, sendo assim irrelevante, transformou o Brasil, na segunda metade do século XX, num mostruário racial. Um estudo da Unesco posterior à Segunda Guerra Mundial sugeriu que o Brasil era um local de relações raciais positivas e, *ao mesmo tempo*, um exemplo da permanência das desigualdades raciais sem segregação legal.[17] Essa pesquisa reformulou a intolerância como uma questão basicamente de classe, sugerindo que indivíduos e grupos socialmente ascendentes não podiam ser vítimas de racismo. Com a classe social como o marcador crítico, muitos brasileiros "étnicos" se tornaram parte de uma vaga branquidade. A associação da afluência com o ingresso na "raça" brasileira comum significa que estudar a etnicidade nipo-brasileira, o que seria perfeitamente razoável nos Estados Unidos, soa estranho no Brasil, onde uma suposta prosperidade muitas vezes faz com que os *nikkeis* pareçam não-étnicos e, outras vezes, não-brasileiros. As centenas de milhares de nipo-brasileiros vivendo em São Paulo nas décadas de 1960 e 1970 eram, ao mesmo tempo, exóticas e comuns.

Neste estudo, optei por não analisar experiências típicas. Meu foco, ao contrário, recai sobre dois fortes tópicos surgidos na década de 1960, a sexualidade no cinema e a militância política. Escolhi esses dois temas por eles darem realce às maneiras pelas quais os nipo-brasileiros se imaginavam brasileiros. Os *nikkeis* tinham certeza de que sua participação nessas duas áreas seria reconhecida por sua brasilidade, e se confrontavam constantemente com o fato de que estavam equivocados. Os *nikkeis* viam a si próprios como militantes étnicos devido à sua rejeição das idéias sobre a etnicidade "japonesa", mas o que eles vieram a aprender foi que representar a si próprios como brasileiros só fez dar ênfase à sua niponicidade. Os *nikkeis* se viam aprisionados num quadro de normalidade e convenção, e desviar-se do caminho batido não levou os sujeitos deste estudo a experiências étnicas incomuns. Ao contrário, só fez ressaltar os artefatos culturais da brasilidade, tão entranhados na etnicidade. Embora os sujeitos nipo-brasileiros deste livro não fossem normativos, suas experiências étnicas o foram.

* * *

O Brasil é um país imenso, e São Paulo, sua maior cidade. Entre 1960 e 1980, São Paulo cresceu de 4,7 milhões (numa população nacional de 70 milhões) para 12,5 milhões (numa população nacional de 119 milhões) (ver tabela 1). Durante essas décadas, idéias sobre o Japão e sobre a niponicidade influenciaram a maior parte dos grandes acontecimentos da cidade, e as imagens do Japão e dos nipo-brasileiros disseminaram-se por todo o Brasil. Em Belém do Pará, Campo Grande e em cidades grandes e pequenas espalhadas pelos estados do Paraná e de São Paulo, pode-se ver a etnicidade *nikkei* ao estilo de São Paulo em seu sentido mais amplo. Estudar São Paulo, então, é semelhante a estudar a cidade de Nova York: ambos os centros étnicos têm ressonância nacional de amplo alcance.

Em São Paulo, onde os moradores acreditavam que sua identidade regional deveria ser também a identidade nacional, a relação entre a brasilidade e a niponicidade foi objeto de constante discussão. Para muitos paulistanos, o contato com imagens do Japão e com *nikkeis* de carne e osso era uma realidade cotidiana, entre as décadas de 1960 e 1980, como ainda o é hoje. Os moradores da cidade compravam seus pastéis de vendedores de rua "japoneses", levavam suas roupas para lavanderias "japonesas" e compravam frutas e legumes em barracas "japonesas" nas feiras-livres espalhadas por toda a cidade. Os estudantes tinham contato com colegas *nikkeis* em suas escolas e todos tinham vizinhos *nikkeis*. Na imaginação popular, o bairro da Liberdade, a "Japantown" localizada no centro da cidade, representava um ideal de ascensão social para a condição de pequeno-burguês.[18] Nas décadas de 1960 e 1970, um passeio no bairro "exótico" dava aos brasileiros a impressão de estarem visitando um país estrangeiro onde se podia chegar de ônibus ou de carro.

Tabela 1. População, São Paulo (estado e cidade) e Brasil, 1960 e 1980, com aumento percentual

Ano	Estado de São Paulo	Cidade de São Paulo	Brasil
1960	12.809.231	4.791.245	70.070.457
1980	25.040.698 (+95%)	12.588.725 (+162%)	119.002.706 (+70%)

Fonte: Instituto Brasileiro de Geografia e Estatística, Evolução da População Residente: Brasil, Estado de São Paulo, Grande São Paulo, 1960, 1980.

A crença de que o Japão se localizava em São Paulo, entretanto, não se restringia a um único bairro. Nas décadas de 1950 e 1960, os jardins japoneses eram moda entre a elite, como os modelos industriais e administrativos japoneses o viriam a ser nas décadas de 1960 e 1970. Na década de 1960, a decoração e os falsos personagens "japoneses" tornaram-se comuns por toda a cidade, muitas vezes fora de um contexto *nikkei*. A campanha publicitária para o filme "japonês" mais famoso do cinema brasileiro, *Gaijin: Os Caminhos da Liberdade*, de Tizuka Yamasaki, enfocou o Japão como um fator de importância crítica para sua mensagem central de mestiçagem e de identidade nacional brasileira (figura 2). Os nomes dos integrantes do elenco representavam, em sua maioria (e talvez de forma não-intencional) os principais grupos imigrantes de São Paulo (portugueses, italianos e japoneses), cuja chegada, em fins do século XIX e no século XX, levantou dúvidas sobre o que seria uma brasilidade autêntica. Em *Gaijin*, assim como em São Paulo, os *nikkeis* se converteram num ponto focal da angústia com relação à identidade nacional. Como sugeria o anúncio de jornal, a imigração japonesa e suas conseqüências criaram um espaço ímpar para a caracterização das grandes experiências de etnicidade no Brasil.

Esse anúncio do filme *Gaijin* convida os leitores a imaginar este livro com um outro título (que se tornou o título da introdução), "A orla do Pacífico no mundo atlântico". Na introdução a *esse outro* livro, eu poderia ter argumentado que a imagem evidencia o problema de usar oceanos para discutir espaços nacionais e regionais. No anúncio, a reprodução do Japão no Brasil e seu vínculo com os *nikkeis* mostra a facilidade com que imagens transnacionais fluem sem contato oceânico direto.[19] Os nipo-brasileiros parecem ser a corporificação de como o global e o local se relacionam num mundo transnacional e transoceânico.

A geografia real e imaginada é de importância crítica para a construção da identidade étnica. Para muitos paulistanos, o Japão serviu como pano de fundo para o exame de seu próprio sentimento nacional, tanto na política, na cultura quanto no desenvolvimento econômico. Eles imaginavam uma relação poderosa entre os *nikkeis* e o Japão por rejeitarem nos *nikkeis* aquilo que muitos estudiosos identificaram como o traço dominante da cultura brasileira: a mutabilidade étnica. Os *nikkeis* de São Paulo, mais que qualquer outro grupo étnico nas décadas de 1960, 1970 e 1980, foram essencializados pela maioria e essencializaram a si próprios.

Figura 2. Anúncio publicado em jornal do filme *Gaijin* (1980).

No entanto, havia um pequeno problema: as mesmas pessoas que viam os *nikkeis* como etnicamente rígidos e impenetráveis (e, portanto, não verdadeiramente brasileiros), muitas vezes eram da opinião de que a nação brasileira se tornaria melhor ao se tornar "mais japonesa". Os *nikkeis*, de modo geral, aceitaram uma identidade onde eles não eram brasileiros no presente, embora fossem brasileiros do futuro.[20] Foi precisamente a "estrangeirice" dos imigrantes japoneses e de seus filhos que os tornou tão paulistanos.

O que diferenciava os nipo-brasileiros dos demais grupos étnicos de São Paulo era a forte presença, na cidade, do Japão e da niponicidade, na propaganda, na comida, nos produtos, no comércio e nas relações comerciais, na política e na mídia. Os *nikkeis* eram a mais visível das minorias étnicas originárias da imigração, ao contrário dos descendentes de italianos, espanhóis e portugueses, cuja cultura sul-européia oferecia o catolicismo e a branquidade como vantagem, e uma falta de modernidade industrial como demérito, pelo menos se comparados aos europeus do norte. Os judeus e os sírio-libaneses (termo tipicamente usado para descrever os brasileiros originários do Oriente Médio) também eram vistos como diferentes dos *nikkeis*. Os brasileiros geralmente os viam como dotados de um "tino" natural para o comércio, mas sua visibilidade era limitada por sua capacidade de trocar de nome, de religião e de práticas culturais sem serem notados.[21] Enquanto os integrantes de praticamente todos os demais grupos étnicos podiam optar por disfarçar (ou até mesmo negar) sua etnicidade em público, uma vez que eles não diferiam fisicamente da maioria dos brasileiros, o mesmo não acontecia com os *nikkeis*. Os nipo-brasileiros eram forasteiros fisionômicos cuja cultura econômica e política era altamente desejável. Eles representavam tanto a hipertradição quanto a hipermodernidade. No caso dos *nikkeis*, a brasilidade não era simplesmente contestada. Ela era um conjunto constantemente mutável de características positivas e negativas que, ao longo do tempo, veio a gerar oposição como regra, mais que como exceção.

Enquanto muitos brasileiros acreditavam ser parte de uma cultura nacional etnicamente flexível, alguns grupos tinham menor margem de manobra que outros. Os anúncios da Semp Toshiba de 2004, de autoria da Agência Talento, deixam claro esse ponto (figuras 3, 4 e 5). Superficialmente, eles sugerem que qualquer brasileiro pode "virar japonês". "Fingir que é japonês é fácil" contrastava a falsidade implícita nas imagens com a noção essencial de que os produtos da Semp Toshiba são "verdadeiramente" japoneses. Esses comerciais, assim, representavam fielmente a crença dos paulistanos de que os nipo-brasileiros eram o último grupo etnicamente imutável numa nação que exalta a flexibilidade das categorias étnicas e raciais. Em São Paulo, o Japão era uma *commodity* étnica, como também o eram os *nikkeis*.

A regularidade das imagens, tanto conscientes como inconscientes, não dizia respeito apenas ao Japão "distante". Ao contrário, os paulistanos viam suas idéias constantemente reforçadas e questionadas pelos *nikkeis* reais, que foram transformados em significantes de um vínculo especial com o Japão. De fato, muitos integrantes da elite de São Paulo cultivavam um profundo elo ideológico com o Japão, embora poucos tivessem visitado aquele país.[22] Na década de 1960, São Paulo era a locomotiva econômica do Brasil, e o Japão, S.A., como se dizia então, desempenhava o mesmo papel no cenário internacional. O Japão, nos anos 1960 e 1970, era o que as elites paulistanas esperavam de seu próprio futuro. Como em todas as fantasias, a realidade ajudava a criar possibilidades, e desenvolveu-se uma ideologia cultural que sugeria que São Paulo não deveria ser *como* o Japão, mas sim *tornar-se* o Japão.

Os nipo-brasileiros converteram-se no veículo dessa transformação. Conforme os *nikkeis* trocavam as zonas rurais de seus pais imigrantes por profissões urbanas, eles se tornaram os "melhores brasileiros", em termos de sua

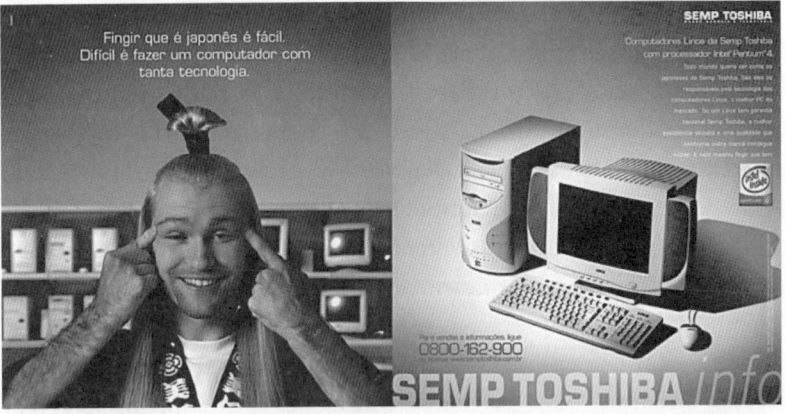

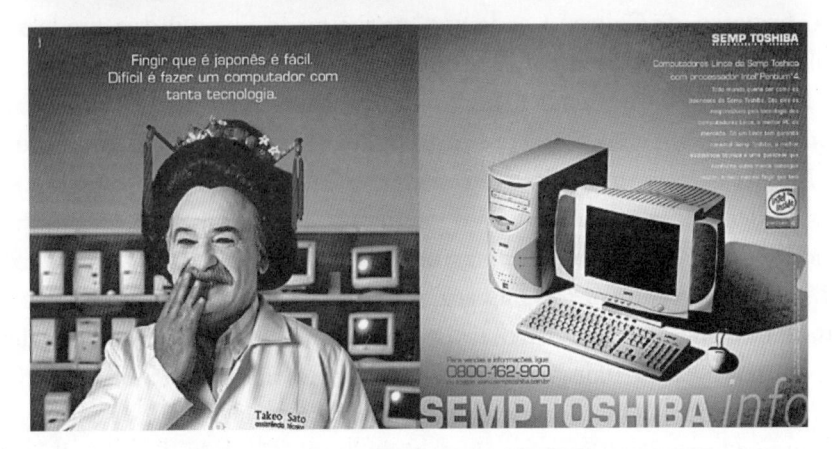

Figuras 3, 4 e 5. Anúncio da Semp Toshiba:
"Fingir que é japonês é fácil. Difícil é fazer um computador com tanta tecnologia".
Do *website* da Semp Toshiba (www.semptoshiba.com.br/fr-institucional.htm).

capacidade de modernizar o país, e os "piores brasileiros", porque se acreditava que eles eram os que menos provavelmente realizariam o sonho cultural do embranquecimento. As suposições essencialistas da maioria sobre a identidade nipo-brasileira eram reproduzidas nos discursos da minoria *nikkei*. Como resultado, os estereótipos internos e externos sobre os *nikkeis* freqüentemente coincidiam. Os nipo-brasileiros eram retratados pela maioria, e também por si próprios, como insuperavelmente produtivos, como agricultores, quitandeiros e donos de lavanderias, nas décadas de 1940 e 1950; como inovadores tecnológicos ou ativistas políticos, nas décadas de 1960 e 1970; e como profissionais liberais, nos anos 1980 e 1990.

Os *nikkeis* tanto resistiram quanto se adaptaram à idéia de si próprios como "minoria modelo". Alguns nipo-brasileiros participaram entusiasticamente de instituições comunitárias formais, de escala ampla ou restrita. Outros rejeitaram essa participação e suas implicações. Para muitos *nikkeis*, a endogamia era de importância crucial, mas para um outro grupo igualmente amplo, a exogamia era a norma. Os não-*nikkeis*, igualmente, viam os *nikkeis* de múltiplas formas. Alguns os viam como estrangeiros inassimiláveis, mesmo após gerações de cidadania brasileira. Outros os viam como cidadãos-modelo, uma versão abrasileirada da construção norte-americana da "minoria-modelo", com todos os estereótipos e toda a precariedade a ela associados.[23] A maioria aceitava, simultaneamente, ambos os pontos de vista, aplicando-os conforme a situação. Nesse particular, minha pesquisa sobre o Brasil corrobora a afirmativa de Colleen Lye de que "perigo amarelo e minoria-modelo são melhor entendidos como dois aspectos da mesma e antiga forma racial".[24]

Enquanto Lye vê a "eficiência econômica" como o modelo dominante nos Estados Unidos, o caso brasileiro inclui também um senso de eficiência cultural. Mesmo os nipo-brasileiros que não seguiram o caminho traçado por seus pais e esperado pela maioria nunca rejeitaram a poderosa combinação de estereótipos tão profundamente entranhados na história moderna de São Paulo. Artistas *nikkeis* muitas vezes buscaram inspiração em suas próprias experiências de etnicidade (tanto vanguardistas quanto tradicionais).[25] Alguns deles, nos anos 1960 e 1970, ingressaram na indústria cinematográfica paulista, às vezes atuando em filmes eróticos cujos enredos usavam a cidade como pano de fundo. Outros *nikkeis* se envolveram na política e, durante a ditadura que teve início em 1964, verificou-se um surgimento explosivo de líderes políticos *nikkeis* nos níveis municipal, estadual e nacional.[26] Os *nikkeis* politicamente militantes também se opunham ao regime militar, e alguns deles se filiaram a grupos de oposição, inclusive movimentos de guerrilha armada, na esperança de derrubá-lo.

Enquanto muitos *nikkeis* viam a si próprios como parte de uma comunidade étnica, outros se desvincularam das instituições de seus pais imigrantes. Os sujeitos deste livro, em sua maioria, consideravam-se externos à comunidade, apesar de serem vistos por muitos brasileiros como internos a ela. A opção de ingressar num grupo revolucionário armado ou de atuar em filmes eróticos pode parecer diametralmente oposta à opção de se tornar advogado, banqueiro, engenheiro ou empresário. É certo que os historiadores da ditadura brasileira trataram essas escolhas como pólos opostos. Apresentarei um argumento contrário (e talvez contrário também ao senso-comum): o de que a maior parte dos nipo-brasileiros possuía experiências étnicas notavelmente semelhantes, independentemente de seu posicionamento político e de suas escolhas econômicas. Os estereótipos sobre os *nikkeis*, fossem eles guerrilheiros ou ministros de Estado nomeados pelos militares, fossem eles agricultores ou atrizes, emaranhavam-se sempre numa rede de xenofobia e xenofilia. Os *nikkeis*, com freqüência, afirmavam que não agiam como "japoneses", e sim como "brasileiros", mesmo ao explicar seu sucesso como culturalmente vinculado a uma pátria ancestral imaginada.

Uma maneira de analisar a etnicidade da diáspora é vê-la como uma moeda cultural apoiada por "bancos centrais" de muitos países e gasta de diferentes maneiras em diferentes espaços sociais, culturais e étnicos. Minha pesquisa sugere que os usos estratégicos da etnicidade caminhavam de mãos dadas à sua compreensão sentimental ampla.[27] São Paulo era repleta de oportunidades e de restrições étnicas, uma vez que a maioria brasileira costumava supor que os *nikkeis*, mesmo os que viviam à margem da "colônia japonesa no Brasil", eram imbuídos da idéia do Japão como pátria.[28] Embora a suposição da diáspora tenha levado muitos *nikkeis* ao descontentamento, eles não permaneceram passivos. Supunha-se que a militância étnica levaria à brasilidade. Ironicamente, o que aconteceu foi o contrário.

Introdução

A orla do Pacífico no mundo atlântico

Os anos 1960 e 1970 foram, no Brasil, as "Décadas da Diáspora", mais em São Paulo que em qualquer outro lugar. Durante esses anos, o Brasil tentou projetar para si um papel mundial maior, e os descendentes dos imigrantes desempenharam um papel particularmente ativo no estabelecimento de conexões internacionais e locais. Capitais estrangeiros choviam sobre a cidade, e seus lucros eram direcionados tanto para a matriz no Brasil quanto para o país de origem. Milhões de paulistanos entraram num processo de constante reformulação de suas identidades, a fim de tirar partido das etnicidades criadas por seus antepassados imigrantes e pela nacionalidade brasileira. Nenhum grupo definiu de maneira mais clara as Décadas da Diáspora, em São Paulo, que as centenas de milhares de nipo-brasileiros que se tornaram parte integrante da vida da cidade.

À medida que o Japão, após a Segunda Guerra Mundial, ressurgia como potência econômica, *nikkeis* de toda a América viram-se ligados ao capital internacional de formas que vieram a alterar a construção de sua identidade. A posição do Japão no cenário mundial significava que os *nikkeis* eram vistos, ao mesmo tempo, como "radicalmente diferentes" e como parte de uma "identidade capitalista comum".[1] Quando os militares brasileiros tomaram o poder, em 1964, os generais e seus subordinados civis associaram o Japão aos "japoneses" brasileiros, no exato momento em que uma geração de *nikkeis* ingressava nas profissões liberais. Para muitos jovens *nikkeis* nascidos em comunidades imigrantes agrícolas, maturidade significava migrar para a cidade de São Paulo em busca de educação e avanço profissional.

As diferenças entre as gerações, em meio aos *nikkeis*, tornaram-se parte de uma reformulação mais ampla da juventude burguesa, na medida em que a censura, a repressão e a mobilização criavam ciladas e oportunidades singulares para todos os brasileiros. Os *nikkeis* (como muitos outros jovens), mesmo que usassem cabelo comprido e ouvissem *rock and roll*, geralmente seguiam os caminhos traçados por seus pais e pelo regime militar, focados no sucesso econômico individual. Para muitos *nikkeis*, a exemplo do que ocorreu com as classes médias brasileiras, a ditadura representou uma oportunidade de tirar partido do sistema de ensino superior brasileiro e ascender social e economicamente. A norma era não se envolver na política de oposição. Os ditadores afirmavam que o sucesso viria da conformidade e da disciplina, e os *nikkeis* criaram e, ao mesmo tempo, se beneficiaram de um mito de minoria-modelo que os mantinha à margem da militância política. As variáveis geração, capitalismo internacional e política nacional criavam vínculos intrincados entre o local e o global, dando forma à identidade *nikkei* e às imagens que dela se fazia.

As oportunidades de renegociação da etnicidade surgidas durante a ditadura tiveram origem na expansão econômica de São Paulo nos séculos XIX e XX, que atraiu imigrantes de todo o mundo. Em princípios do século XX, São Paulo já era uma cidade multicultural, com grandes populações de ascendência africana, européia, asiática e sírio-libanesa. Na década de 1930, os imigrantes constituíam-se na vanguarda da militância política em São Paulo, tentando redesenhar a sociedade e seu espaço dentro dela. Durante as décadas de 1960 e 1970, a cidade apresentou um enorme crescimento, num ritmo muito superior ao do Brasil como um todo (ver tabela 2). Muitos paulistanos viam-se como "brasileiros hifenizados", movendo-se fluentemente entre identidades brasileira, paulistana, e ítalo-, afro-, germano-, árabe-, judeu-, ou nipobrasileira, conforme a situação o exigia.

A análise das identidades étnicas presentes em São Paulo nas décadas finais do século XX é útil para uma compreensão mais ampla do Brasil. As pessoas se mudavam para São Paulo e de São Paulo em grandes números. Muitos dos políticos, dos militantes, dos artistas e dos trabalhadores domésticos e industriais que viviam em São Paulo vinham de outro lugar, incluindo as outras regiões do país, e muitos dos que moravam em outras cidades haviam passado seus anos de formação na capital paulista. Programas de televisão e filmes fluíam de São Paulo para o resto do país. Propaganda comercial produzida basicamente para os moradores da cidade era usada em todo país, uma vez que a maioria dos mercados era demasiadamente pobre para receber atenção individualizada.

Tabela 2 Distribuição populacional, Estado de São Paulo, 1940-1980.

Ano	Rural	Alteração % anual	Urbana	Alteração % anual
1940	4.012.205		3.170.051	
1960	4.789.488	0,89	8.021.703	4,75
1980	2.844.334	-2,57	11.191.754	1,68

Fonte: Instituto Brasileiro de Geografia e Estatística, Evolução da População Residente: Brasil, Estado de São Paulo, Grande São Paulo, 1960, 1980.

Muitos paulistanos viam sua cidade como um exemplo dinâmico que o Brasil, em outros aspectos um país estático, deveria seguir. A vibrante etnicidade de São Paulo, portanto, parecia estar em desacordo com a cultura nacional em geral, que tendia a negar a importância, ou até mesmo a existência, da etnicidade. Se tentarmos gerar estatísticas demográficas sobre os nipo-brasileiros, essas ideologias opostas se tornam evidentes. Os censos brasileiros, por exemplo, nunca abriram espaço para a etnicidade, agrupando os cidadãos em seis categorias de "cor", baseadas num modelo autoclassificatório: branca, preta, amarela, parda, indígena e não-declarada.[2] Os dados censitários brasileiros, portanto, dificultam a coleta de dados sociológicos sobre a população nipo-brasileira. A liderança da comunidade nipo-brasileira organizada, entretanto, realizou dois censos, com financiamento de um governo japonês curioso em saber mais sobre "sua" população expatriada. O censo de 1958 sobre a comunidade nipo-brasileira foi publicado no Japão em dois volumes, com textos em japonês e em inglês, mas não em português. O segundo censo *nikkei* foi realizado entre 1987 e 1988, e produzido apenas em português, evidenciando o novo foco da identidade *nikkei*, agora colocado sobre uma geração nascida e criada no Brasil.

O censo de 1958 computou apenas cerca de 430 mil *nikkeis* brasileiros, dos quais aproximadamente 325 mil viviam no estado de São Paulo, e 120 mil, na capital. Em 1958, os imigrantes representavam cerca de um terço do total, mas ao longo das duas décadas seguintes, a população nascida no Brasil aumentaria de forma espetacular, assim como a migração das áreas rurais para a cidade de São Paulo.[3] Em 1987, a população *nikkei* havia aumentado para cerca de 1,2 milhões, com a esmagadora maioria (887 mil) concentrada no estado de São Paulo. Cerca de 326 mil nipo-brasileiros viviam na cidade de São Paulo, e outros 170 mil, nas regiões imediatamente adjacentes. Hoje, os números são ainda maiores: a população de ascendência japonesa da cidade de São Paulo é muito maior que a das grandes cidades norte-americanas: Honolulu (113 mil), Los Angeles (45 mil), Nova York (26.500), San Francisco (15 mil) e Seattle (12 mil).[4] Ela é maior também que o total da população *nikkei* do Peru, que tem cerca de 55 mil habitantes. Fora do Japão, há mais *nikkeis* no estado de São Paulo que em todo o resto do mundo tomado em conjunto! (ver tabelas 3, 4 e 5).

Tabela 3. Crescimento populacional, Brasil e São Paulo (estado e cidade), 1890-1980.

Ano	Brasil	Alteração % anual	Estado de São Paulo	Alteração % anual	Cidade de São Paulo	Alteração % anual
1890	14.333.915		1.384.753		64.934	
1900	17.318.557	1,91	2.282.279	5,12	239.820	13,96
1920	31.652.472	3,06	3.667.032	2,40	57.982	4,51
1940	41.236.315	2,19	7.180.316	2,91	1.326.261	4,37
1960	70.072.417	4,51	12.809.231	7,20	3.781.446	10,99
1980	111.308.732	2,34	25.040.712	3,41	8.493.226	4,13

Fonte: Instituto Brasileiro de Geografia e Estatística, Evolução da População Residente: Brasil, Estado de São Paulo, Grande São Paulo, 1960, 1980.

Tabela 4. Crescimento populacional. Brasileiros de ascendência japonesa, 1958 e 1988.

Região	1958	%	1988	%	% Anual
Brasil	105.870	24,61	340.000	28,25	3,97
Estado de São Paulo	255.520	59,38	562.000	45,60	2,66
Cidade de São Paulo	50.000	16,27	326.000	25,50	6,45
Total	430.135	100	1.228.000	99,80	3,56

Fontes: Instituto Brasileiro de Geografia e Estatística. Estatísticas Históricas do Brasil (Rio de Janeiro: IBGE, 1987); IBGE, *Anuário Estatístico do Brasil, 1987-88* (Rio de Janeiro: IBGE, 1988); Centro de Estudos Nipo-Brasileiros (Cenb), *Pesquisa da população de descendentes de japoneses residentes no Brasil*, 1987-88 (São Paulo: Cenb, 1990); Cenb, *Uma epopéia moderna: 80 anos de imigração japonesa no Brasil* (São Paulo: Hucitec-Soc. Brasileira de Cultura Japonesa, 1992).

Essa imensa população foi o resultado de uma série de contatos estabelecidos entre o Brasil e o Japão, que tiveram início em 1894 (ver tabela 6). Os proprietários das fazendas de café brasileiras, preocupados com a transição da escravidão africana à mão-de-obra livre, desiludiram-se com os trabalhadores europeus, que pareciam mais interessados em protestar contra as condições sociais e de trabalho que em trabalhar em substituição aos escravos.[5] A busca dos proprietários de terras por mão-de-obra submissa casou bem com o desejo do governo japonês de exportar o que eles viam como um excesso de população rural. Quando os Estados Unidos proibiram a entrada de praticamente todos os japoneses, com seu "Acordo de Cavalheiros" de 1907, o Japão e o Brasil eliminaram todos os obstáculos administrativos e diplomáticos à imigração. Entre 1908 e 1941, cerca de 189 mil imigrantes japoneses se estabeleceram no Brasil (seguidos por outros 50 mil, após o fim da Segunda Guerra Mundial), quase todos como mão-de-obra subsidiada. Os imigrantes japoneses foram bem-vindos por boa parte da elite brasileira, que aceitou a asseveração do governo do Japão de que os japoneses eram os "brancos" da Ásia. No Japão, houve um entusiasmo semelhante pela migração para o Brasil, visto como um país com um imenso potencial de riqueza.

Tabela 5. Distribuição populacional. Brasileiros de ascendência japonesa, 1958 e 1988.

Ano	Rural	% Anual	Urbana	% Anual
1958	236.762		193.207	
1988	124.000	-2,4	1.104.000	5,9

Fontes: IBGE, *Estatísticas Históricas do Brasil* (Rio de Janeiro: IBGE, 1987); IBGE, *Anuário Estatístico do Brasil*, 1987-88 (Rio de Janeiro: IBGE, 1988); Cenb, *Pesquisa da população de descendentes de japoneses residentes no Brasil*, 1987-88 (São Paulo: Cenb, 1990); Cenb, *Uma epopéia moderna: 80 anos de imigração japonesa no Brasil* (São Paulo: Hucitec-Soc. Brasileira de Cultura Japonesa, 1992).

Os imigrantes japoneses fizeram mais do que trabalhar na agricultura. Muitos, na elite brasileira, que antes viam a Europa, e depois os Estados Unidos, como as fontes de modernidade do século XIX, acrescentaram o Japão a essa lista no século XX, após a vitória desse país sobre a Rússia e sua subseqüente ascensão, no cenário internacional, a uma posição de poder militar, econômico e tecnológico. Sob muitos aspectos, as experiências dos nipo-brasileiros nas décadas de 1960 e 1970 representaram a concretização daquilo que as elites do período anterior à Segunda Guerra Mundial imaginavam para o futuro do Brasil.

Essa busca de modernidade estrangeira para criar a nação brasileira é vista de forma clara no quadro *O japonês* (figura 6) de Anita Malfatti, mostrado, em 1917, numa controvertida exposição que preparou o terreno para a ruptura da Semana de Arte Moderna de São Paulo, ocorrida cinco anos mais tarde. Embora a maior parte dos 15 mil imigrantes japoneses que se estabeleceram em São Paulo entre 1907 e 1915 fosse formada por agricultores, a imagem pintada por Malfatti, em 1915, não mostrava um trabalhador rural.[6] O personagem retratado demonstrava confiança e estava vestido para a vida na grande cidade, num terno com colete e gravata borboleta. Ele era um homem moderno e um modelo para os demais brasileiros.

Quanto às elites, seu desejo de usar a imigração para importar a modernidade combinava bem com a idéia de que os japoneses eram trabalhadores singularmente operosos e produtivos. Na década de 1920, empresas ligadas ao governo japonês começaram a comprar grandes extensões de terras no estado de São Paulo, em regiões de pouco desenvolvimento agrícola. Os japoneses formaram cooperativas que operavam não apenas a produção, mas também

Figura 6. Anita Malfatti, *O japonês* (1915-16).
Usado com permissão da Coleção de Artes Visuais do
Instituto de Estudos Brasileiros, Universidade de São Paulo.

redes de distribuição. Ao mesmo tempo, os interesses comerciais brasileiros expandiram seu mercado japonês para produtos como arroz e café, e os imigrantes japoneses e sua produção foram um fator crucial nessa expansão, uma vez que muitos produtos chegavam ao Japão através de intermediários nipo-brasileiros e japoneses. Na década de 1930, a visibilidade dos *nikkeis* na economia brasileira, bem como a crescente presença internacional do Japão, acabaram por gerar uma certa dose de ressentimento, e alguns movimentos políticos tentaram impor limites à imigração japonesa. Em meados dessa década, travou-se, em meio às elites brasileiras, uma batalha política e cultural em torno do tema, em que se discutia se a imigração japonesa iria salvar ou arruinar o Brasil. Em 1933, os integrantes da Constituinte encarregada da preparação do que viria a ser a Constituição de 1934 examinaram detalhadamente a imigração japonesa, discutindo sua relação com o imperialismo, a assimilação e o nacionalismo. A Constituição estabelecia um sistema de cotas e, embora o fluxo imigratório tenha desacelerado entre 1933 e 1950, o lugar social dos japoneses e de seus descendentes continuou sendo um tópico da política nacional e dos debates culturais.[7]

Tabela 6. Imigração japonesa para o Brasil, 1908-1979.

Anos	Número
1908-14	15.543
1915-23	16.723
1924-35	141.732
1936-41	14.617
1942-52	– *
1952-59	30.610
1960-69	18.619
1970-79	3.610

Fontes: 1908-1941: Hiroshi Saito, "Alguns aspectos da mobilidade dos japoneses no Brasil", *Kobe Economic and Business Review, 6th Annual Report* (1959): 50; Comissão de Elaboração da História dos 80 Anos da Imigração Japonesa no Brasil, *Uma epopéia moderna: 80 anos da imigração japonesa no Brasil* (São Paulo: Hucitec, 1992), tabela 2, p. 424.

* Insignificante devido à Segunda Guerra Mundial e seus desdobramentos.

Quando a ditadura do Estado Novo protofascista chegou ao poder em 1937, uma de suas principais novas políticas foi a campanha da *brasilidade*. Esse programa estatal de homogeneização tinha como objetivo proteger uma identidade nacional idealizada da invasão da etnicidade. As novas leis controlavam a entrada de imigrantes e proibiam que os estrangeiros residentes se congregassem em colônias agrícolas. Decretos exigiam que todas as escolas tivessem brasileiros natos como diretores e que todo o ensino fosse em português e incluísse tópicos "brasileiros". As publicações em língua estrangeira tinham que ser acompanhadas de traduções em português, e o Ministério da Guerra passou a convocar para o serviço militar os filhos de residentes estrangeiros, que eram então enviados para longe de suas regiões de origem. Falar línguas estrangeiras em público ou em particular foi proibido, e os filhos brasileiros dos residentes estrangeiros não tinham permissão para viajar ao exterior.[8]

O movimento da brasilidade, ostensivamente dirigido contra todos os estrangeiros, passou a visar especificamente os "residentes alienígenas inimigos" quando o Brasil entrou na Segunda Guerra Mundial, em 1942, do lado dos Aliados. Muitos imigrantes japoneses e seus filhos foram transferidos à força de "áreas estratégicas" situadas ao longo da costa e em grandes cidades, muitas vezes perdendo, nesse processo, seus negócios e suas terras. A reação dos *nikkeis* ao movimento antijaponês foi construir uma série de novas identidades nipo-brasileiras. Alguns insistiam para que o português fosse a língua de comunicação interna e externa e tentaram provar sua brasilidade exibindo lealdade nacional. Outros se tornaram cada vez mais "japoneses", muitas vezes apoiando sociedades secretas associadas ao culto ao imperador. Essas sociedades angariaram amplo apoio após o Brasil enviar tropas de 25 mil homens à Itália, em julho de 1944, e a febre bélica ter levado a uma intensa propaganda antijaponesa.[9] Elas se tornaram ainda mais fortes após 1945, como um ultranacionalismo pós-guerra mesclado a um desejo de fortalecer um espaço para a identidade nipo-brasileira.

A mais poderosa dessas sociedades foi a Shindo Renmei (O Caminho dos Súditos da Liga do Imperador), que veio a público em agosto de 1945, após a rendição do Japão. Seus objetivos eram manter, em caráter permanente, um espaço niponizado no Brasil, preservando entre os *nikkeis* a língua, a cultura e a religião de origem, bem como reabrir as escolas japonesas. Ela, além disso, negava que o Japão houvesse sido derrotado na guerra. Em dezembro de 1945, a Shindo Renmei afirmou contar com 50 mil filiados e, ao longo da década seguinte, seus partidários atingiriam o número de 100 mil. O movimento atraiu a atenção do público brasileiro quando jovens fanáticos, membros da Shindo Renmei, assassinaram, espancaram e destruíram casas e lavouras de *nikkeis* que admitiam a derrota do Japão na guerra, matando 16 pessoas e destruindo fazendas de seda, algodão e hortelã de propriedade de imigrantes japoneses e de seus filhos brasileiros.[10] Em meados de 1946, a propaganda da Shindo Renmei publicou fotos alteradas do presidente Harry Truman se curvando frente ao imperador Hiroíto, "matérias jornalísticas" sobre o desembarque de tropas japonesas em San Francisco e sua marcha sobre Nova York, e notícias de que Getulio Vargas, o ditador brasileiro recentemente deposto, assinaria, em Tóquio, documentos de rendição.

As sociedades secretas foram marginalizadas em inícios da década de 1950, no exato momento em que os *nikkeis* começaram a migrar em grandes números para a cidade de São Paulo e a se estabelecer nas classes médias. Nessa mesma época, um número significativo de novos imigrantes japoneses (principalmente de Okinawa) entrou no Brasil, intensificando a coexistência de estereótipos positivos e negativos.[11] A presença desses novos imigrantes na cidade etnicamente diversificada reforçou as lembranças das sociedade secretas e, por extensão, dos nipo-brasileiros como militaristas, violentos e fechados.[12] Para os *nikkeis*, as lembranças infantis da violência étnica ocorrida em seus locais de origem permaneceu forte, mesmo após eles terem se mudado para a cidade.

Nas décadas do pós-guerra, os *nikkeis*, da mesma forma que muitos outros grupos étnicos, foram alternadamente glorificados e vilificados pelos demais brasileiros. Muitos nipo-brasileiros tentaram combater os estereótipos negativos fundindo as comemorações dos quatrocentos anos da fundação de São Paulo com as dos cinqüenta anos da imigração japonesa, em 1958. Um enorme "Pavilhão Japonês" foi construído no Parque Ibirapuera, em São Paulo, tendo sido inaugurado em 18 de junho de 1958, exatamente cinqüenta anos após a chegada do primeiro navio trazendo imigrantes japoneses para o Brasil. Esse dia chegou a ser decretado feriado estadual pelo governador Jânio Quadros. Como observa a historiadora Célia Sakurai, "a partir da década de 1950, a colônia japonesa passa a ganhar uma visibilidade diferente... não é mais o 'perigo japonês'... agora vem à tona o enaltecimento do trabalho, do esforço que gera sucesso".[13]

Nas décadas de 1960 e 1970, a visibilidade positiva dos *nikkeis* derivava de seu sucesso econômico e da presença do Japão como potência mundial. Os paulistanos tinham contato constante com nipo-brasileiros ou com imagens destes. Os *nikkeis* estudavam nas universidades, vendiam frutas e legumes, eram pequenos comerciantes e profissionais liberais, e atuavam em publicidade e no cinema. Muitos ocupavam cargos políticos municipais, estaduais e federais. A cultura popular jogava com essa nova visibilidade. Uma canção popular dos anos 1950 falava de agricultores imigrantes de hábitos frugais que dirigiam velhos caminhões e que vieram a se tornar profissionais urbanos com dinheiro de sobra que não sabiam bem como manobrar seus carros de luxo na cidade.[14] As matérias jornalísticas sobre São Paulo freqüentemente davam ênfase à presença *nikkei*. O jornal dominical britânico *The Observer*, dizia que "os escritórios parecem totalmente povoados por eles... [Na] horticultura, eles são brilhantes... [Em] certos dias, eles parecem tomar metade do aeroporto, carregando suas pastas idênticas, fumando seus cigarros no estilo rígido dos principiantes, posando para fotografias".[15]

Os *nikkeis* eram desproporcionalmente representados no ensino superior nas décadas de 1960 e 1970, totalizando pouco mais de 2% da população do estado, mas ocupando 10% das vagas nas universidades. Em 1967, segundo o consulado japonês, havia 40 professores *nikkeis* no sistema universitário de São Paulo, e 560 engenheiros, 1.350 médicos, cinco juízes e 450 advogados formados por ele. Isso somava-se aos 2.900 *nikkeis* que tinham diplomas universitários em outras áreas, e aos 3.300 alunos matriculados.[16] Segundo a análise de Sussumu Miyao dos dados censitários e de ingresso nas universidades em 1977, 5% de todos os professores e 10% de todos os alunos que entraram nas universidades paulistas eram de ascendência japonesa, com o percentual mais alto correspondendo às matrículas no Instituto Tecnológico da Aeronáutica (ITA) 15,9%, na Escola de Administração da Fundação Getulio Vargas (12,5%) e na Universidade de São Paulo (12,9%). Cerca de 14,6% de todos os alunos das áreas de ciências exatas eram de ascendência japonesa,

Figuras 7 e 8. Selos comemorativos da imigração japonesa para
o Brasil, 1958 (Japão) e 1974 (Brasil).

o mesmo acontecendo com 12,2% nas áreas biomédicas e 7,4% nas ciências humanas e sociais.[17]

Os padrões educacionais dos *nikkeis* geraram muitas discussões em meio às elites. O ministro das Relações Exteriores, Antônio F. Azeredo da Silveira, num discurso proferido em 1978, por ocasião do 70º aniversário da imigração japonesa para o Brasil, usou o número de alunos e de professores da Universidade de São Paulo para elogiar o "poder de assimilação" dos *nikkeis*: "Já se disse que o japonês é capaz de fazer pérolas como a natureza, relógios como os suíços e uísque como o escocês. No Brasil, o imigrante japonês se fez brasileiro como os brasileiros!"[18] Nem todos os comentários públicos eram tão entusiásticos, mas o vínculo entre os *nikkeis* e os bons resultados acadêmicos era forte. A revista semanal *IstoÉ* observou de forma irônica, em 1979, que "Faculdade (de Artes e Ciências) começa com F de Fukuda".[19] Os cursinhos pré-vestibulares para alunos de segundo grau com freqüência mostravam nipobrasileiros em sua publicidade. Na medida em que os *nikkeis* de nível educacional elevado ganhavam visibilidade como um "outro racial", piadas grosseiras começaram a circular: "Garanta seu lugar na Universidade de São Paulo amanhã: mate um japa hoje" era uma delas, enquanto outra, grafitada nos banheiros das universidades, dizia: "Enquanto você está aí cagando, tem um japonês estudando".

Os números sempre crescentes de *nikkeis* no ensino superior levaram a uma representação significativamente desproporcional em algumas profissões liberais, tais como administração de empresas (6,3%), odontologia (8%), economia (9%) e química (11,8%).[20] Embora essas formas de inserção econômica fossem independentes da natureza autoritária do governo brasileiro após 1964, algumas das políticas do regime de fato criaram novas oportunidades. Os militares desejavam expandir as áreas de direito, economia, ciências, engenharia e medicina, para contrabalançar os currículos das ciências sociais e humanas, que pareciam levar os alunos a um diletantismo improdutivo ou, pior ainda, à militância política. O crescimento das universidades foi direcionado para as áreas que formavam profissionais para o desenvolvimento e a produção de bens materiais, como refrigeradores e televisões associados à cultura de classe média. Foi para esses setores que os *nikkeis* afluíram. Quando o professor de Física da Universidade de São Paulo, Shigeo Watanabe, em meio a grande publicidade, foi nomeado para o Conselho Nacional de Pesquisa, em 1971, os pais imigrantes japoneses, a maioria de seus filhos e as autoridades não-

nikkeis foram unânimes em afirmar que ele era o modelo perfeito a ser seguido por todos os brasileiros.[21]

Nikkeis de alto nível educacional tiveram também uma participação importante no aparato decisório do regime, e sua etnicidade era sempre objeto de atenção pública. Fábio Riodo Yassuda, ex-diretor da Cooperativa de Cotia de São Paulo, fundada por imigrantes japoneses, foi nomeado ministro da Indústria e Comércio em 1969. Os noticiários dos jornais elogiaram a nomeação por sua importância para as relações com o Japão, sugerindo que a população brasileira estava mudando para melhor. A revista *Veja,* a mais lida do Brasil, observou que "levou quase trezentos anos para os portugueses do Brasil se considerarem brasileiros ... Para os 'japoneses do Brasil', demorou muito menos". Essa afirmação era ilustrada por fotografias de famílias em que um dos pais era "japonês", e o outro, "brasileiro", e de um "japonês louro" representando o "Brasil".[22] O irmão de Yassuda, secretário de Obras Públicas de São Paulo, era apenas um dos muitos *nikkeis* que ocupavam cargos públicos importantes. Em 1970, o estado de São Paulo se vangloriava de ter um deputado federal, três deputados estaduais, 11 prefeitos, 17 vice-prefeitos, 12 presidentes da Câmara de Vereadores e mais de duzentos vereadores de origem japonesa.[23]

As mudanças ocorridas entre as gerações na comunidade *nikkei*, bem como as políticas públicas brasileiras, também deram reforço aos laços econômicos entre o Japão e o Brasil. O governo de Juscelino Kubitschek (1956-1961), com sua política de industrialização de substituição de importações (ISI), incentivou os investimentos japoneses, que contribuíram para a criação do empreendimento conjunto da usina siderúrgica Usiminas, no estado de Minas Gerais, em 1958. No ano seguinte, a Ishikawajima Corporation financiou em cerca de 70% o estaleiro Ishibrás, no Rio de Janeiro.[24] Produtos japoneses passaram a entrar no Brasil em grandes quantidades e vice-versa, após o regime militar assinar, em 1967, um tratado tributário com o Japão.[25] Muitas empresas japonesas instalaram suas fábricas na Zona Franca de Manaus, aumentando a presença dos produtos japoneses no mercado brasileiro.

No começo de 1972, os investimentos japoneses no Brasil totalizavam cerca de 170 milhões de dólares, sendo menores, portanto, que os dos Estados Unidos, da Alemanha Ocidental, do Canadá, da Grã-Bretanha e da Suíça. Ao final daquele ano, contudo, os investimentos japoneses tiveram um aumento vertiginoso, passando para 600 milhões de dólares, apenas ligeiramente inferiores aos da Alemanha Ocidental. Naquele mesmo ano, a Mitsubishi anunciou um investimento de 1,2 bilhões de dólares em cinco anos, direcionado principalmente a infra-estrutura e exportação de matérias-primas (minérios e alimentos). O comércio brasileiro com o Japão também se expandiu de forma maciça, passando de 3% do total, em 1960, para 6% de um total muito maior, em 1971.[26] Em 1960, 45 empresas japonesas operavam no Brasil. Em 1971, esse número havia saltado para 113 e, em 1976, para 537. Na década de 1970, o Japão se situava como o terceiro maior investidor direto no Brasil, com um total de quase 2,9 bilhões de dólares.

Os sempre crescentes vínculos econômicos do Japão com o Brasil resultaram de uma série de fatores. No nível global, as imensas reservas de capital japonesas precisavam ser investidas no exterior, e o Brasil, com suas matérias-primas e seu grande potencial de crescimento, era uma escolha lógica. Os investimentos no Brasil também ajudaram as multinacionais japonesas a cortar custos de mão-de-obra e exportar algumas de suas fábricas mais poluentes. Um outro fator relacionava-se à diáspora imaginada, expressa na frase: "Um singular atrativo para o Japão é a grande e influente comunidade nipo-brasileira, onde o Japão irá procurar boa parte de sua força de trabalho gerencial e administrativa".[27]

Essa combinação de fatores globais e locais não escapou à atenção de Antônio Delfim Neto, o economista que comandou o Ministério da Fazenda no Brasil de 1967 a 1974, após um elogiado mandato como secretário da Economia do governo do estado de São Paulo.[28] Na visão de Delfim Neto, os investimentos japoneses ofereciam duas vantagens: 1) a ausência da carga imperialista associada aos Estados Unidos e 2) o envolvimento freqüente com parcerias minoritárias. Os nipo-brasileiros também causavam boa impressão a Delfim Neto: os tecnocratas *nikkeis* escolhidos por ele para trabalhar no Ministério da Fazenda com o objetivo de "diminuir as apreensões dos investidores" eram sua "equipe japonesa".[29] Paulo Yokota foi descrito pelo *Diário Nippak* de São Paulo como "um dos mais fiéis assistentes" do ministro, tendo sido mais tarde nomeado para a presidência do Instituto Nacional de Colonização e Reforma Agrária (Incra).[30] A "equipe japonesa" do Brasil não passou despercebida no Japão. Em 1976, numa reunião que teve lugar no Palácio Akasaka, em Tóquio, entre o presidente do Brasil, general Ernesto Geisel, e o primeiro-ministro japonês, Takeo Miki, este último comentou (para grande alegria do general), que o número de *nikkeis* ocupando cargos de poder político era uma indicação de que, no Brasil, "não existe qualquer preconceito racial".[31]

Figura 9. Selo brasileiro comemorando a visita do
príncipe-herdeiro Akihito em 1967.

Os vínculos entre o Brasil e o Japão, assim como os laços entre ambos e os nipo-brasileiros, permitiram que o regime militar celebrasse sua relação especial com o Japão.[32] Em 1967 e, novamente, uma década mais tarde, as visitas do príncipe-herdeiro (hoje imperador) Akihito ao Brasil foram altamente visíveis e cuidadosamente orquestradas, incluindo encontros com o presidente e com os líderes da comunidade nipo-brasileira (ver figura 9). Em 1967, cerca de 25 mil pessoas saudaram o casal real por ocasião de sua chegada de Tóquio e, segundo estimativas dos jornais, 100 mil pessoas cercaram o hotel onde eles se hospedavam, no centro de São Paulo, na esperança de vê-los de relance.[33] Quando o primeiro-ministro do Japão, Tanaka, visitou o Brasil em setembro de 1974, ele e o presidente Geisel comentaram a relação especial entre os "dois países [que] possuem condições tão propícias para desenvolver laços de aproximação e harmonia".[34] Quando o dirigente brasileiro visitou o Japão, dois anos mais tarde, ele voltou com a promessa de uma ajuda de 3 bilhões de dólares, e também de investimentos japoneses numa série de projetos de indústria pesada.[35]

Os discursos transnacionais sobre comércio, investimentos, migração e povos se associavam aos discursos locais que foram de importância crítica para a criação da identidade. O governo militar, da mesma forma que todos os governos anteriores e posteriores, fez questão de protestar contra qualquer sugestão de que o Brasil não era "uma nação branca e moderna", da qual os *nik-*

keis eram parte integrante.[36] Um plano japonês de enviar um grupo de crianças filhas de mães japonesas e pais militares afro-americanos para a colônia de Tomé-Açu (a cerca de 400 quilômetros ao norte da cidade amazônica de Belém do Pará), fundada por japoneses, foi rejeitado após o governo brasileiro ter definido esses órfãos como "indesejáveis".[37] Enquanto os políticos japoneses acreditavam que essas crianças "mestiças" se adaptariam perfeitamente bem no Brasil "mestiço", os políticos brasileiros e as elites *nikkeis* argumentaram que esse plano transformava seu país num depósito de entulho para não-brancos.

Essas tensões menores, entretanto, pouco abalaram as florescentes relações entre o Japão e o Brasil. Sérgio Mendes tocava seu *"rock* latino" para platéias lotadas, no Japão, e as entrevistas concedidas por ele à imprensa japonesa eram imediatamente retransmitidas para o Brasil.[38] Outros produtos culturais também fortaleciam esses vínculos: filmes brasileiros eram freqüentemente enviados ao Japão e, em 1968, o governo brasileiro patrocinou um desfile de carnaval que levou 3 mil pessoas às ruas da cidade portuária de Kobe para assistir a algumas das escolas de samba mais famosas do Rio de Janeiro.[39] Na cidade de São Paulo, os produtos "japoneses" (fabricados tanto no Japão quanto no Brasil) tornaram-se cada vez mais comuns.

Os produtos japoneses, supostamente melhores que os de fabricação nacional, fizeram com que muitos brasileiros associassem essa mesma qualidade aos nipo-brasileiros. As matérias publicadas em jornais e revistas brasileiros sobre a Exposição Mundial de 1970, no Japão, sugeriam, com freqüência, que os aparelhos de alta tecnologia chegariam ao Brasil por intermédio de sua comunidade *nikkei*.[40] Uma sexualidade feminina exótica e subserviente também era associada aos *nikkeis*. Em muitos casos, essas imagens se combinavam. Podemos citar, por exemplo, um anúncio das motocicletas importadas Yamaha (figura 10): a imagem de uma mulher branca, nua, deitada sobre o assento de uma motocicleta, e o *slogan* "Tenha 'ela' a seus pés", com a tradução japonesa aparecendo proeminentemente logo abaixo.[41] Poucos leitores conseguiam entender os caracteres japoneses (que eram uma tradução literal do texto em português), mas a presença de ideogramas japoneses ao lado de uma motocicleta japonesa vendida em concessionárias nipo-brasileiras falava de qualidade tecnológica, uma imagem quase tão poderosa quanto à da mulher nua.

Figura 10. *Fairplay: A Revista do Homem* 34 (1969).
As legendas tanto em japonês quanto em português dizem:
"Tenha 'ela' a seus pés".

Um conjunto de idéias de teor semelhante inspirava a publicidade que cercou os primeiros vôos diretos da Varig para o Japão, em 1968. O evento promocional do vôo inaugural mostrou o presidente general Arthur da Costa e Silva e sua mulher ao lado da aeromoça nipo-brasileira Takeo Ouchi, vestida numa fantasia de Carmem Miranda, com um turbante de cesta de frutas e tudo! A senhora Costa e Silva (que viajou ao Japão naquele vôo), e a senhorita Ouchi podiam ser chamadas de tradicionais, e as imagens usadas nos anúncios da Japan Airlines (JAL), no Brasil, eram de natureza semelhante, dando ênfase à atenção que os homens de negócios receberiam das mulheres (figura 11).

Figura 11. Anúncio do serviço da Japan Airlines nos
vôos de São Paulo a Tóquio (1968).

Figura 12. Selo comemorativo (1968) do vôo
inaugural da Varig para o Japão.

O selo comemorativo desse primeiro vôo da Varig para o Japão sugeria também uma diáspora sexual (figura 12).[42] Uma mulher vestida como uma baiana tradicional e uma gueixa de quimono representavam, através da sexualidade africana e asiática, e do avião voando nos céus, o acasalamento dos dois países. O *jingle* publicitário criado para promover esse novo serviço usava "uma lenda popular japonesa, semelhante à história de Rip-van-Winkle, que praticamente todos os japoneses aprendiam ainda na infância", mesclada a imagens da identidade nacional brasileira.[43] Com letra e música de autoria de Archimedes Messina, o *jingle* ganhou, em 1970, o prêmio de "*Jingle* Brasileiro do Ano". Ele era interpretado por Rosa Miyake, apresentadora do programa musical *Imagens do Japão*, da Rede Record de televisão. Até hoje, o *jingle* da Varig é cantado em festivais nipo-brasileiros.

URASHIMA TARO

Urashima Taro, um pobre pescador,

Salvou uma tartaruga,

E ela como prêmio, ao Brasil o levou!

Pelo reino encantado ele se apaixonou e por aqui ficou.

Passaram-se os anos, mas de repente

A saudade chegou. Uma arca misteriosa de presente ele ganhou.

Ao abri-la, quanta alegria

Tocou seu coração.

Encontrou uma passagem da Varig

E voou feliz para o Japão![44]

O JINGLE

Palestras acadêmicas guardam surpresas, principalmente quando as platéias viveram experiências relativas às pesquisas que estou apresentando. Foi isso que aconteceu quando tive o prazer de falar na Unisinos, uma grande universidade com uma longa tradição de pesquisa histórica sobre etnicidade, localizada na cidade de São Leopoldo, no estado do Rio Grande do Sul. Durante minha palestra, mostrei um *slide* do selo brasileiro comemorando o primeiro vôo da Varig para o Japão. Ao final, a professora Maria Cristina Martins veio a mim com um imenso sorriso no rosto. "Sua palestra me trouxe recordações", disse ela. "Você já ouviu o *jingle* publicitário produzido pela Varig para o vôo?" Eu disse que não e, para grande encantamento de todo o grupo, ela cantou, do começo ao fim, a canção que ela mesma não ouvia há décadas.

Essa mistura de tecnologia, etnicidade e sexualidade não se limitava à motocicleta e à propaganda de companhias aéreas. O anúncio de uma camisa capaz de "dar a volta ao mundo" sem precisar ser passada mostrava um homem sonhando com suas experiências internacionais. Sua fantasia era uma gueixa que se admirava com a qualidade tecnológica porque era moderna, e que era sexualmente subserviente porque era tradicional.[45] Nos concursos de beleza nipo-brasileiros, as jovens eram valorizadas por manter a etnicidade japonesa e, ao mesmo tempo, transmitir uma especial sensualidade brasileira.[46] Um artigo sobre as idéias masculinas sobre a beleza das mulheres, publicado na *Realidade*, uma revista então muito lida (que adotava um formato semelhante ao da *Life*), usou seis exemplos de mulheres, incluindo as já esperadas "loura" e "mulata". Aduato Serapião de Oliveira, um linotipista de 25 anos, contou sua fantasia: "Mulher bonita? Ah, tem que ser japonesa. Ela tem cabelos lisos, os olhos meigos e é muito amorosa" (figura 13).

Figura 13. "O que é mulher bonita?"
Realidade, out. 1967, 92-101.

Anúncios publicitários usando imagens de nipo-brasileiros, que se tornaram comuns nas décadas de 1960 e 1970 (e continuam a ser ainda hoje), eram um constante ponto de interrogação étnica. Esses anúncios se dividiam em três grandes categorias: empresas japonesas no Brasil que enfocavam a "brasilidade" dos *nikkeis*; empresas nipo-brasileiras que promoviam a capacidade "natural" dos *nikkeis* de melhorar o Brasil; e empresas não-*nikkeis* que usavam, em sua estratégia de *marketing*, a inteligência e a alta produtividade associada ao Japão e aos *nikkeis*. Um exemplo do primeiro tipo foi um anúncio da Sony sobre equipamento de gravação, de 1972, com o *slogan* "Quem diria? A Sony ensinando até português no Brasil!"[47] De forma semelhante, um anúncio da Ishibrás, criado para tirar partido da publicidade que cercava o 70º aniversário da imigração japonesa para o Brasil, mostrava o rosto de uma criança, dando ênfase a seus olhos "puxados", acompanhado da frase: "Eles acreditam de olhos fechados no Brasil". O segundo tipo pode ser visto num anúncio da Ceagesp (Companhia de Entrepostos e Armazéns Gerais de São Paulo, uma cooperativa agrícola e de distribuição nipo-brasileira), que afirmava que "a vinda dos japoneses para o Brasil deu grandes frutos". A publicidade do Anglo, um curso que preparava alunos para os exames vestibulares, era característica do terceiro tipo. Ela mostrava um grupo de estudantes *nikkeis*: "Fama de inteligente essa turma já tem. O Anglo ajuda a conferir". A Companhia de Petróleo Atlantic usou uma abordagem semelhante, usando como mascote, num cartum, um pequeno mestre de caratê, que dizia: "Quem não é o maior tem que ser o melhor" (figura 14).[48]

O suposto vínculo entre o Japão e os nipo-brasileiros, representado pela disciplina industrial e por produtos de alta qualidade, não era encontrado apenas na propaganda comercial. Um filme de publicidade sobre higiene pessoal produzido pelos militares usava personagens "japoneses" (leia-se nipo-brasileiros) como modelo, para mostrar aos espectadores como um bom brasileiro deveria agir. A propaganda oficial para as cadernetas de poupança usava o desenho de um samurai, com texto em japonês e em português, visando a inculcar os valores da economia: "Quem é perseverante, organizado e previdente merece ganhar mais da caderneta de poupança. E vai ganhar".[49]

Durante as décadas de 1960 e 1970, imagens de nipo-brasileiros eram onipresentes em São Paulo. Os paulistanos encontravam-se a todo o momento com nipo-brasileiros reais, que participavam da expansão industrial e comercial da cidade. Eles viam nipo-brasileiros em anúncios de bancos, de detergentes e de

Figura 14. Propaganda da empresa de petróleo Atlantic, 1968.
"Quem não é o maior tem que ser o melhor".

repelentes de insetos, todos eles sugerindo que os "japoneses" eram brasileiros modernos, trabalhadores e sérios. Atores *nikkeis* trabalhavam em filmes de arte e em comédias eróticas. As crianças que viam televisão (e, no Brasil, seu número era enorme) ficaram fascinadas com chegada, em 1964, da série de ação "National Kid", que criou uma geração que acompanhava seu tema musical cantando em inglês japonizado: "Nationaro Kiido, Kiido, Nationaro Kiido...".

A popularíssima banda paulistana Premeditando o Breque foi formada em meados dos anos 1970, mas, devido à censura, só lançou seu primeiro disco em 1983. Eles tinham, como parte de seu repertório, sua própria versão do tema musical de "Nationaro Kiido". E quando a banda cantava seu hino à cidade, "São Paulo, São Paulo", a letra, falando de um passeio pela megalópole, não causava surpresa:

É sempre lindo andar
Na cidade de São Paulo.

O clima engana, a vida é grana

Em São Paulo.

A japonesa loura,

A nordestina moura de São Paulo.

Gatinhas punks,

Um jeito ianque de São Paulo.[50]

Uma cena de *Amor Bandido*, um filme de Bruno Barreto, de 1979, deixa bem claro esse ponto. Um motorista de táxi pergunta a um passageiro, que havia chegado de avião ao Rio de Janeiro, como estava São Paulo. A resposta, "Mesmo que sempre, muita chuva, muitos japoneses", sem dúvida, provocou na platéia a mesma gargalhada satisfeita do taxista do filme.[51]

ALGUNS COMENTÁRIOS ORIENTADORES

Embora a imigração japonesa e a etnicidade nipo-brasileira anteriores a 1950 venham, há muitas décadas, sendo objeto de uma pequena porém vibrante área de pesquisa, tanto no Brasil quanto no Japão, os períodos posteriores receberam muito menos atenção.[52] O Estado brasileiro, no princípio do século XX, concentrou-se em profundidade nas questões da formação da identidade nacional, e os imigrantes eram sempre associados a esse tema. Os 200 mil imigrantes japoneses que se estabeleceram no Brasil entre 1908 e 1940 fizeram com que a integração dos recém-chegados e de seus descendentes fosse vista pelos acadêmicos como uma questão de política pública. O foco das pesquisas era colocado sobre relatórios oficiais, debates sobre política de imigração, jornais e livros. No período imediatamente posterior à Segunda Guerra Mundial, os estudos sobre os brasileiros de ascendência japonesa recaíam sobre dois tópicos: a Shindo Renmei e os "problemas" de identidade da geração *nisei*.[53] Após 1960, da perspectiva do Estado, os *nikkeis* haviam-se tornado cidadãos brasileiros, não merecendo mais tanta atenção. A postura de ignorar os *nikkeis*, além disso, fazia parte da idéia vigente no pós-guerra, de que a raça e a etnicidade, no Brasil, eram funções de classe, o que fez com que o foco das pesquisas se voltasse para as populações economicamente excluídas. Em tempos mais recentes, os estudos acadêmicos sobre a ditadura militar vêm sendo, compreensivelmente, direcionados para questões políticas, e não para a etnicidade.

A escassez de pesquisas sobre etnicidade durante o período da ditadura militar aponta também para as maneiras singulares como a raça e a etnicidade são entendidas no Brasil. Os nipo-brasileiros tinham pouco a ganhar com a afirmação de sua condição de minoria, num país onde "minoria", "pobreza" e "opressão" eram termos de uma mesma equação. A maioria brasileira também tinha interesse em negar publicamente a etnicidade *nikkei*, mesmo que, na esfera privada, ela fosse objeto de constantes comentários. Quando se afirmava que os nipo-brasileiros não eram realmente uma "minoria" (ou seja, não eram pobres), podia-se continuar usando, impunemente, uma série de estereótipos sobre os *nikkeis*. Embora seja compreensível que os acadêmicos brasileiros tenham seguido essa linha, tudo indica que os especialistas em assuntos brasileiros de outros países tenham feito o mesmo. Na verdade, apesar das ressalvas acadêmicas apontando para o fato de o Brasil ser, por excelência, um lugar de transitoriedade racial, os nipo-brasileiros, nos raros casos em que eles figuram nas discussões acadêmicas, costumam ser tratados como uma comunidade monolítica.

A falta de estudos acadêmicos relaciona-se também à maneira como a ditadura é lembrada no Brasil. Os brasileiros costumam dizer que "o Brasil é um país sem memória histórica", e a decisão judicial de 1979 de conceder anistia a todos os acusados ou potencialmente acusados de crimes políticos (incluindo tortura praticada pelo Estado) durante o regime militar é muitas vezes citada como exemplo. Essa rejeição da memória tornou-se particularmente patente quando os antigos militantes, depois da volta à democracia, em 1985, começaram a ascender a posições de poder político e econômico.[54] Ao mesmo tempo, alguns setores da cultura de massa transformaram aquele período ou em motivo de chacota (como no filme de 2003 *Casseta e Planeta: a Taça do Mundo é Nossa*) ou numa estratégia de *marketing* (a entrada do Burger King no mercado brasileiro, em 2005, com uma campanha publicitária que usava "guerrilheiros" *fast-food* tomando as ruas numa "revolução" contra a "ditadura" das opções de hambúrgueres – comer no Burger King seria um ato "democrático"). O "abrasileiramento" da memória da ditadura inclui também a rejeição à violência daquele período, da qual os nipo-brasileiros, como mostrarei mais adiante, eram muitas vezes vistos como os agentes mais extremistas. Conseqüentemente, o estudo da etnicidade como parte da memória da ditadura simplesmente não ocorreu.

Minha pesquisa, entretanto, toma uma outra direção, analisando os fenômenos étnicos que ocorreram durante a ditadura, embora não resultassem dela. Por que tantos filmes passaram a mostrar atores e atrizes nipo-brasileiros? Por que a imprensa e a polícia brasileiras concentravam-se tanto nos militantes nipo-brasileiros? Por que um grupo guerrilheiro seqüestrou o cônsul japonês em São Paulo para trocá-lo por um militante conhecido como "Mário Japa"?

Para entender os efeitos não-planejados de políticas específicas sobre a identidade étnica, escavei diversas fontes que muitas vezes escapam aos olhares acadêmicos.[55] Entre essas fontes estão filmes (incluindo notas rabiscadas em embalagens de videocassetes, cartazes publicitários e reações do público), histórias orais, cartazes de pessoas procuradas, anúncios, fotografias e boletins de ocorrências policiais. A riqueza e, muitas vezes, a natureza incomum dessas fontes, exigiram que eu acrescentasse algumas das técnicas da antropologia e dos estudos culturais aos métodos históricos tradicionais de análise de documentos. Encontrar documentos, fossem eles os citados acima ou jornais, registros oficiais e correspondência diplomática, era para mim, sempre uma aventura. Por essa razão, tentei informar os leitores sobre onde e como cheguei a essas fontes, e como a experiência dessas descobertas talvez tenha influenciado minha análise.

As palavras "memória" e "lembrar" aparecem com freqüência neste livro, e os leitores devem ter em mente que os sujeitos tratados nesta publicação, mesmo quando se trata de figuras públicas ou semipúblicas, raramente falam publicamente sobre sua etnicidade.[56] Eles, repetidamente, surpreendiam-se com minhas perguntas, e entrevistas publicadas confirmaram que essa surpresa era genuína, e não uma reação padronizada. Nesse particular, as respostas que cito parecem não se encaixar no conceito de arquivos de memória, de Alice e Howard Hoffman, segundo o qual as lembranças "são ensaiadas, facilmente disponíveis à recordação e selecionadas para serem preservadas por toda a vida do indivíduo".[57]

Minhas perguntas levaram a reconstruções de lembranças. De fato, a reconstrução da militância *política* e *artística* num contexto de *militância* étnica, levou, muitas vezes, a uma espécie de nostalgia mutilada por um passado criado por minhas intervenções. Neste livro, portanto, não estou tentando montar uma cronologia factual dos acontecimentos. Ao contrário, foram as histórias orais que, aliadas a muitas outras fontes, me ajudaram a analisar os cenários étnicos que incitaram uma noção sempre fluida de identidade nacional, numa cidade onde centenas de milhares de pessoas se consideravam e eram consideradas atípicas e, ao mesmo tempo, os melhores de todos os brasileiros.

A primeira parte de *Uma diáspora descontente* investiga a militância artística, principalmente no cinema. Ela começa e termina com dois filmes mostrados no Festival de Cinema de Cannes, *Noite Vazia*, de Walter Hugo Khouri (1964) e *Gaijin*, de Tizuka Yamasaki (1980). Nesses capítulos, traço a continuidade entre muitos tipos diferentes de filmes, analisando *scripts* e imagens, bem como documentos publicados.[58] Conduzi entrevistas com alguns dos atores e diretores, e encontrei entrevistas publicadas de outros. Dito isso, minhas tentativas de obter informação estão longe de terem sido totalmente bem-sucedidas: alguns dos participantes haviam morrido, e outros não foram receptivos a minhas aproximações. Filmes que incluíam personagens *nikkeis* contribuíram para a disseminação da idéia da niponicidade e de seus vínculos com o Brasil em meio a setores significativos da população. Os atores e as atrizes *nikkeis* freqüentemente se deparavam com suposições quanto a suas identidades, da mesma forma que a maioria dos *nikkeis*. Esse fato ajuda a explicar por que os militantes políticos nipo-brasileiros, que são o foco da segunda parte do livro, tiveram experiências tão semelhantes às dos artistas tratados na primeira parte.

Os capítulos sobre militância política resultam numa espécie de prosopografia, ou biografia coletiva, dos militantes nipo-brasileiros. Praticamente todos eles nasceram em zonas rurais com grandes populações de imigrantes japoneses. Na infância, todos passaram por experiências intensas de ouvir falar da violência das sociedades secretas. A maioria deles se mudou para a cidade de São Paulo para estudar, lá tentando afirmar sua brasilidade. Embora as histórias específicas da militância política fujam à norma da vida nipo-brasileira, os leitores perceberão que as imagens que cercavam os militantes *nikkeis* eram extraordinariamente semelhantes às dos não-militantes. Para essa parte, consegui coletar inúmeras histórias orais, encontrar um vasto espectro de documentação, tanto jornalística quanto oficial, e levar em consideração uma historiografia na qual as imagens dos nipo-brasileiros aparecem com freqüência.

Os capítulos finais deste livro tratam de três indivíduos. Dois deles morreram há décadas, e meu foco recai sobre a forma como eles são lembrados. A terceira pessoa é Shizuo Osawa, o célebre (ou infame) Mário Japa. O fato de eu ter conseguido muitas horas de entrevistas com Osawa resultou de um contato pessoal que me apresentou a ele, e da confiança do ex-guerrilheiro de que suas declarações não acabariam como matérias sensacionalistas na imprensa popular. Osawa, que desde sua juventude se interessa pela etnicidade nipo-brasileira, foi um interlocutor particularmente perspicaz.

* * *

Este livro começou com o famoso anúncio "Os nossos japoneses são mais criativos que os japoneses dos outros". O *slogan* joga com a idéia de raça, de nação e de etnicidade, de uma maneira que permite múltiplas interpretações. Isso se tornou claro quando o mostrei à grande turma de alunos de um curso sobre relações raciais comparativas que lecionei na Universidade de São Paulo, em 2001, na qualidade de convidado da Fullbright. Comecei com uma simples pergunta sobre o *slogan*: Quem eram "os nossos japoneses", e quem eram "os japoneses dos outros"? Todos os alunos concordaram que "os nossos japoneses" eram brasileiros, e que a nação brasileira era representada pela palavra "japonês". Enquanto a maioria dos alunos via essa representação como positiva, os alunos *nikkeis* notaram que denominar os "brasileiros" de "japoneses" sugeria que os *nikkeis* eram, simultaneamente, brasileiros e estrangeiros. Quanto ao "os japoneses dos outros", o consenso foi bem menor. Alguns alunos pensavam que se tratava de uma comparação com os demais *nikkeis* latino-americanos, principalmente os do Peru e do Paraguai. Outros pensavam que ela significava os "japoneses" do Japão. Mas o que fazia "os nossos japoneses" serem "melhores" ou "mais criativos" que os dos outros? Neste ponto, as respostas de meus alunos foram consistentes – os japoneses (do Japão) eram tecno-*nerds* autômatos, e os nipo-bolivianos e nipo-peruanos eram "indianizados". Os japoneses (do Brasil), contudo, mantiveram seu lado de operosidade japonesa, acrescentando-lhe um lado criativo tipicamente brasileiro. Segundo meus alunos, a única coisa estranha no anúncio era o fato de ele estar sendo discutido em sala de aula. O Japão era tão profundamente entranhado no Brasil que não exigia atenção especial.

Capítulo 1

O Japão do Brasil

O cinema e o espaço da etnicidade, 1960-1970

ntes de 1960, era raro um *nikkei* atuar num filme brasileiro. No entanto, à medida que eles ganhavam visibilidade na paisagem urbana de São Paulo, isso mudou. Na década de 1960, uma geração de nipo-brasileiros passou a buscar canais de expressão mais majoritários para seus impulsos artísticos, no exato momento em que os cineastas não-*nikkeis* sucumbiam ao fascínio dos incontáveis filmes japoneses exibidos em São Paulo, que iam desde épicos samurais e filmes de arte até os filmes "cor-de-rosa" de pornografia leve (*pinku eiga*).[1] Esses filmes reforçaram as fortes imagens do Japão, tornadas ainda mais explosivas pela grande população nipo-brasileira da cidade.[2]

A partir de 1960, dezenas de filmes brasileiros passaram a trazer personagens asiáticos ou asiático-brasileiros, em enredos que usavam a etnicidade como um componente crítico da formação da identidade nacional. Enquanto os espectadores tendiam a ver os personagens como uma confirmação de suas idéias essencialistas sobre os *nikkeis*, os atores e as atrizes viam sua participação como um rompimento com as fechadas comunidades étnicas de seus pais imigrantes. Esses artistas tentavam ser entendidos como "brasileiros", uma idéia tão essencializada como a da identidade "japonesa" contra a qual eles lutavam.

Os filmes brasileiros que mostravam personagens *nikkeis* variavam enormemente em estilo e tema. Alguns, como *Noite Vazia*, de Walter Hugo Khouri, de 1964, e *Gaijin: Os Caminhos da Liberdade*, de Tizuka Yamasaki, de 1980, concorreram no Festival de Cinema de Cannes. Outros, como *O Império do Desejo*, de Carlos Reichenbach, de 1980, tiveram pouca divulgação internacional, embora fossem conhecidos no Brasil.[3] Outros ainda faziam parte de um gênero erótico de grande popularidade, que incluía *Reformatório das Depravadas* (1978), *Ninfas Diabólicas* (1978), e *O Bem-Dotado: O Homem de Itu* (1979). Alguns documentários examinaram as questões da aculturação na comunidade *nikkei*.

Meu objetivo, neste capítulo e no próximo, é trabalhar com esses filmes – os enredos, as imagens, a publicidade, os personagens, os atores e atrizes e os cineastas –, bem como os debates públicos gerados por eles, para examinar de que forma a etnicidade se relacionava às idéias paulistas sobre nação, que então passavam por um processo de transformação. Esses filmes tanto promoviam quanto refletiam uma nova percepção de São Paulo como uma cidade singularmente "japonesa", sendo exemplos do conceito de "identidade em movimento", tratado por Daniel Linger em seu trabalho antropológico sobre os brasileiros no Japão, e por Peter X. Feng, um estudioso do cinema asiático-americano nos Estados Unidos. Segundo Feng: "A repetição contínua da história pelo cinema revela ansiedade quanto à verdade histórica: a história tem que ser continuamente repetida a fim de nos persuadir da legitimidade do *status quo*, mas essa repetição contínua sugere que a história, na verdade, é uma construção passível de contestação".[4] Proponho que, na cidade de São Paulo, as identidades não apenas se repetiam e se moviam, mas também que elas se lançavam, simultaneamente, a rápidas corridas de curta distância e à corrida pesada da maratona. As identidades *nikkeis*, tal como imaginadas pela maioria e praticadas pela minoria, eram repletas de oposições entre brasilidade e estrangeirice. Os personagens eram icônicos e escritos para serem "japoneses puros", embora os atores e atrizes se imaginassem representando "brasileiros puros". Dessa forma, as declarações que os artistas me davam muitas vezes contradiziam os temas explícitos dos filmes. Os personagens ou os temas nipo-brasileiros simultaneamente reafirmavam e contestavam identidades, no momento em que, em plena ditadura, novas questões sobre a nação vinham surgindo, entrando em choque com inquietações igualmente candentes resultantes das transformações verificadas entre as gerações, em meio aos *nikkeis*.

Os seis filmes muito diferentes que aqui examino representam diversos gêneros e momentos cronológicos. Dois deles foram lançados em 1964, o primeiro ano da ditadura, enquanto os outros estrearam em fins da década de 1970 e inícios da de 1980, quando o regime militar deu início a seu processo de "abertura". Um é um filme de arte clássico, outro é uma comédia popular estrelada por um ator cômico brasileiro de imensa popularidade, e um terceiro é um "filme étnico" famoso e de grande prestígio, que continua tendo impacto sobre a maneira pela qual os *nikkeis* são vistos e vêem a si próprios. Os dois últimos enquadram-se na categoria erótica e usam estereótipos de gênero e sexuais para tratar da etnicidade.

Apesar das diferenças estilísticas e temáticas, esses filmes são facilmente vinculáveis entre si. Todos eles mostram a tensão entre a visão tradicional de São Paulo como um *melting pot* e as crescentes afirmações de pluralismo étnico que começaram na década de 1960. Conforme os filhos e os netos dos imigrantes japoneses iam se tornando parte comum da paisagem humana, os personagens *nikkeis* foram normalizados. Essas imagens eram reforçadas em outras áreas da cultura visual, tais como a publicidade e as telenovelas. As representações de São Paulo freqüentemente mostravam *nikkeis* e eram divulgadas por todo o Brasil. Em *O Grito*, uma telenovela exibida na Rede Globo, entre 1975 e 1976, figurava a modelo fotográfica e de passarela Midori Tange, que também trabalhou em algumas outras telenovelas de grande audiência. Harumi Ishihara, uma outra modelo, figurou em *O Salário Mínimo*, de 1979. Talvez os papéis *nikkeis* de maior proeminência tenham sido na novela *Os Imigrantes*, da Rede Bandeirantes, de 1981, que teve 333 capítulos e cujo enredo, como não é de surpreender, falava dos imigrantes japoneses e de seus filhos.[5]

Durante as décadas de 1960 e 1970, os *nikkeis* se converteram também numa importante figura de linguagem nas visões cinematográficas de São Paulo. Atrizes como Tange, que interpretavam boas moças em pequenos papéis na televisão, tiveram a oportunidade de interpretar moças *más* em papéis maiores, em filmes como *Belinda dos Orixás na Praia dos Desejos*, de 1979, e *Desejo Violento*, de 1978. Célia Watanabe passou de uma modelo sobre a qual o olhar do leitor deslizava rapidamente, nos anúncios impressos, a uma atriz cujos mínimos movimentos eram explorados ao máximo, no cinema.

Os filmes que mostravam personagens nipo-brasileiros trouxeram à tona a Diáspora Descontente. Os cineastas se surpreendiam com o fato de que os atores e as atrizes *nikkeis* não sabiam "agir como japoneses". Os intérpretes ficavam insatisfeitos com personagens que não eram suficientemente "brasilei-ros". Os cineastas brasileiros não-*nikkeis* buscavam inspiração no cinema japonês, passando a associar a arte japonesa (do Japão) à sua própria arte bra-sileira que incluía "japoneses" (de São Paulo). O "Japão no Japão" se transfor-mou no "Japão no Brasil", na medida em que as homenagens ao cinema japonês eram contextualizadas pelas experiências de muitos diretores com atores bra-sileiros, a quem eles muitas vezes viam como japoneses autênticos. Em meados da década de 1970, os *nikkeis* haviam se tornado uma parte normal e familiar da paisagem cinematográfica brasileira.

As representações dos nipo-brasileiros não eram consumidas apenas pela maioria. Os atores *nikkeis* eram profundamente engajados com o cinema e, em muitos casos, o mesmo ocorria com o público *nikkei*. O cinema criava um fórum para um debate atuante sobre essa discrepância entre as interpretações *nikkei* e não-*nikkei* da identidade. Isso era especialmente verdadeiro no caso dos papéis femininos. Os críticos de cinema tendiam a ver as atrizes nipo-brasileiras como especialmente belas e *sexy*. Os espectadores se perguntavam como as imagens de moças más que apareciam nas telas se relacionavam com as das boas moças da vida real. As atrizes e os atores viam sua participação, principalmente nas cenas de sexo, como uma batalha na guerra contra os es-tereótipos. A geração nascida no Brasil e educada na cidade de São Paulo re-jeitava a insistência da comunidade étnica interna em atitudes sexuais castas e "não-brasileiras". Os líderes da comunidade *nikkei* saudavam os artistas como heróis étnicos que vinham ganhando a guerra contra as atitudes discri-minatórias da maioria, que antes mantinha os nipo-brasileiros fora da mídia majoritária.[6]

Os filmes brasileiros retratavam uma sexualidade japonesa particularmente potente por meio de "estereótipos rivais, e às vezes contraditórios, calcados na nacionalidade".[7] Diretores e roteiristas mostravam os homens *nikkeis* como "orientais" e assexuados, e as mulheres nipo-brasileiras como "orientais" e parti-cularmente disponíveis e safadas. Essas imagens já circulavam em meio às elites de toda a América, antes mesmo da chegada dos primeiros imigrantes japoneses ao Brasil, em 1908. Mas a reconstrução do Japão do pós-guerra como líder tec-nológico, bem como as mudanças tanto na forma quanto na velocidade das transferências de informação, levaram a que, na década de 1960, novas idéias transnacionais sobre o "Oriente" fossem fortemente sentidas no Brasil. São Paulo se tornou um foco sul-americano daquilo que Steven Heine chamou de "síndrome da borboleta", seu termo para os muitos filmes feitos nos Estados Unidos, nas décadas de 1950 e 1960, que tinham como tema americanos na Ásia, muitas vezes enfocando "casos de amor entre homens americanos e mulheres asiáticas, geralmente japonesas, que eram, alternadamente, colocadas num pedestal e tratadas com desprezo".[8] Os cineastas brasileiros, assim como o público em geral, aceitaram a idéia de que o "Japão" era no "Brasil" e, assim, São Paulo era mostrada como uma cidade tanto brasileira quanto japonesa. Enquanto os homens americanos atravessavam um oceano para ir à Ásia em busca de amor, os homens paulistanos precisavam apenas atravessar a cidade para lá chegar.

Uma nítida divisão das representações de gênero significava que os poucos papéis masculinos nipo-brasileiros mostravam indivíduos do tipo samurai, para quem a honra, e não a atividade sexual, era de importância suprema. No entanto, a grande maioria dos papéis era feminina. A fetichização global das mulheres asiáticas e a inquietação com o fato de as mulheres brasileiras não desempenharem mais os papéis sexuais e domésticos convencionais levaram homens paulistanos a fantasiar que as centenas de milhares de mulheres *nikkeis* da cidade se comportariam como gueixas. A partir de década de 1960, começaram a aparecer com certa freqüência, nas revistas, matérias nas quais homens "brasileiros" expressavam seu desejo por mulheres *nikkeis*.[9]

As representações de mulheres nipo-brasileiras muitas vezes combinavam os dois tipos clássicos e opostos identificados nos filmes americanos por Renee Tajima: a *Lotus Blossom Baby* (Garota Flor-de-Lótus) – as bonecas chinesas e gueixas –, e a *Dragon Lady* (Dama Dragão) – as prostitutas. Os personagens femininos nipo-brasileiros eram "figuras passivas que existem para servir os homens – como objetos de amor para homens brancos", ao mesmo tempo que sua agressividade sexual oculta as distinguia do tédio sexual explícito de muitos dos personagens femininos brasileiros.[10] A modelo e atriz Harumi Ishihara se queixou de que "o cinema mostra uma imagem do tipo de mulher japonesa para as pessoas, que passam a aceitá-las só daquela maneira".[11] A atriz (e hoje professora universitária) Misaki Tanaka nasceu no Japão e mudou-se ainda criança para o Brasil. Ela representou muitos papéis de "gueixa" e me contou, em linguagem mais veemente que a de Ishihara, que "o rótulo que o brasileiro tem, o ocidental tem de uma japonesa é de uma mulher submissa. Colocou um quimono é japonesa... e os homens [têm] essa noção de que mulher japonesa vai fazer tudo para você, diferente da mulher, entre aspas, "brasileira", que você tem que agradar a mulher".[12]

IDENTIDADE, CINEMA E ESPAÇO

Os cineastas e críticos de cinema paulistanos (muitas vezes as mesmas pessoas) passavam um tempo considerável assistindo a filmes japoneses no bairro da Liberdade, a "*Japantown*" de São Paulo. Nas década de 1960 e 1970, a Liberdade possuía cinco cinemas que exibiam filmes falados em japonês. Essas casas atendiam a um público que havia se formado nas zonas rurais, nas décadas de 1920 e 1930, quando os filmes japoneses eram mostrados com projetores portáteis levados até as fazendas onde os imigrantes trabalhavam. A Nippaku Cinema-sha (Empresa de Cinema Nipo-Brasileira) foi fundada na pequena cidade de Bauru, estado de São Paulo, em 1929, para levar filmes às áreas rurais, mas, em meados da década de 1930, a empresa transferiu sua sede para a cidade de São Paulo, a fim de atender à crescente população japonesa. No final da década, alguns outros distribuidores fizeram com que os filmes japoneses se tornassem parte normal da paisagem cultural de São Paulo, atraindo, inclusive, grandes platéias brasileiras aos cinemas do centro da cidade.[13]

Em 1938, justamente quando os filmes japoneses passaram a ter uma distribuição mais ampla, ocorreu uma grande mudança na política cultural do país, conhecida como a campanha da brasilidade e adotada quando o ditador Getulio Vargas cedeu às pressões políticas de uma elite nativista que vinha, cada vez mais, ganhando voz no cenário nacional. As novas leis tentavam: evitar que populações estrangeiras se concentrassem em comunidades residenciais, forçar as escolas a ensinar tópicos "brasileiros" em língua portuguesa, e eliminar os meios de divulgação dos produtos culturais estrangeiros, inclusive jornais e mostras de cinema.[14] A campanha da brasilidade atingiu seu auge em 1942, quando o Brasil entrou na Segunda Guerra Mundial como um dos Aliados, e os imigrantes japoneses e seus filhos se tornaram alvo de discriminação.[15]

A "vitória" do Brasil para a democracia, na Segunda Guerra, contribuiu para a derrubada do regime não-democrático de Vargas e, em 1946, as leis que impunham censura haviam sido revogadas. Os filmes japoneses voltaram com força total e, em 1950, seis distribuidoras diferentes operavam na cidade de São Paulo. Os *nikkeis* iam à Liberdade ver os novos lançamentos japoneses, inclusive a obra-prima de Kurosawa, *Rashomon*, de 1950, que estreou em 1952, num cinema do circuito regular paulistano, atraindo espectadores de todas as origens. A Toho Company, a Shochiku Films, a Toei Company e a Nikkatsu, as principais produtoras e distribuidoras de filmes japoneses, incluíram o Brasil em suas redes de distribuição em 1958, 1959, 1960 e 1962, respectivamente. Conjuntamente, elas levaram milhares de filmes a São Paulo e patrocinaram festivais de cinema que exibiam filmes com participação de astros e estrelas japoneses.[16]

No final da década de 1950, a Liberdade era um local de grande ebulição cinematográfica. O público afluía a cinco cinemas diferentes (cada um deles ligado a um distribuidor específico), que totalizavam 4 mil lugares, para ver filmes lançados no Japão pouco antes. Em 1962, os filmes japoneses eram exibidos em muitos bairros de São Paulo, e festivais de cinema japonês eram realizados no Museu de Arte de São Paulo (MASP) e no cinema da Universidade de São Paulo, sempre com lotação esgotada.[17] As filas em frente a cinemas do circuito regular, como o Cine República, o Cine Coral e o Cine Esplanada, faziam com que se mantivessem por meses em cartaz filmes como o *Corvo Amarelo* (*Kaachan kekkon shiroyo*, de 1962), de Heinosule Gosho, que recebeu críticas favoráveis, bem como outros menos elogiados, como *A Espada do Mal* (*Kedamono no ken*, de 1965), de Hideo Gosha.[18]

Em meados dos anos 1950, um grupo de cinéfilos não-*nikkei* passou a freqüentar os cinemas da Liberdade, assistindo até mesmo a filmes japoneses nãolegendados. Um deles, Ermetes Ciocheti, tornou-se assistente de Walter Hugo Khouri, cujas representações de *nikkeis* discutirei mais adiante. Em 1963, ele e seus colegas, ao que parece, haviam escrito um estudo sobre o cinema japonês. No início da década de 1960, críticos como Rubem Biáfora e Alfredo Sternheim (ambos também diretores) passaram a escrever sobre cinema japonês no jornal *O Estado de S. Paulo*, e Jairo Ferreira fazia o mesmo para a *Folha de S. Paulo*. Ferreira, além disso, escreveu ensaios mais longos sobre filmes japoneses, brasileiros e internacionais para a seção em língua portuguesa do *São Paulo Shimbun*, publicado, em sua maior parte, em japonês, artigos esses que se tornaram leitura obrigatória para os paulistanos que se interessavam por cinema.[19] Biáfora, cujo filme *O Quarto*, de 1968, foi fortemente influenciado pelo cinema japonês, "não deixava de dedicar algumas linhas ao cinema japonês em sua coluna sobre os lançamentos da semana", e o público que não falava japonês cresceu rapidamente.[20] Sternheim se lembra de um telefonema do gerente da Toho Films de São Paulo agradecendo-lhe por escrever de forma "entusiástica" sobre o filme de Tomu Uchida, *Daibosatsu tôge*, de 1957 e 1959, lançado no Brasil como *Espada Diabólica*. Segundo a pesquisa da Toho, graças às críticas animadoras de Sternheim publicadas em *O Estado de S. Paulo*, em muitas sessões, "o cinema tinha enchido de não-japoneses". Sternheim se lembra de ir ao Cinema Niterói, de 1.400 lugares, na Liberdade, e se surpreender ao "ver os brancos, os caras-pálidas, os *white men* entrando naquele cinema do bairro japonês".[21]

Os filmes japoneses mostrados em São Paulo eram apenas um dos componentes de uma diáspora visual que incluía filmes japoneses que usavam o Brasil como pano de fundo. *Rio no wakadaishô* (*Um Cara Jovem no Rio*), de 1968, dirigido por Katsumi Iwauchi e traduzido no Brasil como *Um Samurai em Copacabana*, foi um dos muitos filmes "Cara Jovem" feitos nas décadas de 1960 e 1970. O "Cara Jovem" era um personagem do tipo Elvis Presley, que muitos espectadores japoneses associavam ao ídolo pop brasileiro Roberto Carlos, àquela época conhecido no Japão, onde ele fez turnês e se apresentou na televisão. Em *Rio no wakadaishô*, o "Cara Jovem" trabalhava para um armador, no escritório carioca da empresa. A estréia do filme em 350 cinemas japoneses, em 1968, deixou encantados os diplomatas brasileiros, que haviam investido muita energia em convencer a Tosho Films a financiar co-produções Japão-Brasil.[22] Naquele mesmo ano, a garota James Bond Akiko Wakabayashi (de *Só Se Vive Duas Vezes*, de 1967, dirigido por Lewis Gilbert, um filme também amplamente distribuído no Brasil e no Japão), estrelou no drama de ação *Sekido o kakeru otoko* (em inglês, *Diamonds of the Andes*, de 1968, dirigido por Buichi Sato). Filmado no Rio de Janeiro, apesar do título andino, *Sekido o kakeru otoko* foi realizado com o apoio da Embaixada Brasileira em Tóquio.[23] Esses filmes contribuíram para criar platéias para os filmes brasileiros no Japão. O trabalho do diretor Glauber Rocha era particularmente popular e fazia parte do cânone criado pela Guilda do Teatro de Arte do Japão, grupo creditado com "um papel vital na criação de uma nova consciência da história do cinema no Japão".[24] Em 1968, o presidente da Shochiku Films chegou a ser homenageado em São Paulo pela Associação Brasileira de Produtores Cinematográficos por importar filmes brasileiros para o Japão.[25]

OS *NIKKEIS* CHEGAM ÀS TELAS

Foi nesse contexto local e internacional que Walter Hugo Khouri (1929-2003) fez *Noite Vazia* (1964), que muitos críticos consideraram "o primeiro filme brasileiro verdadeiramente grande".[26] O filme ganhou todos os grandes prêmios nacionais em 1964 e 1965 e, em 1968, a *Filme Cultura*, revista do Instituto Nacional de Cinema (INC), elegeu *Noite Vazia* como um dos dez filmes brasileiros mais importantes.[27] O filme lançou a carreira de inúmeros atores e atrizes, e suas representações explícitas de sexualidade normativa e anormativa provocaram debates acalorados. Logo após o golpe militar de 31 de março de 1964, *Noite Vazia* foi proibido por um curto período de tempo por "em nada contribuir para a melhoria da cultura e da moral do povo, por sua mensagem negativa, forjada na exploração do sexo".[28] Mesmo assim, competiu no Festival de Cinema de Cannes, não tendo ganho um prêmio porque, segundo um estudioso do assunto, a presidente do júri, Olivia de Havilland (que interpretou Melanie, a melhor amiga de Scarlet O'Hara em *E o Vento Levou*, de 1939) não aprovou as cenas de lesbianismo entre Odete Lara e Norma Benguell.[29]

Noite Vazia estreou em São Paulo em setembro de 1964, na mesma semana em que estrearam três filmes japoneses (e quatro americanos, dois italianos, um inglês e algumas produções multinacionais).[30] O enredo era semelhante aos de uma série de "filmes intimistas existencialista-artísticos... onde homens neuróticos exorcizam suas obsessões eróticas", muitas vezes com mulheres nipo-brasileiras.[31] A sinopse do filme de Khouri era como se segue:

> Luís, um *playboy* milionário entediado, que não se contenta com a fortuna que a família tem, costuma sair todas as noites com um amigo, o atormentado Nelson, à procura de prazeres e emoções fortes. Após uma peregrinação por bares e boates, onde encontram personagens típicas da vida noturna de uma grande metrópole, ambos vão com duas "mariposas", Mara e Regina, ao apartamento de luxo do milionário. O ambiente é propício para as maiores loucuras, determinadas pela ânsia de prazer procurado a todo custo. No entanto, os temperamentos se chocam, e o milionário e uma das mulheres se torturam mutuamente, revelando suas fraquezas e manias. O outro par chega a vislumbrar a possibilidade de amor puro e autêntico. Com a madrugada, renasce o tédio e os sentimentos de frustração. Os quatro aceitam seus respectivos destinos e aquela noite, cheia de peripécias, mas vazia, não altera em nada suas vidas".[32]

Noite Vazia incluía uma longa cena passada num restaurante japonês da Liberdade (embora, na verdade, tenha sido filmada no Jabaquara, um outro bairro de grande população nipo-brasileira).[33] Khouri havia passado muito tempo na Liberdade e se auto-representava como um estudioso da "literatura, iconografia e filosofia japonesas". Ele associava o tamanho da população *nikkei* de São Paulo com a idéia de que "eu realmente 'absorvera' muito do cinema japonês e do intimismo de seus mestres".[34] Para Khouri, assistir filmes japoneses na Liberdade, cercado de *nikkeis*, não era a mesma coisa que assistir esses mesmos filmes num cinema do centro da cidade. Ele acreditava estar numa espécie de Japão e via os *nikkeis* como um meio local de abrasileirar suas influências internacionais. Na Liberdade, ele se deu conta de que os filmes japoneses com temas como sexo e violência poderiam ser interpretados de forma brasileira.

A cena "japonesa" começa na São Paulo "brasileira", quando Luís, (interpretado por Mário Benvenutti) e Nelson (interpretado por Gabriele Tinti) vão a uma boate. Lá, eles vêem uma amiga dos pais de Luís assistindo seu próprio marido beijar apaixonadamente uma jovem. Sua excitação aumenta quando eles vêem uma linda mulher sozinha, mas enquanto consideram a possibilidade de se aproximar dela, um homem mais velho chega. Nelson comenta tristemente "quem é diferente sempre tem dono", aumentando o desejo da dupla de "ser dono" de algo "diferente". O espectador é surpreendido por uma transição melódica, quando o *swing* se transforma em música japonesa tradicional. A troca auditiva é acompanhada por uma outra, visual: o letreiro de um restaurante japonês se transforma num *close-up* de um gordo Buda sorridente. O desejo de Luís de "ser dono de algo diferente" não pode se realizar na São Paulo brasileira (representada pela boate), mas sim na São Paulo japonesa (representada pelo restaurante da Liberdade).

No restaurante, Luís e Nelson sentam-se num tatame, a cobertura de piso tradicional japonesa, feita de palha trançada. Célia Watanabe, vestida num quimono, interpretando um personagem chamado apenas de "gueixa", traz tiragostos e saquê, que ela serve com um sorriso malicioso. Ali estava uma garçonete nada comum, que evidenciava a dupla imagem das mulheres *nikkeis*, como sexualmente vorazes e, ao mesmo tempo, "servis" (a palavra usada por Alfredo Sternheim, diretor-assistente de *Noite Vazia*).[35] Enquanto os dois homens encaram Watanabe com olhos lascivos, a seguinte conversa tem lugar:

Gueixa: A comida já vem.
Luís segura a mão da moça e começa a acariciá-la, mas ela se solta.
Luís: Deixa disso, vem cá.
Gueixa: Não!
Luís: Você não quer sair com a gente hoje à noite?
Gueixa: Não posso.
Luís: Você já saiu com o Gastão, não foi?

Gueixa: Hoje, não.

Luís: Dormiu com ele, também. Vem cá, vem cá.

Nelson: Pára com isso, Luís, assim não.

Luís: Eu te dobro o que o Gastão te deu. E você ainda vai gostar muito. Ele me disse que você é perita em coisas, certas coisas que eu nunca vi. Pode pedir o que você quiser, meu bem.

De repente, Nico (interpretado por Ricardo Rivas), um homem mais velho e obviamente bêbado, entra no restaurante com duas prostitutas de luxo, Regina (interpretada por Odette Lara) e Mara (interpretada por Norma Benguell, considerada por muitos a "Brigitte Bardot do Brasil"). Nico diz às duas mulheres: "Se vocês não gostarem da comida, não precisam reclamar. A gente vai comer uma pizza". Regina responde: "Você já sabia que a gente não ia gostar, não é?". Mas Nico insiste: "[Você disse que] tínhamos que ir a um lugar novo. Pronto. Novo". Enquanto a gueixa serve o trio, a câmera focaliza o rosto de Nico. Quando ela aparece, ele lança a ela o mesmo olhar lascivo dos dois homens mais jovens.

Quando Nico apresenta Luís às duas mulheres, dizendo que ele era "o maior *bon-vivant* que vocês conheceram", este dá uma resposta sem nexo, dizendo que tinha vindo ao restaurante "comer peixe cru". A cena termina com Nico desmaiado de tanto beber, deixando Luís e Nelson com Regina e Mara pelo resto do filme. No entanto, há um epílogo visual – uma tomada com uma mesa baixa em primeiro plano, com a cabeça curvada da gueixa por trás dela. Uma mão atira um maço de notas sobre a mesa e começa a acariciar a cabeça da gueixa, tentando empurrá-la para baixo e para cima. A câmera recua e vemos que se trata da mão de Luís. A gueixa diz: "Sayonara", e Luís responde: "Eu volto, meu bem".

A seqüência dessa cena no arco narrativo, bem na metade do filme, tem a intenção de transportar os espectadores da angústia generalizada dos personagens a um espaço de relações individuais. Essa transição ajuda a direcionar a última parte de *Noite Vazia*, em que são enfocadas as relações entre Luís/Nelson e Regina/Mara. Passar do "Brasil" ao "Japão" contrasta a idéia de um Novo Mundo desordenado e confuso, onde qualquer coisa pode acontecer (uma mulher pode assistir seu marido beijar outra mulher em público), com um Velho Mundo puro e altamente estratificado, onde as regras são absolutas e até mesmo os gestos servis são predeterminados.

Noite Vazia lembra aos espectadores a ironia do lema nacional do Brasil, "ordem e progresso", no exato momento em que o país parece não ter nem um nem outro. A Liberdade representa um desejo saudoso e irrealizável pelas hierarquias absolutas do gênero, da etnicidade e da classe. Quando os brasileiros trocam a modernidade da boate brasileira pelo mundo de tradição da Liberdade, o espectador vê bagunça contrastada à ordem, barulho contrastado ao silêncio, e mulheres modernas como Regina e Mara (para quem o sexo é uma mercadoria vendável) contrastadas a mulheres tradicionais como a gueixa (para quem o sexo seria um dever prazeroso, mesmo que remunerado). As relações com as duas prostitutas "brasileiras" incluem restaurantes caros e longas conversas, o que não acontece com a gueixa que, segundo a suposição equivocada de Luís, irá dormir com ele por prazer.

Khouri, antes estudante de filosofia e crítico jornalístico de cinema, dirigiu filmes muitas vezes repletos de mulheres fortes e homens infelizes. Na Liberdade, contudo, os papéis se invertem – Luís e Nelson olham para a gueixa com lascívia, livres da inquietação que sentem perto de mulheres "brasileiras" modernas. Isso ajuda a explicar a conversa aparentemente sem sentido sobre comida. Por exemplo, quando Luís comenta que havia ido ao restaurante "comer peixe cru", o *script* joga com o duplo sentido da palavra comer. Se "comer" é uma metáfora para o sexo, "peixe cru" e "pizza" se tornam metáforas para dois dos maiores grupos de descendentes de imigrantes no Brasil, os japoneses e os italianos. As duas opções, o peixe cru exótico e a pizza familiar, são fáceis de obter.[36] Esse contraste simboliza também as idéias paulistanas sobre etnicidade, uma vez que o *sushi* é cru e segmentado, ao passo que a pizza é uma mistura assada de ingredientes que perdem muito de sua individualidade nesse processo. De fato, os paulistanos costumam dizer que sua pizza é melhor que a da Itália, por se caracterizar por uma mestiçagem culinária, ao passo que seu *sushi* é especialmente delicioso por permanecer pura e autenticamente japonês.[37]

O final da cena, quando Luís empurra para baixo a cabeça da gueixa numa simulação de sexo oral, era uma representação incomum no cinema brasileiro do início dos anos de 1960. Para Khouri, essa sexualidade ao mesmo tempo aventurosa e subserviente só era possível num ambiente japonês, e Luís e Nelson só consumam suas relações mais igualitárias com Regina e Mara ao trocar o espaço público japonês por um espaço privado brasileiro, o apartamento de luxo. O filme sugere que embora Regina e Mara, a princípio, estivessem interessadas em sexo por dinheiro, a suposta disponibilidade da gueixa provoca nelas ciúmes patrióticos e étnicos. Elas, assim, rejeitam um cliente pagante (Nico) por uma relação menos explicitamente calcada em dinheiro com Luís e Nelson. Talvez elas estejam tentando salvar os homens brasileiros da corrupção da tradição, trazendo-os de volta às relações sexuais modernas.

Alfredo Sternheim, o assistente de Khouri em *Noite Vazia* e, mais tarde, diretor de seus próprios filmes, lembra que o uso feito por Khouri dos nipo-brasileiros era, simultaneamente, uma ruptura multicultural radical e repleta de preconceitos: "Engraçado, a gente não parava muito para pensar nisso, mas vendo agora, com o passar do tempo, realmente o pessoal cineasta encarava com preconceito, achava que a *nisei* ou a *sansei* só podiam ser retratadas no cinema como gueixa, e não como mulher normal, com sua vida sexual livre ou não-livre, casada ou descasada. Quer dizer, acho que quase ninguém fez isso no Brasil, ou ninguém". Misaki Tanaka, que interpretou uma das gueixas no filme de Khouri *O Prisioneiro do Sexo*, de 1978, estava convencida de que Khouri e outros diretores que usavam personagens nipo-brasileiros representavam "o desejo do público, do brasileiro, de querer, pelo menos uma vez na vida... namorar uma japonesa".[38]

Sternheim concordou com a interpretação de Tanaka, apontando que, em *Noite Vazia*, a gueixa era "explorada pelo lado oriental", diferentemente de seu próprio filme erótico, *Borboletas e Garanhões*, de 1985, em que Sandra Midori atua no papel de uma verdadeira brasileira. Segundo o diretor, "eu posso falar categórico: é brasileira de origem oriental".[39] Sternheim compara, de forma direta a brasilidade dos personagens dos dois filmes com a brasilidade das atrizes, como se os papéis ficcionais e a realidade das atrizes fossem indistinguíveis. "Eu queria acentuar o lado alegre, porque ela, a Sandra, é uma pessoa muito alegre. Eu escrevi o papel pensando nela... [Mas] a Célia [Watanabe] é uma pessoa mais travada, mais rígida e mais oriental. Totalmente, a postura é super-oriental. Acho que ela não tem um gesto ocidental". A cena com Watanabe, em *Noite Vazia*, manteve-se forte na memória de Sternheim porque demorou muito mais tempo para ser filmada do que se havia imaginado. Khouri esperava que Watanabe interpretasse uma gueixa "naturalmente", mas o que a filmagem mostrou foi o exato oposto.

A insistência de Sternheim nas diferenças entre *Noite Vazia* e *Borboletas e Garanhões* não deve obscurecer suas semelhanças: ambos mostravam encontros em restaurantes japoneses na Liberdade, nos quais homens euro-brasileiros e mulheres nipo-brasileiras exploram a possibilidade de sexo explícito. A fantasia de "possuir" uma mulher japonesa não foi realizada em *Noite Vazia*, mas o foi em *Borboletas e Garanhões*. Neste último filme, o personagem euro-brasileiro deixa sua rica e convencional noiva euro-brasileira para encontrar o verdadeiro amor e a realização sexual com a nipo-brasileira Midori.[40]

As representações da sexualidade nipo-brasileira nos filmes de Khouri (e de Sternheim) refletiam estereótipos muito generalizados em São Paulo. Talvez essa familiaridade explique por que razão jamais encontrei um único comentário acadêmico sobre o papel dos personagens nipo-brasileiros nos filmes de Khouri, nem em participações breves, como nas de *Corpo Ardente*, de 1966, onde Celso Akira interpreta um pintor de arte abstrata de nome Shirakawa, e Célia Watanabe é sua esposa moderna, mas calada, nem em atuações mais longas, como em *O Prisioneiro do Sexo*, que trata de um homem angustiado, cujos conflitos com mulheres modernas acabam por levá-lo à Liberdade, para violentas relações sadomasoquistas com gueixas silenciosas, representadas por Sueli Aoki e Misaki Tanaka.[41]

Não foram apenas os acadêmicos que deixaram passar em branco as imagens étnicas de *Noite Vazia*. Apenas duas, entre as centenas de críticas jornalísticas e cinematográficas que li sobre aquele filme, mencionam a cena na Liberdade, e a mais longa delas simplesmente descreve "um breve diálogo entre Célia Watanabe, Mário [Benvenutti] e [Gabrile] Tinti em ambiente japonês, onde a primeira fazia uma gueixa requestada por Mário".[42] Um artigo típico foi publicado no *Diário de Notícias*, do Rio de Janeiro, que criticou *Noite Vazia* por ser "cinema sem convicções éticas genuínas", e lamentando que sua breve censura pelo regime militar tivesse conferido ao filme uma imerecida autoridade moral. Embora a crítica não faça menção à cena na Liberdade, ela percebe o espaço "japonês" como essencial: uma fotografia de Watanabe como gueixa ocupava uma coluna inteira no meio da matéria de cinco colunas. Muitos outros jornais usaram essa mesma fotografia, quase sempre sem legenda explicativa. Uma revista usou uma fotografia quatro vezes maior que o texto de 35 palavras que a acompanhava, explicando por que razão *Noite Vazia* havia sido retirado da lista de filmes censurados.[43]

Por que, na cobertura de imprensa de *Noite Vazia*, as imagens visuais se fixam num personagem ignorado na discussão textual? Muito provavelmente, o diretor e o produtor acreditavam que uma fotografia insinuando uma ligação sexual exótica levaria o público aos cinemas. As expectativas (e a aceitação) do público quanto a esse tipo de relação são ressaltadas pelo fato de que muitos

jornais brasileiros rejeitaram, como excessivamente controvertida, uma fotografia *still* sugerindo um encontro lésbico entre Regina e Mara.[44]

Noite Vazia, tanto em sua autopromoção quanto na forma com que críticos e editores decidiram usá-lo, fazia uso de imagens visuais que vinculavam o
Brasil ao Japão. Mulheres japonesas (nipo-brasileiras) eram destinadas a serem
consumidas visual e fisicamente, mas não se falava sobre elas. Idéias como essa
levaram o Brasil e o Japão a um provocante diálogo. Os diplomatas brasileiros
no Japão, por exemplo, se queixavam de que, em vez de fazer "filmes sexuais
como *Noite Vazia*", os cineastas deveriam "valorizar o homem brasileiro contra
o invasor (estrangeiro)", de forma semelhante aos filmes de propaganda japoneses, que "levantavam o moral" e eram de importância crítica para o poderio
do Japão moderno.[45] Para Khouri e outros, o Japão e os filmes que de lá vinham inspiraram uma nova maneira de ser brasileiro, abrindo espaço para as
mudanças que vinham ocorrendo nas relações entre os gêneros, no Brasil.
Como Misaki Tanaka disse a mim, os fãs masculinos podiam ver mulheres
nipo-brasileiras nas telas e, facilmente, pensar que, na vida real, "eu também
sou submissa, né?"[46]

Seria um erro interpretar o Japão de São Paulo como associado apenas à
sexualidade. Sternheim recorda a aventura de ir à Liberdade com Khouri: "Me
deixei fascinar pelo modo de viver dos japoneses no Brasil, naquela época. E o
Khouri também tinha esse fascínio. Então, era muito comum a gente ir beber
num bar japonês, não num bar comum, né, assim, aqueles bares que tinham
no bairro da Liberdade, saquê e coisa e tal".[47] Sternheim também sugeria que a
sua própria condição de minoria havia sido de importância crucial para sua
experiência, uma vez que ela lhe permitia se colocar tanto de dentro quanto de
fora, na Liberdade. Em nossa conversa, ele contextualizou seu interesse pelo
Japão e pelos nipo-brasileiros, dizendo: "Eu sou brasileiro, filho de judeus ale-
mães e marroquinos que vieram para o Brasil".[48]

As críticas de *Noite Vazia* nos jornais e nas revistas lembravam constantemente os leitores da influência do Japão no cinema brasileiro.[49] Essas críticas
freqüentemente comparavam Khouri a diretores como Masanori Kakei e Yoshi-
ge Yoshida, cujos filmes eram exibidos em São Paulo.[50] Uma crítica publicada
no *Jornal do Comércio* foi colocada ao lado do anúncio do filme *Pirata Samurai*,
com Toshiro Mifune.[51] O *Última Hora* relatou que Valdir Ercolani, que havia
criado as legendas para *Noite Vazia*, havia sido praticamente assaltado por uma
multidão de fãs ao desembarcar no aeroporto de Tóquio, onde ele daria uma

palestra.[52] O *Diário de São Paulo* queixou-se de que o Brasil não estava pronto ("no Brasil ainda não há condições") para um filme como *Noite Vazia*, ao contrário do Japão (e dos Estados Unidos e da Europa).[53] Na opinião dos críticos, Célia Watanabe, a atriz que interpretou a gueixa, era a encarnação física do Japão em São Paulo. Ela começou sua carreira como modelo, sendo em seguida contratada pela Companhia Cinematográfica Vera Cruz porque "a linda e magra japonesinha, de olhos puxados e fala mansa, era capaz de entusiasmar os jovens".[54] Talvez isso explique por que Ignácio de Loyola, o crítico de cinema do *Última Hora*, falava da beleza icônica de Watanabe mais como uma modelo que como uma atriz. A crítica de Jairo Ferreira sobre *As Cariocas* dava a impressão de que Watanabe era a estrela do filme, o que não era verdade.[55]

Alfredo Sternheim, que continua desempenhando um papel proeminente nos meios cinematográficos de São Paulo, foi uma figura importante em nossa história. Como assistente de Khouri nos anos de 1960, e também em seus filmes pornográficos da década de 1980, ele explorou idéias sobre a etnicidade nipo-brasileira. Entre essas duas fases, ele escreveu e produziu o documentário *Isei, Nisei, Sansei* (1970).[56]

As lembranças de Sternheim sobre como ele veio a produzir esse documentário dão idéia das maneiras como a cultura japonesa era representada em São Paulo, e também da relação circular entre as idéias sobre etnicidade e nação da maioria e da minoria. Em 1969, Sternheim foi convidado para dirigir um documentário cultural para um concurso patrocinado pelo governo do estado de São Paulo. Seu amor pelos filmes da *nouvelle vague* japonesa que ele havia assistido na Liberdade, onde, segundo ele próprio, "eu me familiarizei com a colônia japonesa", o fez pensar na imigração japonesa como tema.[57]

Isei, Nisei, Sansei assume a posição de que as transformações ocorridas entre a geração dos imigrantes e as de seus filhos eram mais que uma mudança de identidade nacional, no sentido sentimental ou psicológico. O filme, na verdade, explica como as transformações verificadas entre as gerações mudaram tudo, da língua à religião, do sexo ao trabalho. Por exemplo, o filme propõe que a geração *isei* (imigrantes) era rural, e que a *nisei* (segunda geração, a primeira nascida no Brasil) era tecnológica, ambos os setores sendo vistos como particularmente "japoneses". No entanto, os *sansei* (terceira geração, crianças com pais brasileiros e avós japoneses) conseguiram se libertar do trabalho etnicamente determinado e se tornar brasileiros, expandindo seus horizontes de emprego, principalmente nas profissões liberais. Imagens de agricultores vestidos de quimonos e de jovens "descolados" sugerem transformações aos espectadores, e a narração direta faz o mesmo. A trilha musical, que muda do japonês tradicional para o *jazz*, serve como um lembrete auditivo desse tema. A geração imigrante é retratada como exótica, e a cena inicial, mostrando um senhor idoso vestido de quimono, num jardim, inclui uma narração que sugere a descoberta de um animal selvagem e desconhecido: "Esse é um *isei*, um imigrante japonês". A urbanização e a modernidade dos *nikkeis* é representada em cenas que mostram um mecânico de automóveis, uma secretária usando uma máquina de calcular num grande escritório e um farmacêutico. "Os *niseis* têm uma relação com a nova sociedade [urbana] e deixam de ser japoneses".

Em *Isei, Nisei, Sansei*, os japoneses são transformados em brasileiros, e os brasileiros também saem transformados. Muita atenção é dada às aulas de língua japonesa "para todas as raças", e a esportes "orientais", como o judô e o *baseball*, que são "assimilados pelos brasileiros". A idéia central do filme, relativa à identidade nacional, é que São Paulo "ganhou novo colorido" através das trocas culturais e biológicas. Embora esse enfoque diferencie o filme das demais representações cinematográficas dos nipo-brasileiros, o documentário também essencializa a sexualidade. Numa das cenas, uma bela jovem *nikkei* desce correndo a escadaria de uma igreja católica para encontrar seu impetuoso namorado euro-brasileiro. Uma outra cena mostra "a vida noturna e as diversões" dos restaurantes da Liberdade, onde duas mulheres vestindo quimonos servem um homem euro-brasileiro. Por um breve instante, vislumbramos uma mulher não-*nikkei*, possivelmente a namorada desse homem. Mas a câmera dá a ela atenção apenas passageira, uma vez que são as duas gueixas que dão prazer a ele – uma prepara seu *sukiaki*, e a outra ajoelha-se a seu lado servindo bebidas.

COMÉDIAS SERTANEJAS: OS NIPO-BRASILEIROS COMO A BASE DA CIVILIZAÇÃO BRASILEIRA

Se *Noite Vazia* e *Isei, Nisei, Sansei* representavam os *nikkeis* em sua sexualidade, a comédia popular sertaneja do adorado ator popular Amácio Mazzaropi, *Meu Japão Brasileiro*, de 1965, dirigida por Glauco Mirko Laurelli, enfocava os *nikkeis* como agricultores operosos e imbuídos de fortes valores familiares (figuras 15 e 16).[58] Mazzaropi (1912-1981) iniciou sua carreira no rádio paulista como comediante e, em 1950, transferiu seu popularíssimo programa ao vivo

Figura 15. Cartaz publicitário do filme *Meu Japão Brasileiro*,
PAM Filmes, colorido, Brasil, 1964.
Cedida e usada com a permissão do Museu
Mazzaropi/Instituto Mazzaropi (Taubaté, São Paulo).

para a televisão.[59] Em 1952, ele fez seu primeiro filme para a Vera Cruz e, mais tarde, fez outros trinta, nos quais mesclava drama e comédia. A partir de 1958, Mazzaropi passou a produzir seus próprios filmes, muitas vezes também escrevendo o roteiro e atuando como diretor. Quatro de suas comédias estão listadas entre os 35 filmes brasileiros de maior bilheteria entre 1970 e 1984.[60] Os *nikkeis* faziam parte de sua platéia e, segundo ele, *Meu Japão Brasileiro* "homenageava um público que, cada vez mais, vem prestigiando os filmes [de Mazzaropi] ".[61]

Figura 16. *Still* de *Meu Japão Brasileiro*, PAM Filmes, colorido, Brasil, 1964.
Cedida e usada com a permissão do Museu
Mazzaropi/Instituto Mazzaropi (Taubaté).

Meu Japão Brasileiro, concluído em 1964 e lançado no início de 1965, foi escrito e produzido por Mazzaropi e fotografado por Rudolf Icsey, um imigrante húngaro que foi também o diretor de fotografia de *Noite Vazia* e de alguns outros filmes de Walter Hugo Khouri. O título do filme joga com o "hino nacional não-oficial do Brasil", a *Aquarela do Brasil*, de Ari Barroso, que começa com a frase, "Brasil, meu Brasil brasileiro".[62] O título de Mazzaropi sugere que o Japão havia substituído o "Brasil" como centro da identidade nacional.

O protagonista do filme, Fofuca, interpretado por Mazzaropi, mora no interior de São Paulo em meio aos imigrantes japoneses e seus filhos brasileiros. Após sofrer, juntamente com os outros trabalhadores rurais, nas mãos de Leão, o intermediário local, Fofuca (um trocadilho com "fofoca") organiza os agricultores *nikkeis* numa cooperativa com o objetivo de lutar contra a exploração. Essa abordagem, como explicam Stephanie Dennison e Lisa Shaw, era comum nos filmes de Mazzaropi, em que "culturas bem-conhecidas da platéia" geravam personagens que "eram sempre mostrados como parte integrante de uma comunidade específica".[63]

Meu Japão Brasileiro, apesar de seu grande sucesso comercial, foi esquecido pela maioria dos estudiosos do trabalho de Mazzaropi.[64] Tal como *Noite Vazia,* o filme foi estrelado por Célia Watanabe no papel de um personagem sem nome próprio: para Khouri, ela era a "gueixa", e para Mazzaropi, a *nisei*. A diferença era que enquanto Watanabe fazia uma ponta em *Noite Vazia,* ela era a jovem estrela de *Meu Japão Brasileiro,* aparecendo na maioria das cenas e cantando uma canção. Khouri havia contrastado a São Paulo moderna e a Liberdade tradicional, sugerindo que não havia nipo-brasileiros, mas sim japoneses no Brasil, e brasileiros que os desejavam. Mazzaropi, contudo, acreditava que a miscigenação transformaria uma população rural "brasileira" oprimida e atrasada em "japoneses" modernos. A abertura de *Meu Japão Brasileiro* deixa isso bem claro: um grupo de crianças *nikkeis* caminham juntas morro acima, vindas de suas casas situadas na baixada, enquanto um grupo de crianças "brasileiras" caminham juntas morro abaixo, vindas de suas casas situadas na encosta. Todas elas se encontram num espaço onde aprendem sobre o futuro, a Escola Rural Mista. Não são apenas as crianças que se misturam: a história de amor do filme é inter-racial, e Fofuca é o gerente da Pensão Nipo-Brasil, onde ele serve agricultores japoneses vestindo quimonos.

Fofuca encarna um Brasil japanizado, novo e melhor (ou, quem sabe, um Japão abrasileirado, como sugere o título?). Embora ele fale apenas em português, diz "entender japonês" quando os agricultores da região se queixam da exploração nesse idioma, sugerindo que o senso de opressão supera as barreiras de língua. O enredo secundário do filme envolve um romance proibido entre o filho do intermediário opressor, Mário, e *Nisei,* (Watanabe).

Esse heróis são contrastados com o vilão Leão. A descrição da exploração dos agricultores coloca o filme em sintonia com o regime militar, que via a posição oligárquica dos proprietários de terras como um obstáculo a suas intenções urbano-industriais.[65] E, além disso, Leão não é apenas um explorador em questões de classe. Ele vê as relações inter-raciais como um ataque à pureza da raça. O temor de Nisei, após beijar Mário pela primeira vez, é a oposição do pai *dele*, invertendo o estereótipo de que os nipo-brasileiros seriam uma comunidade fechada. Como Leão diz a seu filho, numa menção abrasileirada a *Romeu e Julieta*, "você não deve se meter com essa raça". Os choques étnicos e entre as gerações conduzem ao clímax dramático, quando Leão usa a criação de uma cooperativa rural liderada pelos imigrantes para irritar os trabalhadores brasileiros do lugar, que têm medo de que os japoneses acabem "mandando em tudo". Fofuca evita uma guerra racial convencendo a todos (exceto Leão) de que a convivência social é o melhor que pode acontecer. Na opinião de Mazzaropi, as oposições entre ricos e pobres, poderosos e fracos e brasileiros e japoneses iriam desaparecer com a miscigenação.

Figura 17. Still de *Meu Japão Brasileiro*, PAM Filmes, colorido, Brasil, 1964.
Cedida e usada com a permissão do Museu
Mazzaropi/Instituto Mazzaropi (Taubaté, São Paulo).

A insistência de Mazzaropi no valor da convivência não impede que seu *script* mostre as realidades étnicas distintas do interior de São Paulo. Ao longo de todo *Meu Japão Brasileiro*, o hiato entre "nós, brasileiros" e "vocês, japoneses" fica patente. Por exemplo, quando Fofuca e os agricultores se reúnem para discutir uma alternativa para a venda de sua produção, um "japonês" que fala português (a maioria dos japoneses do filme tem dificuldade com a língua local) sugere uma cooperativa. Fofuca concorda, repuxando os olhos e dizendo: "Não sou japonês, mas sou quase". Seu discurso visando a convencer os agricultores a se juntarem à cooperativa começa com "Meus amigos, é um prazer ver duas raças distintas, [pausa] homens e mulheres, todos misturados". É uma boa piada, porque a platéia imagina que as "raças" são japoneses e brasileiros, e não homens e mulheres.

Meu Japão Brasileiro defende um futuro híbrido e glorioso, representado pelo casamento de Mário e Nisei, como o resultado inevitável das interações infantis que têm lugar na Escola Rural Mista. No entanto, o filme sugere também o caráter explosivo das relações nipo-brasileiras no interior do país. Essa inflamabilidade é mostrada numa cena em que Nisei caminha alegremente morro acima para se encontrar com Mário. Ao invés de Mário, aparece o filho mais velho de Leão, Roberto, que afirma falsamente que Mário havia rejeitado a "minha cara cunhada". Quando Nisei tenta ir embora, Roberto corre atrás dela, agarrando-a. Nisei grita e atrai a atenção de um grupo de agricultores japoneses que trabalhavam num campo próximo, que correm para socorrê-la. Nisei morde Roberto e foge em direção aos agricultores que se aproximam.

Roberto, não querendo se revelar como o agressor, afirma ter sido surrado pelos "japoneses", sem mencionar o que ele próprio havia feito. Essas mentiras convencem seu pai a atiçar a população local contra a cooperativa japonesa, para que a velha ordem opressora seja restaurada. Leão faz mais que incitar verbalmente o povo do lugar. Quando um imigrante japonês vai falar com o padre que havia abençoado o casamento de Mário e Nisei, um dos capangas de Leão atira no sacerdote. Um outro empregado de Leão, então, agarra o imigrante, enquanto este cuidava do padre ferido, e começa a gritar que o imigrante havia cometido o crime.

A cidade toda parece acreditar na mentira, e a câmera se desloca de *close-up* a *close-up* de rostos de "brasileiros" dizendo: "Foi o japonês, eu vi, o japonês deu um tiro no padre". "Foi o japonês" rapidamente se transforma em "Fora os japoneses", e a cooperativa é atacada por uma multidão em fúria. Fofuca entende a situação: "Não acredito que um japonês fizesse uma coisa dessas", diz ele. "Quem costuma fazer isso com os outros é o pessoal do Leão".

Essa cena dá destaque a idéias profundamente arraigadas sobre etnicidade e nação. Em certos sentidos, o filme é anti-racista, contrastando de forma nítida o "fora os japoneses" e o "não acredito que um japonês fizesse uma coisa dessas". *Meu Japão Brasileiro*, contudo, não aceita a idéia de que o racismo seja um fenômeno cultural brasileiro. Desse modo, a violência étnica e de gênero, e também o comportamento grupal discriminatório, podem ser explicados como simples ingenuidade, o que faz com que a fúria da multidão se dissipe de um momento para o outro.[66] Segundo Mazzaropi, a fúria não é espontânea, mas sim inculcada no povo pelo malévolo Leão, que é racista. Esse comportamento, portanto, seria atípico e não-brasileiro. Para Mazzaropi e seu público brasileiro, não existe um problema social mais amplo a ser tratado em *Meu Japão Brasileiro*.

Meu Japão Brasileiro se entrelaça com o mito fundamental brasileiro da democracia racial, associado, principalmente, aos escritos de Gilberto Freyre (1900-1987). Freyre sugeriu que a cultura brasileira tinha suas bases nas grandes fazendas, onde uma suposta ausência de intolerância racial nasceu das façanhas dos hipersexualizados homens portugueses com as hipersensualizadas mulheres não-brancas. Se *Noite Vazia* deve muito a essa visão freyriana das mulheres não-brancas, *Meu Japão Brasileiro* assume um ponto de vista distinto, embora igualmente freyriano: o de que o Brasil era uma nação singularmente miscigenada e isenta de racismo. Esse tema dominou todo o *marketing* do filme. Os anúncios nos jornais mostravam o nome de Mazzaropi em letras falsamente japonesas, o mesmo ocorrendo com as palavras "Japão Brasileiro". "Meu", contudo, era grafado de forma diferente, sugerindo que o Japão brasileiro era o Japão de Mazzaropi, e que a miscigenação iria melhorar a raça brasileira. O *trailer* promocional lamentava que a relação entre Nisei e Mário fosse um "romance proibido". As platéias de São Paulo, que testemunhavam um índice de casamentos mistos da ordem de 40%, sabiam que o amor inter-racial acabaria por prevalecer. Dessa forma, *Meu Japão Brasileiro* não foi, realmente, o "grito de revolta contra a incompreensão entre os homens" que afirmava ser.[67]

As intenções de Mazzaropi não passaram despercebidas aos críticos. B. J. Duarte, ao escrever para a *Folha de S.Paulo*, opinou que *Meu Japão Brasileiro* "não apenas encara com simpatia e ternura a miscigenação humana no território humaníssimo de São Paulo, criando uma película cheia de carinho para com [sic] a colônia japonesa e seus *niseis* assimilados ao solo e aos costumes paulistas".[68] Gray (seu único nome), na crítica para *A Tribuna* de Santos, concordou, observando que o filme tanto louvava o trabalho dos japoneses étnicos quanto "defendia" a miscigenação.[69]

As críticas de *Meu Japão Brasileiro* elogiavam muito mais o Japão que o filme em si, que não mostra o menor indício de influência cinematográfica japonesa. Uma crítica devastadora e não-assinada, publicada no *O Estado de S. Paulo*, falava da qualidade dos filmes japoneses, acusando Mazzaropi de não ter a sensibilidade artística de "Tomu Uchida, Eizo Sugawa, Mikio Naruse, Yasujiro Ozu e Hideo Suzuki", todos eles cineastas bem-conhecidos do público brasileiro mais sofisticado. *Meu Japão Brasileiro* deveria ter sido "um estudo mais apurado da serenidade e do labor eficiente dos japoneses no Brasil".[70]

Por que razão a crítica teria feito uma comparação tão injusta, principalmente tendo em vista que Mazzaropi nunca se propôs a fazer filmes sofisticados? O que significa comparar um filme brasileiro, feito com atores brasileiros e sobre o Brasil, com filmes japoneses, feitos com atores japoneses e sobre o Japão? A resposta, ao que tudo indica, é que, na mente de muitos críticos, as categorias culturais nipo-brasileiras e japonesas eram intercambiáveis. Na visão dos críticos, os nipo-brasileiros continuavam sendo totalmente japoneses, independentemente de seu local de nascimento, da língua que falavam e de sua cidadania. Até mesmo a única estrela que brilhava no filme, a atriz Célia Watanabe, foi notada menos por seu talento que por sua natureza, uma vez que "com sua beleza e peculiar desembaraço, [ela] consegue escapar até mesmo de situações extremamente grotescas".[71]

Noite Vazia; Isei, Nisei, Sansei; e *Meu Japão Brasileiro* fetichizaram os nipo-brasileiros com a intenção de sugerir que o problema do Brasil era que o país era cheio de brasileiros (não-japoneses). Os brasileiros tradicionais, mesmo quando haviam alcançado êxito financeiro (tanto Luís, de *Noite Vazia,* quanto Leão, de *Meu Japão Brasileiro,* eram ricos), não chegaram a seus triunfos individuais de forma legítima. Os imigrantes japoneses, por outro lado, trabalhavam duro, como agricultores e como amantes, sendo portanto desejáveis, tanto como componentes da futura grandeza brasileira quanto como parceiros sexuais. As freqüentes menções à beleza de Célia Watanabe nas críticas de ambos os filmes sugerem o quanto essa idéia era arraigada. Anos mais tarde, quando o diretor Adalto Cardoso quis transformar o ator Polêncio num "novo Mazzaropi", ele apostou num filme em que a nipo-brasileira Misaki Tanaka estrelava no principal papel feminino[72]. Nos *nikkeis*, os brasileiros conseguiam enxergar um futuro melhor.

Capítulo 2

Belos corpos e identidades (des)aparecidas

A contestação das imagens da etnicidade nipo-brasileira, 1970-1980

N oite *Vazia* e *Meu Japão Brasileiro*, dois dos primeiros filmes a incluir representações de *nikkeis*, foram lançados nos primeiros anos da ditadura. Ao longo dos anos de 1960, na medida que os militares "linha dura" ampliavam cada vez mais seu poder, os cineastas se viram confrontados com novos desafios e criaram novos fóruns para a circulação de suas idéias sobre etnicidade e identidade nacional. Nesse mesmo período, intensificou-se a migração urbana dos filhos e netos dos imigrantes japoneses para a cidade de São Paulo. Enquanto os *nikkeis* iam se tornando mais visíveis em boa parte das áreas da vida social e profissional da cidade, a identidade nipo-brasileira passou a, cada vez mais, ser questionada pelo cinema.

O setor que teve crescimento mais rápido, a partir do final da década de 1960 foi a indústria de filmes eróticos. Muitos desses filmes tinham um grau modesto de pretensões artísticas, mas outros, conhecidos como "pornochanchadas", tomavam como modelo uma geração anterior de comédias carnavalescas leves (as chanchadas), de grande popularidade nas décadas de 1930, 1940 e 1950. Muitas dessas pornochanchadas surgiram do movimento "Boca do Lixo" paulistano, que, por sua vez, era influenciado pelas comédias sexuais leves italianas e pelos filmes japoneses *pinku*, exibidos no circuito comercial dos cinemas de São Paulo.[1] O movimento Boca do Lixo, cujo nome derivava do bairro onde se localizavam muitas das empresas produtoras, foi influenciado também por alguns aspectos da cultura nipo-brasileira. Alguns diretores e produtores liam o "mangá nacional" que Minami Keizi, um filho de imigrantes japoneses, vinha publicando desde a década de 1960. Keizi era também o editor de *Cinema em Close-Up* (1976-1977), uma revista que combinava fotografias chamativas de estrelas da pornochanchada com artigos sérios sobre filmes, artes marciais e indústria cinematográfica.[2] Hoje, Keizi é distribuidor e autor de um *hentai* (um mangá sexualmente explícito) brasileiro, e também astrólogo.[3] Uma de suas interpretações astrológicas mais recentes lhe trouxe antigas lembranças da Boca do Lixo.[4]

> Ontem, passei pela Rua do Triunfo [na Boca do Lixo]. Triste e abandonada, a rua mais se parecia com um bairro distante da periferia, do qual nem mesmo o vice-prefeito se lembra. Mil lembranças passaram pela minha cabeça.
>
> Anos 1960 e 1970. A rua tinha *glamour*, uma Hollywood subdesenvolvida... A Rua do Triunfo era viva. No Bar Soberano, os produtores, diretores, atores, atrizes e extras se reuniam para tomar café, almoçar, jantar, ou simplesmente bater papo. Era o tempo da pornochanchada, quando o Brasil produzia mais de cem filmes por ano. O cinema produzido na Rua do Triunfo era chamado de Cinema Boca do Lixo.
>
> O Rio e São Paulo se alternavam como centros cinematográficos. O Beco da Fome, no Rio, e a Boca do Lixo, em São Paulo...
>
> Mais tarde, o cinema decaiu... As empresas cinematográficas se mudaram... Hoje só sobraram as prostitutas que conviviam em paz com gente famosa do cinema brasileiro na Boca do Lixo.
>
> É lixo... muito lixo na Rua do Triunfo.

A partir de sua base na Boca do Lixo, os cineastas brasileiros tentavam imitar os filmes japoneses no exato momento em que a ditadura passou a permitir, e até mesmo a promover, a indústria de filmes eróticos por intermédio da Embrafilme, o órgão nacional de produção e distribuição.[5] Os produtores, percebendo que havia mercado tanto para filmes japoneses quanto para filmes eróticos, tentaram criar, na mente do público, uma associação entre ambos. O jornalista Jairo Ferreira, cujas críticas muitas vezes entusiásticas legitimavam os filmes produzidos na Boca, queixou-se de que o clássico *Onibaba* (1964), de Kaneto Shindô, havia sido conspurcado pela "mente sórdida" do proprietário do Cine Coral (localizado na Boca do Lixo), que anunciou o filme com o título: *Onibaba: Sexo Diabólico*.[6]

Nos primeiros anos da década de 1970, as pornochanchadas eram os filmes nacionais de maior popularidade em termos de bilheteria e, em 1977, 25 dos 76 filmes feitos no Brasil vieram do "movimento da Boca".[7] As pornochanchadas geralmente arrecadavam mais que filmes internacionais com altos custos de produção. Elas, em parte, eram uma reação à censura de filmes com temas políticos e à proibição de filmes pornográficos estrangeiros.[8] As pornochanchadas tinham também um elo temático com os filmes brasileiros mais convencionais, uma vez que elas, freqüentemente, incluíam personagens nipo-brasileiros.

Os estudos acadêmicos sobre as pornochanchadas concentram seu foco sobre a transgressão: as platéias assistiam aos curtas de propaganda do governo, de exibição obrigatória em todos os cinemas antes da projeção do filme em cartaz, "em nítido contraste com o caos, o individualismo, o deboche e a malandragem das pornochanchadas que muitas vezes se seguiam".[9] Para as platéias, caçoar da propaganda do governo fazia parte da diversão de assistir à pornochanchada que vinha em seguida, muitas vezes em programação dupla com filmes de artes marciais. Os filmes eróticos permitiam que platéias convencionais transgredissem as normas sociais, e os grandes jornais tratavam desse gênero na mesma seção em que eram publicadas as críticas de lançamentos como *Guerra nas Estrelas* (1977).

As pornochanchadas eram etnicamente transgressoras, uma vez que personagens nipo-brasileiros apareciam com freqüência nos filmes feitos em São Paulo. Estereótipos de nipo-brasileiros (e de todos os demais grupos) eram freqüentes, e os personagens *nikkeis* muitas vezes eram apresentados como um "desafio" aos personagens "brasileiros". As atrizes *nikkeis* eram particularmente conscientes desses estereótipos, especialmente no que se referia à sexualidade. Enquanto diretores, roteiristas e espectadores buscavam nas atrizes sua sexualidade "japonesa", as atrizes viam seus papéis como maneiras de provar sua brasilidade, ao desafiar as idéias de pudor, tanto da maioria quanto da minoria. As idéias fantasiosas que os nipo-brasileiros faziam da cultura brasileira majoritária como hipersexual eram tão estereotipadas quanto a imagem inversa sobre os *nikkeis*. Uma hipersexualidade essencializada era, portanto, um ponto em comum das imagens que os *nikkeis* faziam dos "brasileiros" e das imagens que os brasileiros faziam dos "japoneses".

UM CASO VERDADEIRO

O Museu da Imagem e do Som em São Paulo possui um arquivo e uma biblioteca excelentes, bem como uma equipe muito generosa. Quando eu disse à bibliotecária que meu projeto incluía uma análise das imagens de atores e atrizes *nikkeis* que trabalharam em pornochanchadas, ela me olhou com surpresa. "Não é possível. Japonês não faz baixaria assim. Talvez em seu próprio país, mas no Brasil, nunca".

A lista de filmes eróticos brasileiros que incluem personagens asiáticos é longa, mas dois dos mais conhecidos são *O Bem-Dotado: O Homem de Itu* (1979), de José Miziara, e *O Império do Desejo* (1981), de Carlos Reichenbach. Ambos foram sucessos de bilheteria na época de seu lançamento, embora o primeiro nunca tenha recebido boas críticas.[10] Os atores eram artistas respeitados, com longas carreiras no cinema convencional.[11] Ambos os filmes continuam sendo exibidos com freqüência na televisão, e Carlos Reichenbach permanece como uma voz vibrante no cinema brasileiro e na cultura popular. Apesar de todo esse renome, os estudos acadêmicos em nenhum momento comentaram a presença de nipo-brasileiros, nem em *O Bem-Dotado* e tampouco em *O Império do Desejo*.

O título de *O Bem-Dotado: O Homem de Itu* joga com o de uma telenovela de grande popularidade na televisão brasileira da época, *O Bem-Amado*, que tratava do conflito entre a vida rural e a vida urbana.[12] Como muitas telenovelas e pornochanchadas, *O Bem-Dotado* mostra personagens de origem rural que enfrentam dificuldades e tribulações na cidade grande.[13] A história gira em torno de Lírio, um caipira virgem e tímido (e talvez levemente retardado) de vinte e poucos anos de idade, que havia sido criado por um padre de Itu, uma cidade pequena a cerca de uma hora de carro de São Paulo. Itu, nas décadas de 1970 e 1980, transformou-se numa atração do turismo de classe média de São Paulo em razão de seus enormes objetos de mobiliário urbano (por exemplo, uma cabine telefônica gigante) e da venda de *suvenires* de tamanho exagerado (escovas de dentes e pentes desproporcionalmente grandes).

As relações de Lírio com as mulheres são ingenuamente castas e cheias de amor romântico. Mas quando Nair e Zilá, duas mulheres ricas de São Paulo, chegam a Itu para fazer algumas compras, elas descobrem que os gigantescos atrativos da cidade não se limitam a produtos industriais. Lírio vai para São Paulo como o jardineiro e o garoto-brinquedo de Nair, e lá é perseguido por mulheres de todos os tipos, da patroa à empregada, das vizinhas às amigas. *O Bem-Dotado* gira em torno da exploração sexual de Lírio na cidade e pela cidade, e de sua luta para retornar a seu amor puro em Itu. O poder de Lírio reside em seu dote especial: durante o ato sexual, suas parceiras, que não conseguem resistir ao tamanho de seu órgão, gritam "Mamãe!" tão alto que o chão treme. Após a relação sexual, as mulheres ficam incapacitadas de andar de forma confortável, revelando publicamente o que elas haviam feito na privacidade.

O Bem-Dotado traz dois personagens *nikkeis*, uma dupla de irmão e irmã, que trabalham na casa de Nair. Kimura é humilde e reservado, quer trabalhando como motorista ou como mordomo. O papel foi interpretado por David Yan Wei, que nasceu na China e, posteriormente, emigrou para os Estados Unidos, onde estudou artes cênicas na Universidade de Chicago, tendo mais tarde emigrado novamente, desta vez para o Brasil. Sueli Aoki (às vezes citada como Sueli de Fátima Aoki) interpretava Nice (note-se o som semelhante a *nisei*), uma empregada doméstica quieta e trabalhadeira. Aoki nasceu no Brasil e é filha de pai japonês e mãe brasileira não-*nikkei*, e trabalhou como modelo e secretária num banco antes de se tornar atriz.

Os personagens *nikkeis*, irmão e irmã, são muito diferentes dos demais papéis escritos para *O Bem-Dotado*. Seus modos estilizados e seu vestuário implicam diferenças étnicas e realçam o fato de que tanto eles como Lírio haviam sido criados no interior. No entanto, ao contrário de Lírio, Nice e Kimura modernizam a casa com sua eficiência, o que faz lembrar *Meu Japão Brasileiro,* de Amácio Mazzaropi. Kimura é também um contraponto cômico, e o filme, o tempo todo, joga com sua falta de masculinidade. Nice, ao contrário, é um objeto sexual. O posicionamento de *O Bem-Dotado* quanto a questões de gênero se encaixa facilmente nas imagens mais gerais da sexualidade asiática, tal como mostradas na pornografia de toda a América e ridicularizadas no documentário satírico de Glen Pak, *Asia Pride Porno*, estrelado pelo roteirista ganhador do Tony Award, David Henry Wang.[14]

Quando o bem-dotado de Itu chega à casa de Nair, os mais afetados são Kimura e Nice. A pudica Nice, que é contra o sexo fora do casamento porque "é pecado", torna-se sexualmente voraz. Ela é a única mulher seduzida por Lírio – nos outros encontros sexuais, é a mulher que seduz a ele. Ela, além disso, é a única que faz sexo com Lírio sem gritar. *O Bem-Dotado* sugere que o ingênuo Lírio sente-se mais atraído por Nice, igual a ele em termos de classe, de sexualidade e de origem rural, do que pelas mulheres ricas que apenas usam seu corpo.

A CRIAÇÃO DE UM ARQUIVO

Embora as pornochanchadas venham recebendo atenção cada vez maior entre os estudiosos do cinema brasileiro, não é fácil encontrar cópias desses filmes. Muitos estão em rolos de 35 e 16 milímetros, em arquivos onde o acesso é limitado. Encontrei a solução quando Alfredo Sternheim me sugeriu o Canal X Megaloja de Pornografia/ Museu de Erótica, antes localizado na Avenida Paulista, a Wall Street de São Paulo.

Lá fui eu, armado de uma longa lista de títulos e de dados técnicos que Rodrigo Archangelo, um aluno da Universidade de São Paulo e estagiário na Fundação Cinemateca Brasileira, havia criado para mim. Apresentei a lista no Canal X e fui recebido com olhares interrogativos – os funcionários da megaloja nunca haviam ouvido falar desses filmes. O proprietário, felizmente, veio em meu socorro e me levou a uma sala (os filmes, no Canal X, são guardados em salas especiais) de "clássicos", e disse, rindo, que eu era a primeira pessoa em anos a alugar um desses filmes. Ele não estava brincando. Nos quatro meses seguintes, sentando no chão com meu computador, tomando notas sobre o material promocional que cobria as caixas plásticas dos filmes, entreouvi os funcionários explicando a clientes que me olhavam de forma estranha que eu não era um detetive ou um fiscal da receita, mas apenas um "pesquisador gringo".

Achei *O Bem-Dotado* bem engraçado, embora minha mulher, nascida e criada em São Paulo, o tenha achado apenas vulgar. Concordamos que as piadas de *O Bem-Dotado* jogavam com estereótipos sobre os nipo-brasileiros bem-conhecidos dos paulistanos, imagens essas que davam continuidade à tradição de caçoar dos imigrantes (principalmente dos portugueses), antes encontradas nos filmes cômicos da década de 1950.[15] Por exemplo, o filme começa com Nair e Zilá indo de carro de São Paulo para Itu, com Kimura na direção. Quando Nair comenta que "ele é o primeiro motorista japonês que conheço que dirige bem", Kimura quase bate com o carro. Essa piada narrativa e visual funciona porque, de acordo com um estereótipo amplamente aceito, os imigrantes japoneses e seus descendentes, com sua origem rural e agrícola, tornaram-se péssimos motoristas ao se mudar para a cidade. Kimura é feminizado ao longo de todo o filme. Ele dirige, embora mal. Ele é surrado por Nair (figura 18). Ele usa um quimono (como uma gueixa) e não consegue competir com a virilidade de Lírio.

Figura 18. *Still* para a divulgação da pré-estréia de *O Bem-Dotado – O Homem de Itu*, 1979. Reimpressa com permissão e extraída de "Com a Casa e as Discriminações – Em Busca de um Papel", *Arigatô* 2, 16 (1978).

Apesar de viver numa casa repleta de mulheres sexualmente excitadas, Kimura parece mais interessado em proteger a inexistente virgindade de sua irmã. Uma das cenas começa com ele, vestindo um quimono e empunhando uma longa espada, ocupado numa estranha "cerimônia samurai". Ele termina seu ritual e sai à caça do homem de Itu que tanto perturbou a ordem sexual da casa. A cerimônia, conforme o espectador fica sabendo, ocorre no exato momento em que Lírio seduz a pudica Nice. Os atos de Kimura parecem não fazer sentido. Ele tem que proteger sua irmãzinha e "limpar minha honra". Mas a platéia logo descobre que não é a atividade sexual da irmã que enfurece Kimura. A honra manchada de Kimura só poderá ser reconquistada "fazendo o dele do mesmo tamanho que o meu", porque, como ele diz, irado, mostrando o dedo mínimo para indicar o tamanho de seu pênis, "eu sou o quiabo".

A platéia certamente entendeu a piada e achou graça. Mas implicações étnicas mais profundas estavam em jogo. David Yan Wei, o ator chinês que interpretou Kimura, observou que "existe um certo preconceito diante do oriental. Sua índole é meio mística, e os ocidentais vêem todos os orientais assim". O crítico, cineasta e ator Jean-Claude Bernardet, hoje professor de cinema na Universidade de São Paulo, mas no fim da década de 1970 crítico de cinema do *Última Hora*, discute a cena de vingança de Kimura em *O Bem-Dotado* numa entrevista ao jornal nipo-brasileiro *Arigatô*:

> Existem posições opostas – o ituano que é bem-dotado e o mordomo japonês que é maldotado. Mas por que precisaria ser um japonês? Fico mais preocupado ainda quando ele é o objeto de troça central do filme. Assim, um pouco de racismo, apesar de eu não poder afirmar uma coisa tão séria a partir de um só filme. Mas a verdade é que eu, como espectador, senti isso. O objeto de troça poderia ser interpretado por qualquer um, por que um personagem japonês?[16]

Idéias semelhantes sobre etnicidade compareciam num outro filme em que figurava um ator nipo-brasileiro. Kazuachi Hemmi, filho de imigrantes japoneses, ganhava a vida como lutador profissional na televisão, tendo atuado em algumas poucas pornochanchadas. Seu maior papel foi em *Ilha do Desejo* (1974), de Jean Garret, no qual ele interpretava um eunuco que era o guarda-costas da ilha. Numa entrevista à revista *Cinema em Close-Up*, ele observou que o personagem era supostamente *gay*, e que "quando ouvi o público dizer isso eu captei a mensagem. [O personagem] saiu exatamente como o diretor queria, [então] eu fiquei feliz quando o público caçoava do personagem [por ele ser homossexual]".[17]

Sueli Aoki, que interpretou Nice, via seu papel em *O Bem-Dotado* no contexto mais amplo das relações étnicas paulistanas: "...Não foi muito fácil fazer a cena do nu, uma vez que eu tinha recebido uma educação rígida e moralista. Como atriz descendente, mas mestiça [termo usado entre os *nikkeis* para designar uma criança com um dos pais "japonês" – imigrante ou *nikkei* – e o outro, "brasileiro"], entre os brasileiros sou considerada japonesa, e no meio dos descendentes sou considerada brasileira. Assim, sofro preconceito dos dois lados: de um, na hora de conseguir o papel no filme, do outro, porque sou atriz".[18]

Figura 19. Cartaz de *O Bem-Dotado – O Homem de Itu*.
Fotografia de Jerry Dávila.
Original na Biblioteca Jenny Klabin Segall do Museu Lasar Segall, São Paulo.

O Bem-Dotado difere da maioria das pornochanchadas no sentido em que o principal objeto de desejo sexual é de sexo masculino. Como aponta o comentarista de cinema Gilberto Silva Jr., o cartaz de *O Bem-Dotado* concentra o foco em Lírio, imenso e nu, cercado por mulheres felizes e surpresas (figura 19).[19]

Embora Silva esteja certo, ele, como tantos outros estudiosos do assunto, ignoraram os nipo-brasileiros em sua análise. Deve-se notar que o cartaz dá ênfase a Kimura, colocado no canto inferior esquerdo, onde os tons em branco e preto contrastam com o vivo colorido das demais figuras. O olho é atraído para a imagem de Kimura também porque ela está colocada exatamente sob o nome do protagonista masculino. Kimura está posicionada para decepar o pênis de Lírio, numa fiel representação de um dos subenredos de *O Bem-Dotado*. Esse cartaz foi usado como publicidade em jornais e colocado nas fachadas dos cinemas do centro de São Paulo, por onde dezenas de milhares de pessoas passavam todos os dias. Quando os pedestres caminhavam pela Avenida São João, ou liam os grandes jornais da cidade, eles teriam visto *O Bem-Dotado* como parte de um grupo mais amplo de filmes nos quais estrelavam Sueli Aoki, Niki Fuchita, Sandra Midori, Misaki Tanaka e Midori Tange. Seus rostos e nomes apareciam chamativamente nos cartazes e nos letreiros das marquises dos cinemas (como mostrado na figura 20). No início de 1979, as pessoas que passavam pela Avenida São João veriam duas marquises, uma de frente para a outra, em lados opostos da rua: uma com a imagem e o nome de Aoki, e a outra, com os de Tanaka.

Os cinemas que exibiam filmes eróticos cobriam suas fachadas com fotografias *still* muito mais explícitas que o cartaz publicitário mostrado acima. Essas fotografias, muitas vezes, davam destaque às atrizes nipo-brasileiras, mesmo as que desempenhavam papéis de pequena importância, como, por exemplo, o uso da imagem de Misaki Tanaka para promover *O Reformatório das Depravadas* (1978), de Ody Fraga; ou a de Sueli Aoki, para promover *O Matador Sexual* (1979), de Tony Vieira.[20] Repetindo o uso feito pela imprensa das fotografias *still* da cena do restaurante japonês em *Noite Vazia,* as atrizes *nikkeis* freqüentemente apareciam em fotografias publicadas na imprensa sem que seu nome fosse sequer mencionado.[21] Em *Escola Penal das Meninas Violentadas* (1977), de Antônio Meliande, Aoki fazia uma ponta, mas o cartaz promocional dava a ela relevo maior que do às protagonistas.

Entre 1974 e 1981, Tanaka atuou em 18 filmes eróticos, e Aoki, em nove outros. As críticas na imprensa convencional mencionavam com freqüência a

Figura 20. Marquises de cinemas do centro de São Paulo.
Reimpresso com permissão a partir de "Com a Casa e as Discriminações –
Em Busca de um Papel", *Arigatô* 2.16 (1978).

beleza "exótica" das duas atrizes.[22] Em 1978, Tanaka e Aoki interpretaram gueixas que praticavam sexo violento num restaurante japonês, em *O Prisioneiro do Sexo*, de Walter Hugo Khouri. No entanto, as imagens da sexualidade nipo-brasileira, tanto explícitas quanto potenciais, não se restringiam ao cinema: em 1977, Yoko Tani estrelou num espetáculo de travestis no centro de São Paulo, e Midori Tange interpretou o papel da desejável Shizue na telenovela *O Espantalho*, do SBT.[23] Em 1978, Harumi Ishihara apareceu na capa de duas revistas femininas de grande circulação, *Claúdia* e *Love Story*.[24] O vínculo entre a sexualidade e o Japão era tão forte que o filme de Rafael Rossi, *Roberta, a Gueixa do Sexo* (1979) não tinha nipo-brasileiras no elenco.

SUBINDO NA VIDA?

O proprietário do Canal X provavelmente era fã de Sandra Midori, cujo trabalho com Alfredo Sternheim foi mencionado no capítulo anterior. Ele datilografou anotações, colando-as nas caixas plásticas em que estavam guardados os vídeos de três de seus filmes, ao lado das descrições oficiais.

A primeira anotação aparece na capa de *Garotas Sacanas* (direção de Alfredo Sternheim, 1985), e era de natureza informativa: "Sandra Midori, filha de orientais, de 'recepcionista' num karaokê da Liberdade, ficou famosa no cinema pornô nacional de final dos 1980".

A segunda anotação estava na caixa de *Senta no Meu que eu Entro na Sua* (direção de Ody Fraga, 1985). Ela repetia as informações acima e acrescentava que "ela se casou com um americano ricão".

A nota final vinha na caixa de *Orgasmo Louco* (direção de Juan Bajon, 1987): "Casou-se com um americano ricão e mora numa mansão em Los Angeles. Nunca mais voltou ao Brasil".

Essa pletora de imagens não passou despercebida. *Arigatô*, uma revista em língua portuguesa financiada pelo *São Paulo Shimbun* e dirigida a um público de jovens profissionais *nikkeis*, publicou um longo artigo sobre a participação de *nikkeis* em filmes eróticos. Enquanto as revistas étnicas de toda a América tendiam sempre a apresentar a sexualidade pública como um "problema étnico", a *Arigatô* concentrou-se no fato de Tanaka, Aoki e Yan Wei terem quebrado estereótipos sexuais e profissionais. A imprensa *nikkei* paulistana de alcance mais geral também aclamou o sucesso dos atores e atrizes nipo-brasileiros. Nesses jornais, era comum que os artigos sobre juventude e sexualidade incluíssem entrevistas sérias e respeitosas com educadores, psicólogos e atrizes de filmes eróticos, todos eles *nikkeis*. Um artigo de primeira página do *Diário Nippak* comentava, sem qualquer ironia, que Misaki Tanaka (figura 21), que havia atuado em *O Bom Marido*, de 1978, e *Colegiais e Lições de Sexo*, de 1980, era "um dos poucos descendentes a batalhar no universo do cinema nacional que, sem preconceitos, tem realizado os mais diferentes papéis (somente no ano passado, mais de dez filmes) além de lutar por um espaço maior para o orientais como artistas".[25]

O combate aos estereótipos era importante nos filmes eróticos de dois diretores nascidos na Ásia e residindo no Brasil. Juan Bajon (nome artístico de Chien Lun Tu) era descrito na imprensa como "nipo-filipino", e John Doo, nascido em Xangai, havia migrado primeiramente para o Canadá e depois para o Brasil, no final da década de 1950. Tanto Bajon como Doo fizeram filmes que receberam boas críticas, e onde as idéias sobre a submissão das nipo-brasileiras desempenhavam um papel muito menor que nos demais filmes com personagens *nikkeis*.[26] O primeiro filme de Doo (ele fez cerca de treze)

Figura 21. Misaki Tanaka, foto publicitária.
Reimpressa com permissão e extraída "Com a Casa e as Discriminações –
Em Busca de um Papel", *Arigatô* 2.16 (1978).

foi *Ninfas Diabólicas* (1977), um *thriller* "diabólico-erótico" com a atuação de Misaki Tanaka, que foi descrito pelos principais críticos como "polanskiesco" e avaliado com um "não percam".[27] As críticas enfocavam a qualidade "asiática" do filme, interpretação essa que parece baseada em suposições sobre a "asiaticidade" do diretor. Rubem Biáfora, crítico de *O Estado de S. Paulo*, retratou Doo como um "chinês que se parece mais com japonês... [com] uma intuição... a mergulhar no mundo fantasmático e lascivo das lendas nipônicas".[28]

A presença nipo-brasileira nos filmes eróticos talvez tenha sido ignorada pelos acadêmicos, mas não pelos críticos de cinema de São Paulo. Jean-Claude Bernardet acreditava que, da mesma forma que *Meu Japão Brasileiro*, de Mazzaropi, dez anos antes, muitos desses filmes tinham como intenção "atender a esse novo público (*nikkeis*)". Rubem Biáfora era de outra opinião. Ele notou que embora poucas das atrizes que atuavam em filmes eróticos fossem *nikkeis*, o número de filmes estrelados por estas havia crescido de forma marcante, o que ele atribuía a sua postura "profissional e séria", e também a seus "corpos e rostos bonitos".[29]

Esses atributos de trabalho sério e beleza podem parecer não-relacionados, o que, entretanto, não é verdade. O primeiro é um antigo estereótipo relativo aos *nikkeis*, disseminado por todas as Américas e constantemente citado pelos críticos, diretores e pelas próprias atrizes. O profissionalismo, considerado natural entre os *nikkeis*, era associado à beleza, também vista como natural entre as novas estrelas. Como comentou Sueli Aoki, ao explicar de que forma ela diferia das atrizes não-*nikkeis*: para elas, "é preciso ter plástica e só saber falar 'oi, como vai' e mais nada".[30] Misaki Tanaka parecia concordar: "é a tal da história que antigamente tinha... [Contratar] japonês é garantido".[31]

Como vimos nas críticas a *Noite Vazia* e *Meu Japão Brasileiro*, os críticos de cinema, em seus artigos, se concentravam na beleza das nipo-brasileiras. A crítica negativa feita por Biáfora sobre *O Bem-Dotado* observava que a principal virtude do filme era "a bela *nisei* Sueli Aoki", e a seção sobre cinema de *O Estado de S. Paulo*, naquela semana, era ilustrada com uma fotografia de Aoki.[32] Tanaka lembra-se de ter feito um filme, em 1970, em que o diretor não conseguia explicar por que razão seu papel de "japonesa" havia sido escrito. Tanaka acreditava saber: ela estava lá para ser bela e exótica, "para que não tivesse só garotas brancas".[33] Nem todas as atrizes, contudo, viam a asiaticidade como vantajosa. Minami Keizi conta ter ouvido comentários de espectadores, em frente ao Cine Marabá, sobre o desempenho de Carmen Angélica em *Cangaceiras Eróticas* (1975): "Quem é aquela 'chinesinha'? ... ou talvez ela seja 'japonesinha'". Sua resposta foi "Ela não é nem uma coisa nem a outra. Ela é brasileira, muito brasileira". Quando ele contou essa conversa a Angélica, que havia atuado em mais de vinte filmes eróticos nas décadas de 1970 e 1980, ela disse a ele que havia feito cirurgia plástica para arredondar os olhos, a fim de parecer menos asiática.[34]

* * *

A presença de nipo-brasileiros nas pornochanchadas não se limitava a filmes cujo principal objetivo era comédia e excitação. Carlos Reichenbach criou um personagem asiático para *O Império do Desejo*, de 1980, um filme aclamado pela crítica convencional e artística. *Veja*, a principal revista do país, considerou *O Império do Desejo* "um filme a serviço do público", e *Filme e Cultura* chamou Reichenbach de "um visionário... um absoluto gênio do cinema comercial brasileiro".[35]

Reichenbach estudou na Escola Superior de Cinema São Luiz, a primeira escola de cinema de São Paulo. Ele e seus colegas, entre os quais se incluíam alguns *nikkeis*, assistiram, nas décadas de 1960 e 1970, a muitos filmes japoneses, e participaram do movimento conhecido como cinema marginal, ou udigrúdi (uma corruptela brasileira da palavra inglesa *underground*).[36] Nascidos nos dias mais sombrios da repressão militar, por volta de 1968, os filmes *udigrúdi* retratavam personagens sem objetivos de vida, sem problemas e sem soluções.[37] O que, segundo Reichenbach, refletia uma geração "criada nos anos mais violentos da repressão política, os filhos do acordo MEC-USAID (entre o Ministério da Educação do Brasil e os Estados Unidos), que eliminou as humanidades do currículo das escolas secundárias".[38]

O Império do Desejo era uma pornochanchada intelectual e politicamente combativa, com abordagem semelhante à dos filmes da *Nouvelle Vague* japonesa que tanto haviam influenciado Reichenbach.[39] Esse acasalamento aparentemente estranho entre radicalismo político e sexo explícito surgiu quando Reichenbach, em 1975, decidiu "nunca fazer ou pensar em fazer um filme com um órgão público", depois de saber que o Ministério da Cultura só premiava filmes financiados pela Embrafilme. Essa postura de evitar o órgão oficial levou Reichenbach ao produtor de pornochanchadas Antônio P. Galante, conhecido como "o Roger Cornman da Boca do Lixo", e, juntos, eles fizeram três filmes.[40]

O Império do Desejo conta a história de dois *hippies* que tomam conta da casa de praia de uma viúva, onde o falecido marido ia para se encontrar com suas amantes extraconjugais. A praia é povoada de feministas, fascistas, malucos e garotas de praia. A "chinesa", interpretada por Misaki Tanaka, é uma personagem explicitamente sexual e explicitamente política: uma jornalista que trabalha para uma revista chamada *Prosélitos! A Única Âncora Cultural do Anti-revisionismo Jogada no Mar da Exploração Colonialista!* A chinesa chega vestida num *cheongsam* (uma túnica longa chinesa) e usando um chapéu camponês de abas largas, feito de bambu, numa clara referência ao maoísmo e aos vietcongues.[41] Os espectadores interessados em cinema certamente fizeram a ligação entre essa personagem e os estudantes franceses que estudavam a ideologia maoísta em *La Chinoise*, de Jean-Luc Godard, de 1967. Nesse sentido, a Chinesa fez de *O Império do Desejo* tanto um filme de resistência quanto uma paródia à esquerda brasileira.

Figura 22. *Still* de *O Império do Desejo*.
Extraída de www.contracampo.com.br/36/frames.htm

A Chinesa não tinha nome, o que tornava difícil diferenciar esse papel dos outros em que Tanaka interpretava gueixas.[42] O fato irônico de que a "Chinesa" é *nikkei* revela-se a toda hora. Ela quer entrevistar uma determinada pessoa porque ele é como um "kamikaze". Em sua busca da entrevista perfeita, ela conhece um euro-brasileiro chamado Di Branco, descrito na sinopse de imprensa como "o louco genial, o canibal da mata virgem... uma espécie de anjo vingador".[43] A relação que se desenvolve entre a Chinesa e Di Branco aponta ao espectador um Japão brasileiro.

A cena crucial acontece quando os dois entram na cabana de praia de Di Branco. A Chinesa canta palavras de ordem revolucionárias, pregando sobre "uma práxis transformadora dos processos de renovação social", mas as paredes da cabana são decoradas com *slogans* estranhos e pinturas eróticas japonesas (ver figura 22). Enquanto a Chinesa e Di Branco entregam-se à fornicação, os espectadores percebem que o *cheongsam* chinês havia sido substituído por um quimono curto japonês. No Brasil, aliás, uma jaqueta curta é chamada de japona, e as múltiplas camadas de imagens enfatizam a desconexão entre o sexo e as palavras de ordem radicais: quando a Chinesa atinge o orgasmo montada em Di Branco, ela grita com fervor revolucionário: "o movimento deve vir sempre da base, de baixo para cima!". A presença da Chinesa na tela termina num *ofurô*, a banheira de água quente japonesa, do qual ela acena com um pequeno livro vermelho. Quando ela recita, "o alto valor cultural de uma obra depende extremamente do fato de ela abandonar, no conteúdo e na forma, o terreno do sentimento burguês da vida", o espectador percebe que o livrinho vermelho não é de Mao-Tsé Tung, mas sim do Marquês de Sade.[44]

O retrato da Chinesa traçado por Reichenbach tem em comum com os de Khouri e de Mazzaropi o uso de personagens sem nome próprio. Da mesma forma que Khouri e Sternheim, Reichenbach era um fã do cinema japonês. Como ele próprio observou numa entrevista dada a um canal de televisão, em 1985:

Fomos fortemente influenciados por Ozu, Masaharu Segawa, Shohei Imamura e outros cineastas contemporâneos. De certa forma, eles faziam filmes sexuais, mas a política entrava pela porta dos fundos. Dez anos antes de Ozu ser descoberto na Europa, já tínhamos acesso a seus filmes, e o admirávamos tremendamente. Em São Paulo, esses filmes já estavam disponíveis há muito tempo, mas só mais tarde eles vieram a alimentar um movimento cinematográfico real, um movimento jovem chamado "cinema boca do lixo", que não tem nada a ver com a maneira como "cinema boca do lixo" é entendido hoje. São Paulo é uma cidade internacional, onde todas as pessoas artísticas sofrem brutalidade. Temos uma grande colônia japonesa e grandes colônias chinesa e coreana, e por isso o Brasil representava o segundo maior mercado para os filmes japoneses. Noventa por cento do mercado estava em São Paulo. Entre 1960 e 1970, devo ter visto mais de 5 mil filmes japoneses. Tínhamos quatro cinemas que só passavam filmes japoneses, e acho que eles realmente influenciaram minha geração.[45]

O desejo de Reichenbach de ser associado ao movimento de filmes de arte japoneses pode ser visto em *O Império do Desejo*. Enquanto Misaki Tanaka acreditava que o produtor Galante queria "mulher nua que vai trazer bilheteria", tanto ela como Reichenbach pensavam que "cena de sexo não é simplesmente sexo. Tinha uma outra conotação social".[46] Por exemplo, o título original do filme, *Anarquia Sexual*, teve que ser mudado quando os censores disseram a Galante que a palavra "anarquia" não seria permitida. Reichenbach sugeriu *O Império do Desejo*, em homenagem a *O Império dos Sentidos*, o título brasileiro para *Ai no corrida*, um filme de Nagisa Oshima, de 1976.

O clássico de Oshima foi um dos primeiros filmes estrangeiros sexualmente explícitos a serem mostrados no Brasil após o relaxamento das leis de censura, em fins da década de 1970. *O Império do Desejo* foi o primeiro filme brasileiro a ser liberado sem cortes pelo Conselho Superior de Censura, na categoria "espetáculo pornográfico". Antônio Galante não era tolo: ele se deu conta de que as grandes platéias paulistanas que assistiam aos filmes de Oshima saberiam reagir ao humor do "Não confunda com o filme japonês" usado no *marketing*. A associação entre *O Império do Desejo* de Reichenbach e *O Império dos Sentidos* de Oshima encaixava-se também num outro contexto, que, entretanto, o diretor e produtor brasileiros desconheciam. O sogro de Oshima havia emigrado para a Amazônia brasileira na década de 1930, e o próprio Oshima, numa visita ao Brasil, em 1984, declarou a *Página Um*, uma revista mensal *nikkei*, que pretendia fazer um filme sobre o movimento Shindo Renmei (ver introdução).[47]

Quando pedi a Reichenbach que refletisse sobre o papel da Chinesa, em *O Império do Desejo*, ele não conseguiu se recordar do nome de Tanaka. Após ser lembrado, ele sugeriu que o papel pretendia representar a República Popular da China, e que apenas uma atriz de "feições asiáticas" seria apropriada.[48] Misaki Tanaka, que havia chegado ao Brasil do Japão ainda criança, e cujo pai era um respeitado jornalista da imprensa nipo-brasileira paulista, era de outra opinião. Ela via seu papel em *O Império do Desejo* como uma tentativa de libertar os *nikkeis* brasileiros de uma situação em que "[eles] não se integram na sociedade brasileira mas, por outro lado, eles têm medo de dizer que são japoneses, ou têm medo, têm vergonha de dizer que são filhos de japoneses".[49]

Misaki Tanaka é um exemplo fascinante do descontentamento da diáspora. Sua insatisfação em ser vista como japonesa nunca fez com que vacilasse em sua afirmação de que suas interpretações representavam sua brasilidade. Ela começou sua carreira artística como professora de piano e dançarina em programas musicais da televisão brasileira, como *Japan Pop Show* e *Imagens do Japão*. Em 1975, ela ingressou na Escola de Comunicações e Artes (ECA) da Universidade de São Paulo, onde era uma das poucas alunas *nikkeis* do curso de rádio e televisão (embora muitos *nikkeis* estudassem comunicação, naquela época). Ela foi levada ao cinema pelo diretor de pornochanchadas Ody Fraga, que "queria alguém com cara de oriental" em seu *Macho e Fêmea*, de 1974. Esse sucesso de bilheteria tinha como estrela Vera Fischer, a Miss Brasil 1969, que, até hoje, tem grande popularidade, tanto na telona quanto na teli-

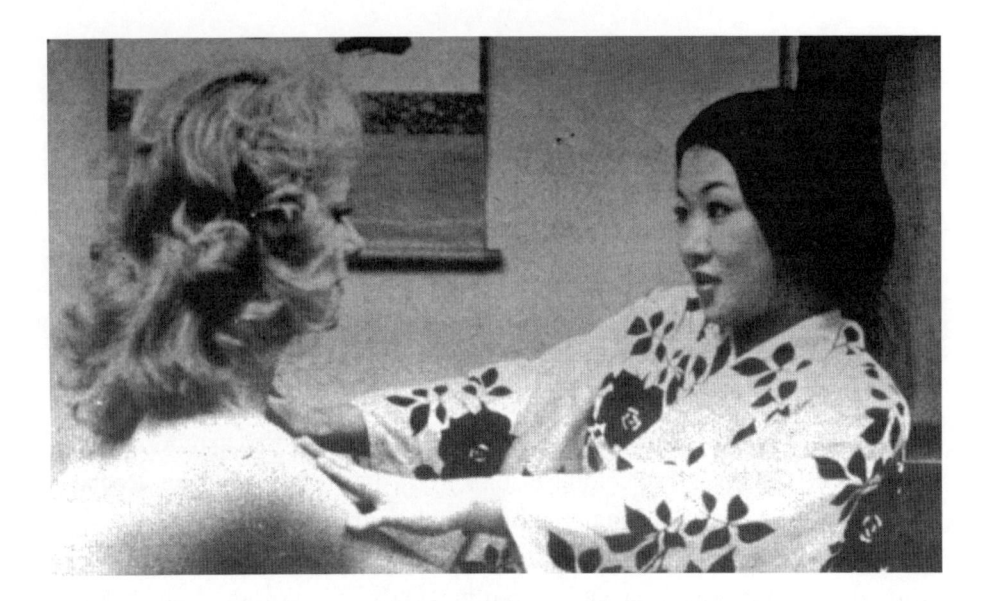

Figura 23. *Still* de Misaki Tanaka e Vera Fischer em *Macho e Fêmea*, 1974.
Reimpressa com permissão e extraída de "Com a Casa e as Discriminações –
Em Busca de um Papel", *Arigatô* 2.16 (1978).

nha (figura 23).[50] O verbete sobre Tanaka na *Enciclopédia do Cinema Brasileiro* descreve seu papel de costume como "um tipo oriental integrado na cultura brasileira".[51] A integração é um dos enredos principais da comédia erótica de Antônio Calmon *O Bom Marido*, de 1978, um filme sobre a importação de vibradores japoneses para mulheres brasileiras, em que Tanaka estrelava como a "Rosa de Tóquio".[52]

* * *

Os leitores familiarizados com o Brasil talvez esperassem que o filme *Gaijin: Os Caminhos da Liberdade*, de Tizuka Yamasaki, fosse o foco deste capítulo. *Gaijin*, que competiu em Cannes em 1980, talvez seja o único filme comercial brasileiro lembrado por retratar *nikkeis*, sendo também um dos poucos a ter uma minoria étnica como tema principal, e onde essa minoria étnica é tratada com simpatia.[53]

Tizuka Yamasaki não é a única cineasta *nikkei* do Brasil (Olga Futema é conhecida por seus documentários), mas ela é certamente a mais famosa, em

grande parte devido a seu trabalho no cinema e na televisão *mainstream*. Yamasaki poderia ter inspirado o filme de Sternheim, *Isei, Nisei, Sansei*, discutido no capítulo anterior. Ela nasceu em 1949, em Atibaia (cidade próxima a São
Paulo), neta de imigrantes japoneses e filha de nipo-brasileiros que trabalhavam como plantadores de verduras. Seu nome, Tizuka, embora visto no Brasil
como "japonês" é, na verdade, o abrasileiramento do nome feminino Chizuko,
que, por terminar com a letra *o*, sugere, em português, um nome masculino, e
que por isso foi mudado para Tizuka, que termina como o *a* feminino.

Yamasaki estudou cinema na Universidade de Brasília até 1968, quando a
instituição foi fechada pelos militares.[54] Ela se formou em 1975 pela Universidade Federal do Rio de Janeiro, onde estudou e trabalhou como aprendiz junto a
pioneiros do Cinema Novo como Nelson Pereira dos Santos e Glauber Rocha.[55]

Gaijin foi o primeiro longa-metragem de Yamasaki e contou com o que,
naquela época, era um grande orçamento (cerca de 300 mil dólares), sendo
co-produzido e distribuído pela Embrafilme. O título joga com a palavra japonesa *gaijin* (estrangeiro, ou, literalmente, "pessoa de fora"), criando um contraste entre "eles" e "nós" e levantando a questão de quem seriam os
estrangeiros, os japoneses ou os brasileiros. Para os nipo-brasileiros que usam
coloquialmente o termo *gaijin* para designar os não-*nikkeis*, o filme apontava
para um contexto brasileiro onde os *nikkeis* eram os *gaijin*. De fato, o material
promocional do filme deixou claras essas múltiplas interpretações possíveis,
jogando com o japonês e o português, tal como falados e escritos.

GAIJIN.
UMA PALAVRA JAPONESA.
UM IDEOGRAMA.
外人
"DO LADO DE FORA" "HOMEM"

(Folheto promocional, *Embrafilme apresenta "Gaijin: os Caminhos da Liberdade"*, *"Gaijin"*, folheto
1980-87, Fundação Cinemateca Brasileira, São Paulo.)

Gaijin nunca recebeu muito apoio dos líderes da comunidade nipo-brasileira, e Yamasaki falou à imprensa sobre seu desagrado com a recusa da "colô-

nia" a contribuir com verbas de produção, e do Museu Histórico da Imigração Japonesa a emprestar objetos de sua coleção para o filme.[56] Yamasaki interpretou essa falta de apoio como uma combinação de sexismo e conflito de gerações, mas ela acabou conseguindo incitar à ação os líderes da comunidade. Quando os anúncios colocados nos jornais *nikkeis* procurando extras nipo-brasileiros (ela precisava de cerca de seiscentos) não surtiram efeito, Yamasaki passou a ir, de porta em porta, às associações de bairro japonesas e às escolas de línguas de São Paulo, dizendo aos líderes comunitários que se eles não incentivassem as pessoas a participar do filme, "eu colocaria meus dez amigos *isei* (da geração dos imigrantes) e diria que a chegada dos imigrantes foi assim. Aí eles começaram a se agitar", temendo que a imigração japonesa não aparecesse como um fato de larga escala.[57] Os *nikkeis* que aceitaram participar do filme, entretanto, não eram "autênticos" o bastante para Yamasaki. Como observa Robert Stam, ela "descobriu que tinha que usar intérpretes japoneses nos papéis principais, uma vez que os nipo-brasileiros haviam desenvolvido uma linguagem corporal relaxada e 'brasileira', não convencendo como japoneses".[58]

Gaijin é uma adaptação livre das histórias contadas a Yamasaki por sua avó sobre a imigração a bordo do *Kasato Maru*, o primeiro navio a trazer japoneses para o Brasil, em 1908.[59] A protagonista de *Gaijin*, Titoe (interpretada pela atriz japonesa Kyoko Tsukamoto), é uma "noiva de retrato" cujo casamento arranjado (*omiai kekkon*) "oficializou" sua imigração perante a legislação brasileira, que favorecia a entrada "familiar". Pouco depois de chegar a uma fazenda paulista, ela engravida, e o nascimento de sua filha brasileira, Shinobu, faz com que ela aposte seu futuro no Brasil, apesar de seu péssimo casamento.[60]

No desenrolar do filme, Titoe e o contador brasileiro da fazenda, Tonho, interpretado por Antônio Fagundes, sentem-se atraídos um pelo outro. Tonho se politiza, dando-se conta de sua cumplicidade na opressão dos trabalhadores da fazenda, tanto estrangeiros (italianos, japoneses e portugueses) como nativos (nordestinos brasileiros). Da mesma forma que Tonho, Titoe se dá conta de sua condição subjugada, tanto no casamento quanto com relação às expectativas de sua comunidade. Titoe e Tonho não consumam sua relação no espaço rural da fazenda. Somente anos mais tarde, em meio ao burburinho da cidade de São Paulo, para onde ambos acabam indo, e já no final do filme, eles encontram a liberdade. O ato de militância étnica de Titoe é abandonar sua comunidade imigrante e seu marido, cuja recusa a se engajar na militância trabalhista é mostrada como uma incapacidade de deixar de ser "japonês". A militância de Tonho é diferente: ele havia se transformado num militante. A militância da diretora Yamasaki é ainda de outra natureza: seu filme promovia o abrasileiramento por meio dos casamentos interétnicos e do protesto popular. Titoe ingressa na sociedade majoritária ao se "misturar" com Tonho, tornando-se assim "brasileira". Como observa o acadêmico da área de estudos culturais Shuhei Hosokawa, *Gaijin* é um estudo de caso daquilo que poderia ser denominado "nacionalismo *melting pot*", posição assumida por Yamasaki na discussão do filme:

> Agora vejo que na época em que eu estava dentro [da comunidade nipônica], o quanto de pressão existia em termos de discriminação... na medida em que nossos pais exigiam um comportamento japonês, que se falasse japonês, que não se casasse com brasileiro. Na realidade, não somos nem *nisei* nem *sansei*. Somos, antes de tudo, cidadãos brasileiros e, como tal, vamos ter que responder pelos nossos atos. É esse o grande problema de cabeça. Esse conflito racial por que passa nossa geração. A cobrança não é só dos pais, mas da comunidade japonesa, como também da sociedade brasileira.
>
> Mas toda essa problemática perdurará até o momento em que houver no Brasil uma espécie de revolução cultural, ou enquanto as coisas não se misturarem definitivamente. Quem é o brasileiro? Por que somente um modelo de brasileiro, não poderíamos ter vários modelos? Por que temos que seguir o modelo do branco europeu ou do americano?
>
> Tanto o "brasileiro" quanto o descendente de japonês têm uma maneira preconceituosa de sentir o outro: o nordestino é "pau-de-arara", o japonês é "china", o japonês chama o brasileiro de *gaijin*, judeu é forma pejorativa. Até hoje, ser "pau-de-arara", *gaijin*, judeu, é coisa muito ruim porque era do ponto de vista discriminatório, vindo de cima para baixo. E por que não mudar? Eu sou *gaijin* e tenho muita honra. Acho que temos que mudar esses valores.
>
> Agora, o que está faltando também é os descendentes passarem a assumir isso: eu me sinto muito bem como brasileira, e é muito bom ter duas raças.[61]

O lançamento de *Gaijin* no circuito comercial ocorreu após três anos de greves nas cidades industriais do entorno de São Paulo. Da mesma forma que *Eles Não Usam Black-Tie*, de Leon Hirszman (1981), *Gaijin* trazia um tema de ação coletiva, que sugeria que a ditadura estava chegando ao fim no Brasil, ao mesmo tempo que a abertura política permitia o surgimento de novas vozes.[62] *Gaijin* chamou a atenção das classes médias, que então começavam a se ver como participantes de uma coalizão democrática ampla. Os *nikkeis* se tornaram mais imersos em seu passado, enquanto os não-*nikkeis* tentavam entender o que havia levado o Japão (o país) e os nipo-brasileiros a uma tal proeminência durante a década de 1960. *Gaijin* atraía diversos públicos, ao ponto de até mesmo o embaixador da China ter solicitado uma sessão privada, para que ele pudesse examinar a possibilidade do lançamento do filme em seu país.[63]

Gaijin ajudou muitos paulistanos a entender a presença de produtos e pessoas japoneses em suas vidas cotidianas. Desde os anos 1960, as multinacionais japonesas vinham se expandindo rapidamente no Brasil, e as mercadorias japonesas haviam se tornado comuns nas casas brasileiras. Enquanto *Gaijin* esteve em cartaz, as relações do Japão com o Brasil figuravam constantemente nos noticiários. Em agosto de 1980, por exemplo, as manchetes tratavam de uma proposta, mais tarde abandonada, de assentar dez milhões de agricultores japoneses no Brasil.[64] No mês seguinte, uma "Noite de Comida Típica Japonesa" levou os vendedores da Liberdade para o bairro não-*nikkei* do Ipiranga, atraindo uma multidão calculada em 2.500 pessoas.[65]

O contexto cinematográfico de *Gaijin* incluía outros filmes com temas asiáticos, entre eles *Apocalyse Now*, de Francis Ford Coppola, de 1979, *A Garotada vai ao Japão*, de John Berry, de 1978, e *Otoko wa tsurai yo: Torajiro junjoshishu*, traduzido no Brasil como *O Sinal da Felicidade*, de Yoji Yamada, de 1976.[66] Os filmes japoneses continuavam sendo exibidos nos cinemas da Liberdade, e a crítica era tão entusiástica em 1980 quanto o fora vinte anos antes.[67] Poucos meses antes do lançamento de *Gaijin*, *O Império dos Sentidos*, de Oshima, foi liberado sem cortes, o que logo depois ocorreu também com *O Império do Desejo*, de Reichenbach.[68] Qualquer pessoa que fosse ao Cinema Ipiranga assistir *Gaijin* passaria por letreiros de marquise e cartazes anunciando filmes eróticos estrelados por Misaki Tanaka, que também aparecia no filme de Yamasaki.

Muitos espectadores de maioria brasileira viram *Gaijin* como uma representação do passado "autêntico" dos imigrantes japoneses. O filme, contudo, foi recebido com certa ambivalência na comunidade *nikkei*, principalmente entre a geração *isei* (a primeira geração de imigrantes), que o assistiu em sessões especiais que tiveram lugar no Centro Comunitário Nipo-Brasileiro de São Paulo, localizado na Liberdade. Estas foram as únicas vezes em que o filme foi mostrado no bairro, porque Yamasaki queria "tentar fazer com que aqueles japoneses mais radicais, que nunca saíam da Liberdade, mudassem seu dia-a-dia".[69] Sua tática não funcionou. Muitos imigrantes japoneses assistiram ao filme no centro comunitário e, portanto, numa área à parte de São Paulo, separada da dos brasileiros (*nikkeis* e não-*nikkeis*).

Embora muitos *iseis* tenham se comovido com o filme, que também abriu uma janela para que as gerações mais jovens contemplassem o passado dos imigrantes, foram muitos os que viram como banais as histórias contadas no filme sobre os pioneiros japoneses.[70] Shuhei Hosokawa observa que alguns dos artigos em língua japonesa escritos por *iseis* dirigiam seus elogios mais aos pais de Yamasaki, por eles terem criado uma filha que veio a se tornar uma diretora de renome, do que às realizações dela própria. Um aspecto do filme particularmente criticado foi a insinuação de um romance entre Tito e Tonho.[71] Na verdade, a endogamia preponderante nos primeiros anos da imigração contrasta de forma nítida com o quadro da década de 1980, quando cerca da metade dos casamentos *nikkeis*, em São Paulo, eram mistos.[72]

Além disso, entre a geração dos *nikkeis* mais jovens, alguns formadores de opinião não se entusiasmaram muito com *Gaijin*. Henri George Kobata era jornalista da *Página Um*, revista publicada como suplemento do *Diário Nippak*, que assumia posições progressistas com relação à política nacional e às questões internas à comunidade *nikkei*. Ele se lembra de passar longas horas comparando o filme de Yamasaki ao documentário de Futema, *Retratos de Hideki* (1980), que retrata três gerações de mulheres e defende a existência, entre os nipo-brasileiros, de uma identidade cultural singular.

> Para o nosso gosto, a Tizuka Yamasaki estava buscando o filme comercial. E a Olga Futema fazia um tipo de cinema que era mais fiel aos fatos, à coisa, buscava, compreendia melhor a cultura, essas coisas. Então, os filmes da Olga Futema eram muito melhores, segundo a nossa opinião, mais importantes do que os filmes da Tizuka Yamasaki. A gente achava que ela era muito mais intensa, muito mais profunda, importante. E a Olga Futema fazia esses filmes, tinha vivência para fazer isso. Ela buscava vivência para fazer isso, sabia da história dela, se mantinha em contato para fazer os documentários, o que não era o caso da Tizuka Yamasaki. A Tizuka Yamasaki nunca conviveu dentro da comunidade, não sabe das histórias, e tal. E, na época, pegou muito mal para a gente o fato de ela vir falar com a gente só por interesse comercial, quando a gente achava que ela tinha que ser mais séria como pesquisadora,... a gente achava que ela fez um filme muito abaixo, o *Gaijin*, que em nossa opinião foi assim muito abaixo da expectativa, muito abaixo do que ela poderia ter feito, né? Agora, é claro que tem esse lado comercial, que ela queria entrar no circuito comercial etc. Mas, sob o ponto de vista histórico, sob o ponto de vista do conteúdo, a gente ficou muito

magoado. E não podia ser de outra forma, porque a gente tentava contar histórias sérias, e de repente chegava uma de Brasília, do Rio, não sei o quê: "Não sei falar japonês, nunca entendi o que que é isso e tal, mas vou fazer um filme e tal, não sei o quê. Quem que pode, vocês podem indicar gente para ser patrocinador disso?" Bom, que história é essa? Antes de perguntar: "Escuta, vocês não querem ver o roteiro? Vocês não querem ajudar a avaliar o roteiro, para ver se os fatos históricos estão corretos", etc., etc., né? Ela jamais falou sobre o roteiro antes.[73]

Misaki Tanaka desempenhou o papel da imigrante Nishi, em *Gaijin*. Ela também ficou insatisfeita com o produto final, em parte porque a relação entre Titoe e Tonho transformou o filme numa "historinha de amor. Virou uma coisinha assim, água com açúcar". Ela ficou surpresa com a diferença entre o produto final e o *script* original, escrito por Yamasaki e Jorge Durán, um chileno que vivia exilado no Brasil desde inícios dos anos de 1970. "[O filme] continuou com um nome assim, *A Saga da Liberdade*... Quer dizer, não é! Não é o que os imigrantes realmente, de fato, passaram aqui... Virou uma historinha água com a açúcar. E isso me deixa muito triste".[74]

As platéias reagiram a *Gaijin* de formas muito diferentes. Alguns *iseis* viram o filme como falsamente "étnico", enquanto muitos *nikkeis* nascidos no Brasil o viram como verdadeiramente étnico. Alguns brasileiros não-*nikkeis* universalizaram *Gaijin*, transformando-o num filme não-étnico sobre trabalho, sucesso e resistência. Na visão de muitos espectadores, o enredo japonês era principalmente uma alegoria da ascensão do sindicato dos metalúrgicos, ocorrida em fins da década de 1970 e que, muitos anos mais tarde, levaria à eleição de Luís Inácio Lula da Silva como presidente do Brasil.

Após a estréia nacional do filme, que teve lugar no Museu de Arte de São Paulo (Masp), o *Diário Nippak* entrevistou algumas pessoas da platéia, verificando que a recepção do filme havia sido totalmente positiva. No entanto, enquanto a totalidade dos nipo-brasileiros citados no artigo comentasse sobre questões de "autenticidade", os não-*nikkeis* tiveram reações de outra ordem. O cineasta Nelson Pereira dos Santos, por exemplo, observou que "*Gaijin* é uma lição para todos nós, brasileiros, e apesar de os personagens serem quase todos japoneses e descendentes de japoneses, eu acredito que comove a todos nós, e os que são descendentes de imigrantes". Luiz Carlos Carvesan, um repórter de *O Estado de S. Paulo*, viu *Gaijin* como "Um filme emocionante... um filme épico... Para mim, *Gaijin* é o filme sobre imigração que ainda estava faltando no

Brasil".[75] A historiadora Maria Lígia Coelho Prado, escrevendo vinte anos depois de assistir *Gaijin*, acreditava que o filme era principalmente político: "Recordo-me da surpresa positiva de ver, naqueles anos de ditadura, um filme que corria o risco de dar ao roteiro uma conotação política, ao abordar criticamente a exploração dos trabalhadores rurais". Ela se concentrou quase que exclusivamente na política brasileira em geral, praticamente esquecendo os aspectos "étnicos" do filme.[76] O mesmo pode ser dito do acadêmico de estudos cinematográficos Robert Stam, cujo excelente *Tropical Multiculturalism: A Comparative History of Race in Brazilian Cinema*, menciona *Gaijin* apenas numa nota de rodapé, talvez porque o filme não tratasse dos afro-brasileiros, não se incluindo, portanto, na categoria tradicional de filmes sobre "raça".[77]

A fusão de integração étnica e militância política, em *Gaijin*, ficava clara no material promocional distribuído pela Embrafilme, produzido no formato de um bloco de notas com espiral na parte superior. Cada página trazia, no topo e em tipos grandes, citações expressando idéias "japonesas" e "brasileiras" sobre o filme, que iam desde "Eles lutaram bravamente pela realização de seus sonhos, seus anseios, suas esperanças de enriquecimento rápido e volta ao Japão" até "defender os direitos sobre a terra, adquiridos com trabalho duro. O direito ao fruto de seu esforço". "Em última análise, *Gaijin* não é uma idéia pessoal, é uma história que atravessa todo o elenco, equipe técnica, espectador emocionado!" O "bloco de notas" incluía também comentários aparentemente escritos por atores japoneses, nipo-brasileiros e brasileiros. Pode-se comparar, por exemplo, o comentário da atriz japonesa Kyoko Tsukamoto (Titoe): "A integração de duas culturas opostas, a do Japão e a do Brasil, é questionada no filme... O que fizemos seria impossível de ser feito em qualquer outra parte do mundo", com o do ator Antônio Fagundes (Tonho): "Meu personagem é um puta personagem. Tonho é bastante representativo da realidade que estamos vivendo atualmente", posição ecoada por Gianfrancesco Guarnieri, o ator altamente politizado que interpreta o agitador italiano Enrico. Guarnieri teria dito "eu chamaria *Gaijin* de nacional-popular, em que as colocações de nossas histórias chegam ao povo com emoção". Essa tensão entre o universal e o étnico, segundo Misaki Tanaka, representava a história por trás do filme, uma vez que Yamasaki havia sofrido "muita interferência de outras pessoas para ir mudando algumas coisinhas aqui, ir mudando algumas coisinhas lá".[78]

Yamasaki, em seus comentários sobre *Gaijin*, enfocou a discrepância entre fazer um filme ao mesmo tempo "étnico" e "brasileiro": "Não vejo o cinema como um instrumento útil para traçar um tratado sociológico sobre o problema dos imigrantes no Brasil, muito menos para exportar os meus problemas existenciais... Tomei como referência o japonês sem achar... que ele estava em posição diferente dos outros trabalhadores imigrantes... mesmo nascida no Brasil, sou discriminada, passo a ser a estrangeira, destacada pela atenção que dão à minha pele... a meu jeito".[79] No entanto, as contradições entre o universal e o étnico não alteram o fato de que o filme representava o mito dominante brasileiro, o da (nas palavras de Yamasaki) "mistura de raças".

As críticas jornalísticas mostravam *Gaijin* como estranhamento "étnico" e, *simultaneamente,* como um exame singularmente "brasileiro" de como a miscigenação ajudou a criar a nação. Uma manchete da *Veja* colocou o problema de forma sucinta: "nem japoneses e nem ainda brasileiros, os descendentes buscam sua identidade cultural. Um filme, *Gaijin*, poderá ajudar".[80] Muitos dos comentários davam ênfase à mensagem de Yamasaki de "o Brasil como um país mestiço", com manchetes como "a aventura dos japoneses em nossa terra", ou "a imigração vista por olhos puxados", acompanhadas de fotografias de imigrantes japoneses.[81]

A múltipla acolhida de *Gaijin* abre uma singular janela sobre as suposições brasileiras sobre a diáspora. *Gaijin* também viajou para fora do país, e os meios de comunicação brasileiros deram grande cobertura à forma como o filme foi recebido na esfera internacional (ver figura 24).[82] No Japão, *Gaijin* foi visto como a história de como os japoneses perderam o rumo após a migração. Foi dito a Yamasaki que os distribuidores se ofenderam com o uso da palavra *gaijin* com referência aos imigrantes japoneses. Apesar dos prêmios e dos atores japoneses, *Gaijin* nunca foi lançado comercialmente no Japão, tendo sido exibido apenas em festivais de cinema.[83] Na Europa, os críticos aplaudiram o filme por sua "sensibilidade para com a diáspora", embora não o vendo como brasileiro. Tanto no Festival de Berlim quanto no de Cannes, *Gaijin* foi incorretamente listado, para grande descontentamento de Yamasaki, como uma co-produção Brasil-Japão. Embora essa confusão possa ter sido provocada pelo grande número de atores japoneses que participavam do filme, Yamasaki acredita que a razão tenha sido seu "nome japonês", reproduzindo "o mesmo problema que sempre senti no Brasil e que me levou, inclusive, a fazer o filme. Não adianta eu ter nascido no Brasil, porque as pessoas sempre me chamam de japonesa".[84]

Yamasaki tinha razão. A imprensa brasileira jogou com a idéia de que *Gaijin* era um filme estrangeiro. Um artigo publicado na *Folha de S. Paulo*, sobre

Figura 24. Cartaz promocional francês de *Gaijin: Les chemins de la liberté*.
Distribuído por La Médiathèque des Trois Mondes. Verve Comunicação, 1998-2001.
Extraído de www.verveweb.com.br/gaijin2.

as chances de o filme vir a ser premiado em Berlim, foi colocado logo abaixo de uma coluna trazendo as impressões de um jornalista sobre sua visita à República Popular da China, ilustrada por um cartum de um maoísta dentuço e sorridente empunhando um martelo.[85] O mesmo jornal ilustrou um artigo sobre a premiação de *Kagemusha*, de Akira Kurosawa, em Cannes, com uma fotografia retirada de *Gaijin*.[86] Imagine-se como Yamasaki se sentiu quando Marcos Vinício, crítico de cinema da *Folha da Tarde*, de São Paulo, tentou defender *Gaijin* dos críticos que não o aceitavam como um filme brasileiro dizendo que ele "pode ser assimilado como um filme mestiço, ou bi-nacional".[87]

CONCLUSÃO

A partir do lançamento de *Noite Vazia*, em 1964, o cinema passou a trazer representações panorâmicas de como os nipo-brasileiros figuravam no imaginário paulistano. Os personagens *nikkeis* tanto podiam apoiar ou se opor ao regime militar; ser agricultores, profissionais urbanos ou estrelas de cinema; falar japonês ou português. Os *nikkeis* eram, simultaneamente, normais e atípicos, não sendo portanto fáceis de encaixar na dicotomia racial nacional de branco/rico/brasileiro e preto/pobre/brasileiro. Os espectadores viam os *nikkeis* como produtos de uma diáspora, por mais que os nipo-brasileiros argumentassem em sentido contrário.

O descontentamento ficou patente em *Gaijin 2: Ama-me Como Sou*, de Tizuka Yamasaki, lançado em meados de 2005, um filme sobre os *dekasseguis*, o quarto de milhão de brasileiros descendentes de japoneses que, a partir da década de 1980, migraram para o Japão, ostensivamente para trabalho temporário.[88] O filme usou o primeiro *Gaijin* como trampolim: a personagem principal, Maria (interpretada pela atriz americana Tamlyn Tomita, que é de ascendência japonesa), é neta de Titoe, e filha de Shinobu. No Japão, os *gaijin* são os *nikkeis* brasileiros, e a produção do filme foi patrocinada por revistas nipo-brasileiras, por *websites* para brasileiros residindo no Japão, por um restaurante chinês de *fast-food* e pela Petrobras, a estatal brasileira de petróleo.[89]

UM ATOR FRACASSADO

Os acadêmicos dão grande importância à flexibilidade das categorias raciais no Brasil, muitas vezes citando estudos nos quais uma única pessoa é etnicamente definida de múltiplas formas. Quando ouvi dizer que Tizuka Yamasaki estava convocando atores e atrizes nikkeis para um teste de elenco para papéis em *Gaijin 2*, decidi verificar se eu passaria por um nipo-brasileiro de 20 a 25 anos. Para fins de esclarecimento, sou de ascendência européia e, nos Estados Unidos, costumo ser classificado como "branco", "judeu" e "careca". Além disso, eu, naquela época, tinha 40 anos. Acordei cedo naquele domingo e entrei na longa fila de nikkeis de 15 a 25 anos. Daí a pouco, alguns de meus colegas de fila começaram a questionar minha origem étnica. A princípio, insisti em que eu me encaixava no perfil étnico e etário, mas acabei por admitir que não era nem *nikkei* nem tinha entre 15 e 25 anos. Isso levou a um momento de confissões, quando alguns dos meus colegas aspirantes a ator admitiram que eram de origem chinesa ou coreana, e que iam inventar nomes "japoneses" para passar na seleção.

Um integrante da equipe de Yamasaki logo me ensinou sobre os limites da flexibilidade de classificação. Por mais que eu tentasse, não consegui convencê-lo de que eu era nikkei e, menos ainda, de que eu tinha entre 15 e 25 anos. Acabei por confessar a verdade, e o produtor Carlos Alberto Diniz (que também produziu *Gaijin*) veio bater papo comigo. Ele, generosamente, me convidou para passar o dia assistindo os testes, ao lado de Yamasaki e sua equipe. Nesse processo, a questão da flexibilidade voltou à baila. Uma mulher a quem chamarei de Chizuko Mori (que não é seu verdadeiro nome) fez uma belíssima leitura. Yamasaki a cumprimentou e então perguntou a ela: "Você é pura ou mestiça?"(ou seja, você é filha de pai e mãe de origem japonesa ou não?). Chizuko fez uma pausa, obviamente tentando descobrir a resposta "correta" que daria a ela o papel. Mas isso é uma outra história...

De várias formas, *Gaijin* e *Gaijin 2* não eram tão diferentes de *Noite Vazia*, de *Meu Japão Brasileiro* e de *O Bem-Dotado*. Todos esses filmes sugeriam que o "Japão" era no "Brasil", e que a mistura sexual iria criar uma nova raça brasileira que aliasse a fantasia da operosidade do Japão à fantasia da passionalidade do Brasil. Todos esses filmes jogavam com a idéia de que a etnicidade era biológica e de que os *nikkeis* eram realmente "japoneses", apesar de seu local de nascimento e dos fóruns culturais onde eles interagiam. Na esfera do cinema, o círculo estava completo. Não havia nipo-brasileiros, apenas japoneses que poderiam produzir filhos brasileiros por meio da miscigenação. No entanto, os enredos eram apenas parte da história. Os atores, atrizes e diretores estavam, todos eles, lutando por mudanças. Eles eram militantes étnicos que tentavam eliminar a diáspora e criar contentamento.

Capítulo 3

Metralhadoras e rostos honestos

A etnicidade nipo-brasileira e a luta armada, 1964-1980

N as décadas que se seguiram à Segunda Guerra Mundial, os *nikkeis* migraram para São Paulo em grandes números e, conseqüentemente, transferiram-se de ocupações rurais para profissões liberais e administrativas. Uma vez que a cidade oferecia a muitos deles uma primeira oportunidade de formação universitária, havia um intenso desejo e uma grande ânsia em alcançar sucesso econômico e aceitação social.[1] A partir do início da ditadura, em 1964, os estudantes tornaram-se cada vez mais politizados, e alguns *nikkeis* passaram a se engajar na política de oposição, militando lado a lado com seus colegas não-*nikkeis*. Os nipo-brasileiros se filiavam a grupos de esquerda por muitas das mesmas razões que o restante de sua geração, embora tivessem também outros motivos, diferentes dos da maioria. Os militantes *nikkeis* se lembram de sua ânsia em provar que eram brasileiros legítimos, mas suas experiências, muitas vezes, faziam-nos lembrar que eles eram diferentes.

As organizações de esquerda, tanto quanto o regime militar e a sociedade brasileira em geral, tinham intenso interesse em engajar a participação dos *nikkeis*, mas cobravam deles o preço de sua etnicidade, ou seja, trabalho árduo, atenção aos detalhes e, em certos casos, na perspectiva da esquerda, uma inclinação à violência. Conscientemente, os *nikkeis* não viam essa troca como humilhante, mas as lembranças dos militantes sugerem um desconforto subconsciente com o preço cobrado deles. Dos codinomes às ações para as quais eles eram escalados e às experiências com a repressão estatal, a maior visibilidade de sua etnicidade nunca deixava de perseguir os militantes nipo-brasileiros.

Quase 60% dos militantes armados eram estudantes universitários de graduação ou pós-graduação.[2] A maior parte deles esperava colocar a população contra a ditadura por meio de protestos de rua, da invasão de estações de rádio para a leitura de manifestos, de pichações em lugares públicos e de panfletagem revolucionária nos locais onde eram praticadas as ações radicais. O regime militar e seus aliados policiais responderam de forma igualmente ostensiva. Os militantes foram rotulados de "terroristas", e suas "expropriações dos fundos de empresas capitalistas" foram tachadas de "assaltos a bancos". O regime espalhou cartazes de pessoas procuradas em locais públicos, e a imprensa, altamente controlada e muitas vezes conivente, publicava regularmente matérias condenando as táticas empregadas pelos militantes. A tortura se tornou um método de controle social patrocinado pelo Estado.[3]

No caso dos nipo-brasileiros, as categorias típicas de militância (social, política, estudantil e comunitária) eram sempre intensificadas por sua etnicidade. Por essa razão, na percepção de muitos moradores da cidade de São Paulo, os nipo-brasileiros engajados em atividades políticas pareciam mais numerosos do que de fato o eram, segundo os dados factuais. Os militantes *nikkeis* eram assunto de matérias jornalísticas. Eles apareciam na capa da revista mais lida do país e nos cartazes de pessoas procuradas pela polícia.

Em São Paulo, a tarefa de reprimir a subversão da ordem interna cabia tanto à polícia militar, com seu Destacamento de Operações de Informações – Centro de Operações de Defesa Interna (DOI-Codi), quanto à polícia civil, com o Departamento Estadual de Ordem Política e Social de São Paulo (Deops).[4] Os *nikkeis* representavam um desafio ímpar para as forças da repressão, uma vez que sua militância desmentia um imaginário étnico segundo o qual os nipo-brasileiros seriam estudiosos, trabalhadores e dóceis. Os militantes *nikkeis*, ao contrário, despertavam poderosas lembranças de samurais, das marchas da morte da Segunda Guerra Mundial e do movimento Shindo Renmei, de meados dos anos 1940. Os agentes do regime temiam que os *nikkeis* politizados fossem indistinguíveis de suas trabalhadoras famílias imigrantes, o que os tornava mais difíceis de identificar, e por isso mesmo, particularmente ameaçadores.

É difícil saber exatamente quantos *nikkeis* estiveram envolvidos em atividades políticas de esquerda nos anos 1960 e 1970, embora alguns militantes se recordem de "uma forte presença no movimento estudantil e, mais tarde, no movimento de guerrilha urbana".[5] Centenas de nomes *nikkeis* aparecem nos arquivos policiais, embora isso não signifique que todos eles fossem de fato militantes. Dos 364 casos listados por Nilmário Miranda e Carlos Tibúrcio como mortos ou "desaparecidos" durante o regime militar, sete são *nikkeis*.[6] Alguns militantes com quem conversei fizeram referências circulares a cerca de trinta pessoas, enquanto outros apontavam um número elevado de militantes *nikkeis*, tanto no movimento armado como no não-armado.

De que forma os militantes nipo-brasileiros contextualizavam suas experiências políticas? Como esses jovens, homens e mulheres, eram percebidos pelo público *nikkei* e não-*nikkei*, pelas forças da repressão e pela esquerda em geral? Este capítulo parte da militância política para analisar uma poderosa ligação entre etnicidade, identidade nacional e imagens da diáspora, deixando de lado a abordagem de classe que caracteriza tantos estudos sobre a militância no Brasil.[7] Para os *nikkeis*, a militância era, em parte, a busca de um espaço onde a etnicidade não fosse importante. Como vimos nos capítulos anteriores, encontrar esse espaço não era nada fácil.

Algum conhecimento sobre a luta armada é importante para compreender a militância *nikkei* e as reações despertadas por ela. Os militares brasileiros chegaram ao poder em 1964, e a decretação do Ato Institucional nº 5 (AI-5) pelo presidente general Arthur da Costa e Silva, em 1968, estabeleceu o que Thomas Skidmore chamou de "ditadura genuína".[8] O AI-5 fechou o Congresso, colocou nas mãos da justiça militar os acusados de crimes contra a "segurança nacional" e impôs severa censura à totalidade dos meios de comunicação. As universidades foram particularmente afetadas, uma vez que os militares acreditavam que os estudantes, jovens e impressionáveis, eram presas fáceis para os estudantes mais velhos e os professores de tendência radical. As aulas eram monitoradas por agentes do Deops disfarçados de estudantes, os professores que se recusavam a cooperar perdiam seus cargos acadêmicos, e o movimento estudantil era reprimido. Essas ações levaram a oposição a uma radicalização ainda maior, provocando o surgimento de mais de uma dezena de movimentos de guerrilha, de escala relativamente pequena. O número de militantes armados era reduzido (menos de mil), a maior parte deles sendo adolescentes ou jovens na faixa dos vinte anos. Eles acreditavam que roubar bancos e seqüestrar diplomatas estrangeiros eram atividades revolucionárias corretas, o que em nada contribuiu para angariar o apoio dos muitos brasileiros que viam os militantes como terroristas.[9]

A filiação aos movimentos de esquerda era compreendida, tanto interna quanto externamente, como motivada pela ideologia política da luta de classes. Embora tenha havido uma pequena célula judaica no Partido Comunista Brasileiro dos anos 1930, e um "Movimento Negro" integralista, mais ou menos na mesma época, o Brasil das décadas de 1960 e 1970 não possuía movimentos étnicos fortes. Apesar de muitos afro-brasileiros, judeu-brasileiros e nipo-brasileiros militarem na política de esquerda,[10] não havia Panteras Negras, nem Ligas de Defesa Judaica, nem I Wor Kuens ou Guardas Vermelhas (grupos asiático-americanos nos Estados Unidos).

* * *

Nos anos 1950 e 1960, os estudantes *nikkeis* tinham experiências de vida bastante diferentes das de seus amigos e colegas não-*nikkeis*. A maior parte deles havia nascido em comunidades rurais de São Paulo e do Paraná, estados com altas concentrações de imigrantes japoneses (ver mapa). Criados em ambientes de língua japonesa, muitos se lembram de só terem começado a aprender português depois de passar a freqüentar a escola pública.[11] Alguns se recordam de serem ridicularizados em termos sexuais; os homens por terem pênis pequenos, e as mulheres por ter vaginas "puxadas, como seus olhos".[12] Todos se lembram de conflitos quanto a que apelidos eles ganhariam e quais seriam seus nomes brasileiros, após serem batizados.

O fato de todos os estudantes *nikkeis* terem recebido criação semelhante nem sempre levava a resultados semelhantes. Como a maioria deles se via como pertencendo a uma "colônia japonesa" imaginada, esse sentimento de participação, aliado à mobilidade econômica e social, contribuiu para a criação de suas novas identidades urbanas. Os militantes, ao contrário, geralmente se viam como estranhos à "colônia" formalmente organizada de entidades comunitárias, jornais e festividades. A militância não era apenas uma forma de se opor à ditadura, mas também um desafio à geração política e culturalmente conservadora de seus pais. Um dos pontos desse conflito de gerações dizia

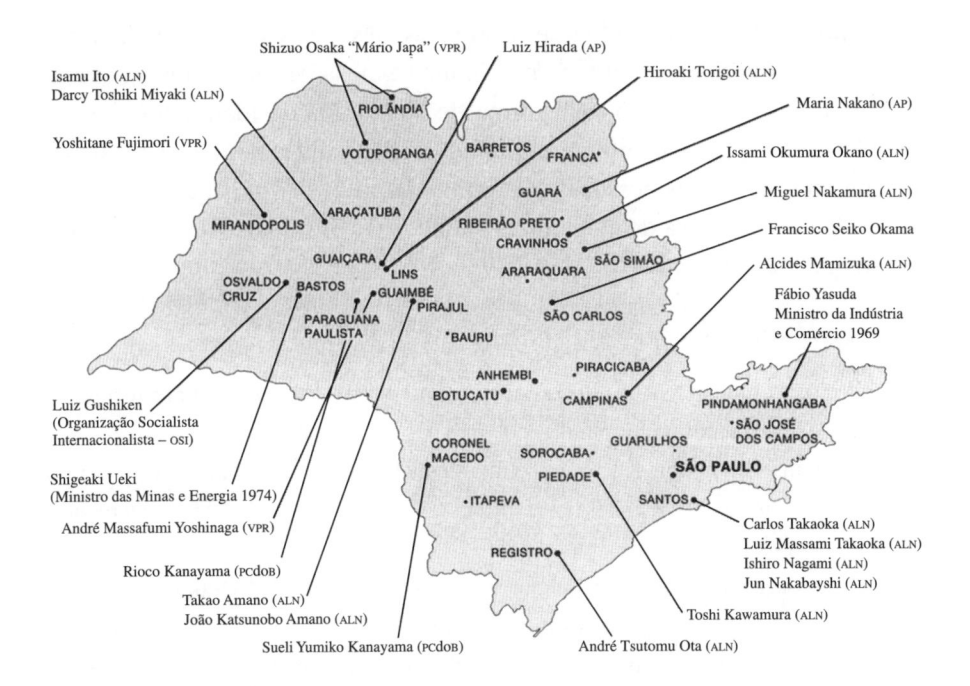

Locais de nascimento dos militantes *nikkeis*, estado de São Paulo.

respeito à escolha dos cônjuges. Nos anos 1960, o índice de casamentos inter-étnicos entre japoneses e brasileiros, na cidade de São Paulo, era de cerca de 50%, porcentagem que aumentava nitidamente a cada década.[13] Entre os militantes *nikkeis*, entretanto, esse índice parece ter sido de quase 100%. Aqueles com quem falei muitas vezes apontaram seus próprios casamentos mistos como prova de sua brasilidade.

Compreendi então que o casamento inter-racial era um "símbolo", porque, em minhas histórias orais, o bate-papo que precedia a entrevista incluía, invariavelmente, uma pergunta feita a mim sobre a etnicidade de minha mulher. Meus interlocutores supunham que ela seria nipo-brasileira, o que explicaria o tema de minha pesquisa. Mas quando eu respondia que ela era judia-brasileira, a surpresa inicial de meus entrevistados era rapidamente seguida de um menear de cabeça compreensivo, ou de algum comentário sobre a expectativa de endogamia étnica, ainda que eles mesmos não a praticassem.

Isso levava a discussões sobre seus próprios casamentos com "brasileiros", grupo ao qual nem eles, nem eu, nem minha esposa pertencíamos. A exogamia era apresentada como uma forma de "liberdade de identidade étnica", que não poderia ser encontrada em relações endógamas com *nikkeis*. Como me contou uma dessas pessoas: "Na minha família, só um irmão meu se casou com uma japonesa de origem, né? Uma *nisei*. E foi [risos] o único casamento que não deu certo!"[14]

O ENTREVISTADOR COMO OBJETO

Todos os ex-militantes que concordaram em participar das histórias orais reagiram a meu pedido da mesma forma, dizendo que não faziam parte da "colônia japonesa" e não conseguiam perceber o que o fato de eles serem *nikkeis* tinha a ver com sua militância. Todos eles manifestaram surpresa em que um "americano" se interessasse por assuntos de militância e etnicidade.

Ou melhor, até eles me conhecerem. Sem exceção, a primeira pergunta era sempre: "De onde você é?". Minhas respostas (Estados Unidos, Connecticut, Atlanta) eram sempre recebidas com um menear de cabeça e uma outra pergunta mais direta: "Quer dizer, de onde você é, realmente?". Não demorava muito para que eles obtivessem a resposta que queriam: judeu (alguns dos entrevistados me disseram que dava para perceber apenas olhando para mim). Essa resposta levava sempre a um suspiro de alívio: eu não era "realmente" americano, mas sim um americano "naturalmente" interessado em questões de etnicidade e militância.

O casamento inter-étnico era uma das formas pelas quais os militantes rejeitavam "sua" comunidade étnica. Uma outra forma era antipatizar com os "japoneses", o que significava os japoneses do Japão, os imigrantes japoneses no Brasil e os nipo-brasileiros que mantinham vínculos com a "colônia". Um comentário de Marta Tanisaki, ex-membro da Ação Popular, por exemplo, foi: "Como os japoneses são feios!", referindo-se aos japoneses rurais do Brasil, impressão essa que ela também trouxe do tempo que passou no Japão, numa pesquisa científica de pós-doutorado. A principal lembrança que Shizuo Osawa, ex-membro da Vanguarda Popular Revolucionária (VPR), trouxe de uma viagem ao Japão foi o desejo de voltar para o Brasil e para a "comida boa", principalmente a feijoada, o prato nacional brasileiro. Carlos Takaoka nasceu na cidade de São Paulo e é filho de um conhecido imigrante japonês, pintor e membro do Partido Comunista. Ele passou vários anos na prisão, onde a tortura o deixou fisicamente incapacitado. Em 1996, ele foi para o Japão como *dekassegui*, o grupo de cerca de 250 mil brasileiros de descendência japonesa que retornou ao Japão em busca de trabalho. Em nossa conversa, ele, por várias vezes, associou sua experiência na cadeia à sua vida no Japão, onde encontrou muito "preconceito" contra suas deficiências físicas.[15] Para Takaoka, a tortura verbal no Japão era semelhante à tortura física no Brasil.

O repúdio à "colônia" não era a única forma pela qual os militantes compreendiam a si mesmos. Os militantes tinham desempenho acadêmico excepcionalmente alto, mesmo entre os *nikkeis*, que tanto valorizavam a educação. Eles haviam deixado seu meio rural de origem para freqüentar o segundo grau em áreas mais urbanas, tendo, posteriormente, se mudado para a cidade de São Paulo a fim de ingressar na universidade, muitas vezes morando com parentes mais velhos e outros *nikkeis*. Todos se lembram de terem tido dificuldade de se adaptar à vida na cidade. Eles contavam sobre ver televisão pela primeira vez, ou ter que usar casacos pesados no clima frio de São Paulo. Muitos, na infância e na adolescência, haviam-se filiado a grupos católicos *nikkeis*, continuando a participar deles após migrar para a cidade. O mais importante desses grupos era a Associação Nipo-Brasileira Estrela da Manhã. Nos anos 1950 e 1960, ela era dirigida por Dom Pedro Paulo Koop, que mais tarde veio a se tornar bispo de Lins. Em 1959, 2.200 nipo-brasileiros participaram do congresso da Estrela da Manhã, em Bauru.[16] Vários militantes se lembram desse grupo como de importância fundamental em sua politização, devido aos padres que entendiam que a doutrina católica justificava a militância.

Durante a ditadura, os *nikkeis* de São Paulo enfrentavam estereótipos que os representavam, ao mesmo tempo, como brasileiros dóceis e trabalhadores, inclinados à violência e apaixonadamente leais ao Japão.[17] Nos anos 1960, essas imagens encontraram ressonância por dois motivos. Primeiramente, a ascensão econômica na educação e nas profissões liberais tornou particularmente visível o sucesso dos nipo-brasileiros. Em segundo lugar, lembranças do movimento Shindo Renmei ainda existiam entre as classes educadas, as autoridades governamentais e a polícia. A Shindo Renmei já havia desaparecido em fins dos anos 1950, mas sua lembrança permanecia viva no Deops, onde o movimento era relacionado à militância *nikkei*, e no Itamaraty (Ministério das Relações Exteriores), onde ele aparecia no contexto das questões de repatriação e das exigências de devolução das propriedades confiscadas de cidadãos japoneses pelo governo brasileiro durante a Segunda Guerra Mundial.[18]

A Shindo Renmei também era uma lembrança vívida entre os *nikkeis*, que a discutiam tanto em conversas particulares quanto na imprensa nipo-brasileira. A maior parte dos militantes com quem conversei se lembrava de ter ouvido conversas entre seus parentes e vizinhos sobre os *kachigumis* (integrantes da Shindo Renmei). Jun Nakabayashi, líder estudantil e membro da Aliança Nacional Libertadora, deu muita ênfase à postura *makegumi* (anti-Shindo Renmei) de seu pai, enquanto Rioco Kaiano via sua própria prisão e tortura, em fins dos anos 1960, à luz da prisão e tortura de seu pai pelo Deops, cerca de duas décadas antes, por sua atuação como *kachigumi*.[19]

A violência dos *nikkeis* era sempre justaposta à sua imagem de docilidade. Dessa forma, os militantes nipo-brasileiros, bem-vestidos e educados, muitas vezes se viam convertidos na anônima face pública de muitos grupos militantes de São Paulo. Eles assumiam a tarefa de alugar quartos e fazer compras, tirando partido da crença da população de que de um "japonês" bem-vestido e de fala mansa só se poderia esperar estudo, trabalho e honestidade.[20] Como os nipo-brasileiros eram tidos como reservados, um bate-papo nunca era esperado. Os militantes jogavam com a idéia de que os *nikkeis* eram antijuventude: eles não usavam roupas extravagantes nem cabelos contraculturais, eles não falavam muito nem eram de grandes farras.

Entretanto, a moeda da identidade tinha uma face violenta. Para as lideranças militantes, os *nikkeis* eram, em primeiro lugar, soldados (e não teóricos da revolução), porque deles se esperava que cumprissem ordens e "trabalhassem bem". O discreto vizinho nipo-brasileiro de vinte e poucos anos podia, também, ser o "terrorista japonês" conhecido em toda a cidade por assaltos a bancos. A militância étnica dos guerrilheiros nipo-brasileiros era sempre temperada pelo bem-conhecido fato de que eram exatamente os estereótipos da maioria que faziam com que boa parte de suas atividades tivesse êxito.

* * *

Nos anos 1960 e 1970, os nipo-brasileiros eram membros conhecidos das organizações estudantis e dos grupos militantes. Mário Tokoro era estudante de engenharia no Instituto Tecnológico da Aeronáutica (ITA), e havia sido escolhido como orador na cerimônia de formatura de sua turma, em 1965. Embora Tokoro não estivesse envolvido na luta armada, ele era líder estudantil, e o ITA, acusado de ser um "foco de comunistas", estava na mira do regime militar. Apenas três semanas antes da formatura, ele foi tirado de um campo de futebol por um oficial da Aeronáutica, levado para casa, onde teve 15 minutos para fazer as malas, e depois deixado numa estação rodoviária com ordens de sair da cidade, expulso em razão de suas posições políticas.[21] Isamu Ito foi eleito vice-presidente da União Estadual dos Alunos de São Paulo em 1967, e foi preso várias vezes.[22] Os estudantes da USP Ishiro Nagami e Yoshihiro Ono foram mortos em 1969, quando o Fusca carregado de bombas que eles dirigiam explodiu.[23] Yoshitani Fujimori, Shizuo Osawa e André Massafumi Yoshinaga eram membros da Vanguarda Popular Revolucionária, liderada pelo ex-capitão do Exército Carlos Lamarca. A ALN, de Carlos Marighella, tinha como integrantes os irmãos Amano (Takao e João Katsunobu), os irmãos Takaoka (Carlos e Luiz Massami), Miguel Nakamura e André Tsutomo Ota.

Um dos métodos de recrutamento de militantes era através das organizações comunitárias étnicas.[24] Por exemplo, vários militantes judeus foram atraídos à participação política por *madrichim* (monitores), num acampamento de verão judaico, em São Paulo.[25] Os militantes *nikkeis*, muitas vezes, ficaram se conhecendo em organizações étnicas, como o grupo católico Estrela da Manhã, ou foram recrutados por amigos ou parentes *nikkeis*. Eles tendiam a atuar em grupo, às vezes por escolha própria, outras por insistência de seus superiores. Oscar Akihico Terada e Issami Nakamura Okano, dois estudantes da USP, foram acusados de, juntos, distribuir panfletos e jornais "subversivos". Okano foi preso pela primeira vez em 1969, e depois novamente em 1974, quando desapareceu.[26] Mari Kamada, membro do Movimento de Libertação Popular (Molipo), foi treinada por Hiroaki Torigoi. Os dois foram acusados de várias ações conjuntas, desde pichações revolucionárias em lugares públicos até a colocação de uma bomba numa loja de departamentos Sears.[27]

Nair Yumiko Kobashi, nascida em 1947 numa pequena comunidade rural japonesa no Paraná, estudava na USP e militava no Conjunto Residencial da Universidade de São Paulo (Crusp), o alojamento estudantil. Além disso, ela era membro do Partido Comunista do Brasil (PCdoB) e passou quase dois anos na prisão.[28] Segundo ela, "alguma identidade a gente devia ter, ou se reconhecer de alguma forma. Eu me lembro de descendentes de japoneses, [e] de um grupo trotskista que tinha muitos árabes. E eu achava engraçado, falava: 'Nossa, é tudo árabe'. E do caso da Polop [Política Operária, organização revolucionária marxista], que tinha muitos judeus".[29] As lembranças de Kobashi são confirmadas por Alex Polari, da VPR. Suas memórias falam de um grupo de militantes judeus conhecidos como "O Bund", em homenagem aos movimentos de trabalhadores judeus da Europa Oriental no período anterior à guerra.[30] Nem todos esses agrupamentos surgiram espontaneamente. A cineasta Olga Yoshiko Futema lembra vividamente de uma conversa com um líder do Partido Comunista Brasileiro (PCB, diferente do Partido Comunista do Brasil, PCdoB), que disse a ela que os nipo-brasileiros não davam bons militantes porque eram "muito leais" a suas famílias.[31]

A FORÇA DA LÓGICA NACIONAL

Contaram-me uma história que nunca consegui confirmar, sobre dois militantes nipo-brasileiros que, segundo consta, teriam fugido para os Estados Unidos no final dos anos 1960. Lá, eles teriam retornado à militância, após terem sido recrutados pelo I Wor Kuen, um movimento militante asiático-americano. Os esquerdistas norte-americanos partiam do princípio de que pessoas de descendência asiática optariam pela política étnica, e não pela política de classe. Isto posto, nunca encontrei menções a militantes nipo-brasileiros nas informações documentais sobre os movimentos asiático-americanos dos Estados Unidos, e nenhum dos militantes *nikkeis* com quem conversei no Brasil jamais havia ouvido falar do I Wor Kuen, do Partido da Guarda Vermelha de San Francisco, do East Wind, ou de qualquer outro movimento asiático-americano. Seja ela verdadeira ou não, a história é importante por mostrar o descontentamento com a diáspora: embora, no Brasil, os *nikkeis* não tivessem oportunidade de entrar para um grupo de militância "étnica", e nem mesmo tivessem interesse em fazê-lo, imagina-se que, nos Estados Unidos, eles tenham optado precisamente por esse curso de ação.

NOMES E IDENTIDADE

A questão dos nomes era importante para todos os brasileiros pertencentes a grupos não-católicos e não-europeus. Para muitos (os de origem judaica ou do Oriente Médio, por exemplo), a capacidade física de viver na sociedade cotidiana muitas vezes significava a adoção de dois nomes, um para a "casa" e outro para a "rua". Um brasileiro de origem libanesa, chamado em casa de Dáu ("luz", em árabe), podia usar o nome "Luz" em público. Um judeu-brasileiro podia ser chamado de Luyba em casa, e Leony, na rua. No entanto, nos dois exemplos acima, a fisionomia não revelava a etnicidade. Para os nipo-brasileiros, por outro lado, os nomes eram um terreno étnico controvertido, por não poderem ser dissociados da aparência.

A história de Rioco Kaiano é típica. Nascida em 1948, em Guaimbê (estado de São Paulo), ela veio a se tornar uma integrante ativa do Partido Comunista do Brasil (PCdoB). Ao tentar se juntar à tentativa do partido de fomentar uma revolução camponesa no Araguaia, no estado do Pará,[32] ela foi presa em 1972, tendo passado mais de 18 meses na prisão. Ela vinha de uma família de agricultores. Seu pai havia imigrado para o Brasil em 1918 e, sua mãe, em 1920. Em seus primeiros anos de vida, ela foi criada principalmente pela avó, que a ensinou a ler, escrever e falar japonês. Quando ela era criança, lembra Kaiano, a maior parte das pessoas tinha dificuldade para pronunciar Rioco, seu primeiro nome, porque, em português, a letra final *o* é geralmente reservada para nomes masculinos. Por essa razão, é comum encontrar mulheres *nikkeis* (como Tizuka Yamasaki, mencionada no capítulo 2) que abrasileiravam o primeiro nome, trocando o *–ko* final por *–ka*.

Muitas das amigas de Kaiano eram "brasileiras" (termo usado por ela) de descendência italiana e, com elas, ela falava português. Ela se lembra de ter um "grilo de identidade, porque todas essas meninas eram batizadas, e eu não era [silêncio]. Então, isso era um dilema, [porque] eu já me sentia diferente pela cara, e isso me diferenciava. Essa coisa da religiosidade era muito forte, né? E tinha aquela história que eu não era batizada, quer dizer, quem não era batizado, na concepção desse pessoal, estava em pecado".[33]

Kaiano usou o batismo para assumir o nome Laura, e insistia em assim ser chamada por suas amigas. Associando o rito católico à sua língua japonesa e a seus traços fisionômicos, ela deixava claro seu desejo de se encaixar entre os brasileiros "típicos". Daí em diante, seu nome (como os das outras crianças de sua família) passou a mudar dependendo do contexto. Em casa, ela e sua irmã se chamavam Rioco (Kaiano escreve seu nome dessa forma, embora a ortografia correta seja Ryoko ou Rioko) e Yoko, mas em público elas eram conhecidas como Laura e Rosa. Para os "brasileiros", elas se apresentavam como Laura e Rosa. Hoje, entretanto, "Laura desapareceu... [porque] a questão da minha identidade relacionada com a história do nome japonês... essa dualidade, essa dubiedade do nome tinha que ser resolvida". Essa afirmação implica que nem Kaiano era capaz de se imaginar como Laura, nem a maior parte dos brasileiros conseguia imaginá-la com esse nome. Kaiano associou essas duas idéias numa discussão sobre a pronúncia dos nomes. Ela acreditava que era difícil para os brasileiros pronunciar seu nome *nikkei* (Rioco) porque o *o* final sugeria um homem. E era igualmente difícil para os japoneses pronunciar o nome escolhido por ela mesma, Laura, porque o som de *L* não existe em japonês. Não importa qual nome ela usasse, ela sempre se via como estranha às comunidades de que fazia parte.

Em 1964, aos 15 anos de idade, Kaiano se mudou para São Paulo para continuar seus estudos. Ela morava com seus avós e irmãos mais velhos numa casa comprada por seu pai com o dinheiro que ele havia economizado ao passar de trabalhador a proprietário rural. A própria casa era um espaço de múltiplas identidades étnicas, uma vez que os avós, que haviam imigrado para o Brasil já adultos, eram "muito japoneses", ao passo que Kaiano e seus irmãos eram nascidos no Brasil. A vida escolar de Kaiano fez com que ela entrasse em contato com diversos brasileiros, mas sua vida social era mais voltada para a comunidade *nikkei*. Ela participava ativamente do grupo católico Estrela da Manhã, onde conheceu Takao Amano, que também veio a se tornar militante.

Os nomes também tinham um significado especial para os militantes. Manter-se clandestino, mesmo quando em público, era de importância crucial para a própria sobrevivência, e todos os militantes usavam vários nomes – o nome de casa, o nome de rua, o codinome e o nome falso. Para os militantes *nikkeis*, isso se converteu na extensão de um cenário social já pouco confortável.

Codinomes étnicos eram comuns entre os militantes brasileiros, embora esses nomes costumassem não corresponder à etnicidade real. Ladislau Dowbor, da VPR, por exemplo, tinha o codinome de Jamil, um nome "árabe", embora ele fosse de ascendência polonesa.[34] Este era um padrão geral também entre os brasileiros de origem árabe e judaica, cujos nomes étnicos verdadeiros raramente se ligavam a seus codinomes ou nomes falsos. Iara Iavelberg, membro do Movimento Revolucionário 8 de Outubro (MR-8, um movimento dissidente do Partido Comunista Brasileiro, PCB), tinha vários codinomes e nomes falsos, mas nenhum deles era identificavelmente judeu (como Sarah ou Raquel, por exemplo). Nunca aconteceu tampouco de ela ser apelidada de "a judia", ou coisa assim.[35] Nenhum dos judeus brasileiros já mencionados, recrutados para a militância em acampamentos de verão, tinha um codinome étnico, embora alguns deles tivessem nomes etnicamente característicos.

Codinomes e nomes falsos étnicos, entretanto, também existiam. "Turco" e "Alemão" eram comuns, como ainda o são na sociedade brasileira em geral, embora raramente designassem militantes pertencentes a essas comunidades étnicas.[36] Os nomes étnicos se relacionavam também aos heróis venerados pelos militantes. Ivan Seixas, membro do Movimento Revolucionário Tiradentes (MRT), que foi preso em 1971 aos 16 anos, lembra que Giap (ou seja, o general Vo Nguyen Giap) e Ho Chi Minh eram codinomes escolhidos em homenagem aos líderes comunistas asiáticos, mas nunca encontrei um único caso de nipo-brasileiros que tenham escolhido um desses nomes.[37] Ottoni Fernandes Júnior, que ficou seis anos preso em razão de sua militância política, conta, em suas memórias, ter conhecido o membro da ALN Aton Fon Filho, filho de pai chinês e mãe brasileira. Os "traços orientais" de Fon fizeram Fernandes lembrar de Ho Chi Minh, mas nada indica que o próprio militante se visse dessa forma.[38] De fato, durante o julgamento de Fon, nenhuma das testemunhas o descreveu como "oriental" ou "japonês", embora uma pessoa tenha feito uma distinção entre "o japonês" Takao Amano, membro da ALN, e Fon, "o rapaz mestiçado".[39]

Entre os não-*nikkeis*, mesmo uma identidade étnica afirmada de maneira agressiva não costumava levar à adoção um nome étnico no contexto da militância. Talvez o exemplo mais notável seja o caso de Carlos Marighella, líder da ALN. Marighella nasceu em Salvador, Bahia, filho de pai imigrante italiano e mãe afro-brasileira.[40] A etnicidade era uma parte importante da auto-imagem de Marighella, como ele deixou claro no seguinte poema:

> Ei Brasil africano
> Minha avó era nega haussá
> Ela veio da África
> Num navio negreiro
> Meu pai veio da Itália
> Operário imigrante
> O Brasil é mestiço
> Mistura de índio, de negro, de branco.[41]

Seria possível imaginar que uma afirmação tão escancarada de etnicidade chamaria a atenção, mas a historiografia menciona esse fato apenas de passagem, sugerindo que a origem étnico-racial de Marighella era sua militância.[42]

O excelente documentário de Sílvo Tendler, *Marighella: Retrato Falado do Guerrilheiro* (2001) o demonstra de forma não-intencional. A questão da etnicidade só vem à tona três vezes no filme de 45 minutos. Clara Charf, mulher de Marighella e filha de pais judeus (fato que ela aponta freqüentemente nas entrevistas), faz a primeira menção ao pai italiano e à mãe afro-brasileira de seu marido.[43] A segunda referência é feita por um narrador, que cita a frase de Marighella: "Quem sou eu? Sou apenas um mulato baiano. O Brasil é mestiço". A última referência vem numa entrevista com Takao Amano, o nipo-brasileiro que comandava o Grupo Tático Armado da ALN. Amano descreve a filosofia de Marighella de forma diferente da dos outros entrevistados, inserindo a raça e a etnicidade como componentes da consciência de classe do líder: "a luta [de Marighella] foi contra o colonialismo, pelos negros, pelos índios, pela classe operária".[44]

A etnicidade de Marighella nunca fez dele outra coisa que não um brasileiro "típico", exceto para os membros dos grupos minoritários citados acima. Os nipo-brasileiros enfrentavam o cenário exatamente oposto, uma vez que a maioria da população insistia em sua "niponicidade". Os nomes, portanto, tinham, para os militantes *nikkeis*, conotações diferentes do que o tinham para os demais. Os nomes falsos dos *nikkeis* tinham que ser etnicamente característicos, uma vez que se destinavam a consumo público, constando dos documentos (muitas vezes falsificados) que eram apresentados quando um militante era detido pelas autoridades. Em circunstâncias tão arriscadas, era correta a suposição de que um nipo-brasileiro usando um nome "não-japonês" seria altamente visado.

Isso distinguia os *nikkeis* de outros brasileiros pertencentes a grupos minoritários, cuja aparência física ou não "revelava" a etnicidade ou cuja aparência "étnica" não se vinculava a um país específico. Por exemplo, brasileiros de origem judaica, libanesa ou italiana podiam, impunemente, usar qualquer nome falso (com a exceção de um nome nipo-brasileiro), já que nada em sua aparência denunciava sua origem étnica. Os afro-brasileiros também eram vistos como "étnicos", mas, há séculos, eles não usam nomes etnicamente específicos. O nome falso "João da Silva" poderia funcionar para militantes de qualquer uma das origens acima mencionadas, com uma exceção óbvia, os nipo-brasileiros. Darci Toshiko Miyaki, nascida na cidade agrícola de Araçatuba, a mais de 500 quilômetros da cidade de São Paulo, era estudante de direito da USP quando entrou para a ALN. Seu nome falso era Luciana Sayori Shindo, bem parecido com o "Oishi" de Takao Amano, o "Massahiro Nakamura", de Hiroaki Torigoe e o "Christina Akemi Ueda", de Nair Yumiko Kobashi.[45]

Os codinomes eram diferentes dos nomes falsos, sendo usados pelos militantes para ocultar suas identidades não apenas das autoridades, mas também uns dos outros, com base na suposição de que a maioria das pessoas, sob tortura, acabaria por ceder e entregar informações. Embora os *nikkeis* escolhessem codinomes da mesma forma que os outros militantes, eles, de qualquer forma, muitas vezes eram chamados de "Japonês" ou "Japa". Sérgio Tujiwara, do PCdoB, escolheu o codinome de "Horácio", mas era chamado de "Japonês", assim como Yoshitani Fujimori, que escolheu os codinomes de "Antenor" e "Edgar", e Koji Okabayashi, cujo codinome era "Mário".[46] Nair Yumiko Kobashi usava o codinome "Angélica", mas era conhecida como "Japa" ou "Japinha", nomes dos quais ela se lembra com ternura.[47] Alcides Yukimitsu Mamizuka, líder estudantil da Universidade Estadual de Campinas (Unicamp) e membro da ALN, especializado em ações de propaganda (e que, mais tarde, se tornou presidente da Câmara dos Deputados de Campinas), era chamado de "China", nome usado como sinônimo de "japonês".[48]

Usar nomes com clara designação étnica parece, à primeira vista, uma escolha perigosa. Se a razão de ser de um codinome é o disfarce, por que chamar os militantes *nikkeis* de "Japa" ou "Japonês"? Duas razões relacionadas entre si parecem explicar essa prática. Primeiramente, muitos brasileiros viam a "niponicidade" como algo de tão essencial que não podiam imaginar um *nikkei* que não fosse chamado de "Japa". Embora esses termos e outros semelhantes (principalmente "neguinho" e "negão", comumente usados no Brasil entre familiares e amigos), possam parecer racistas aos leitores norte-americanos, muitos brasileiros os entendem como simplesmente descritivos, e até mesmo carinhosos. Essa aceitação pode ser percebida na surpresa com que a maioria das pessoas (mas não todas, como veremos no próximo capítulo) reagiu a minhas perguntas sobre seus codinomes: para os ex-militantes, era óbvio que um nipo-brasileiro fosse chamado de "Japa", "Japinha" ou "Japonês".

A segunda razão de "Japa" continuar sendo usado, apesar de prejudicar a camuflagem da identidade, é que tentar esconder a "niponicidade" de um militante *nikkei* era perda de tempo, fosse com um nome falso, um codinome ou um apelido. Como ocorria com os atores nipo-brasileiros, que, independentemente de seu talento, só podiam interpretar papéis de gueixas e *niseis*, partia-se do princípio de que a fisionomia e a cultura tornavam os *nikkeis* indisfarçáveis. Os autos policiais são repletos de depoimentos de testemunhas nos quais apenas os nipo-brasileiros se destacavam. Costumava constar desses depoimentos um formulário descrevendo a altura, o peso, a idade e a raça dos agressores. Normalmente, a descrição de "raça" ou "cor" era preenchida com uma única palavra: moreno, mestiço ou branco. As descrições de *nikkeis*, ao contrário, quase sempre incluíam a palavra "elemento", sugerindo uma compreensão científica e biológica da niponicidade. Embora o termo "elemento" fosse usado com freqüência na descrição de criminosos, ele era relativamente raro nos casos de acusados de crimes políticos. Assim, a especificidade étnica de descrições tais como "um elemento com características de japonês" gerava um discurso que não parece ter sido de aplicação ampla.[49]

Um relatório confidencial do Exército sobre uma missão de treinamento da ALN em Cuba, em 1970, mostra que os militares conheciam dez dos quinze participantes apenas por seus apelidos ou codinomes. Sete deles não foram descritos, mas três foram tratados em detalhes que ressaltavam sua origem étnica:

> Ramon – originário de São Paulo, descendência judaica, de cor branca, aloirado... estudante de medicina (segundo ano em 1968), aparentando uns 25 anos.
> Luiz – descendência armênia, cor branca, tipo sangüíneo avermelhado.
> Tanaka – Origem de SP, *nisei* ... físico normal, cabelos cheios, típicos da raça japonesa.[50]

Os nomes étnicos não eram aplicados apenas a indivíduos. Às vezes, o que era visto como solidariedade grupal criava uma linguagem mais informal de diferença. Rioco Kaiano e Nair Yumiko Kobashi lembram com prazer que, quando andavam pelo *campus* da USP com outras militantes nipo-brasileiras, elas eram chamadas de "Exército Japonês" ou "Exército Vietcongue".[51] As lembranças de Kaiano, ao mesmo tempo, constroem e desconstroem o significado étnico da expressão "Exército Japonês":

> *Lesser:* Os outros *nikkeis* chamavam a você e a suas amigas de "Exército Japonês"?
> *Kaiano:* Não, não. Ela (a que nos chamou de "Exército Japonês" pela primeira vez) é aquela que morreu lá no Araguaia. Ela se chamava Helenira [Rezende de Souza Nazareth]... Ela era negra e tinha uma liderança muito forte [ela pertencia à diretoria da União Nacional dos Estudantes], essa mulher, do curso de Letras. Ela era mais velha do que eu... E ela tinha

muita liderança, era muito carismática... muito simpática, adorável, era corintiana. Sambista e tal, sabe? Era muito alegre!

Lesser: O que você achou quando ela chamou vocês de "Exército Japonês"?

Kaiano: A gente achava... engraçado. Porque era... engraçado. Não tinha nenhuma conotação, sabe? Ela era altona, negra... E nós era tudo baixinha. Tudo miudinha... É engraçado, porque tem algumas japonesas que são mais altas, nós éramos tudo baixinhas. Então era eu, a Suely, a Nair, essa Eni, tinha uma outra que se chamava Nana... Então era muito engraçado. A gente ia na passeata, ia naquela fileira, ela falava assim, "lá vem o exército japonês!", sabe? Então era até como se fosse um elogio, para mostrar... quer dizer, que nós éramos as japonesas. Nós éramos ali da esquerda, da luta, né? Então... tinha mais um sentido, assim... e muitas vezes ela falava também que era do Vietcongue, sabe? Nós éramos do exército Vietcongue... por causa do aspecto físico mesmo, né? Então lembrava, e isso... era um orgulho pra nós, porque... Vietcongue representava para nós o que havia de revolucionário, né? Então ela... às vezes falava exército japonês e às vezes falava até que nós éramos Vietcongues, né?

Os comentários de Kaiano mostram de que maneira funcionava o discurso étnico no Brasil. Ao falar de Helenira, ela mencionava as diferenças físicas entre os *nikkeis* e os afro-brasileiros, não apenas em termos de cor, mas também de altura, indicador esse raramente utilizado nas definições raciais, embora possa ser um dos muitos estereótipos relativos à etnicidade. A distinção imposta por Helenira às mulheres *nikkeis* era aceitável, talvez porque Kaiano visse a diferença racial de Helenira como semelhante à dela própria. Se ambas as partes da conversa fossem minoritárias, denominações étnicas sobre a outra parte eram permitidas, pois, ao que parece, essas denominações não implicavam hierarquia. Kaiano se sentia confortável com o rótulo de membro do "Exército Japonês", embora, nos anos 1970, o verdadeiro "exército" do Japão fosse visto como inimigo pela esquerda brasileira.[52] Ser chamado de "Exército Japonês" era o mesmo que ser chamado de "Vietcongue", sugerindo uma idéia ampla de asiaticidade revolucionária.

Esse mesmo rótulo de "Vietcongue", lembrado com tanto orgulho, era perigoso para os militantes *nikkeis* caso partisse de agentes do regime militar. Numa de nossas conversas, Kaiano lembrou que, certo dia, um tio seu, que trabalhava no jornal *O Estado de S. Paulo*, ligou para seus pais em pânico, porque um artigo sobre as atrocidades dos Vietcongues havia sido publicado ao lado de uma fotografia de Kaiano carregando um cartaz durante uma passeata. Embora eu não tenha encontrado nem o artigo nem a foto, achei um artigo

de 1968 que sugeria que os participantes do movimento estudantil eram traidores do Brasil. Esse artigo associava os protestos estudantis a uma foto da
bandeira Vietcongue por meio da manchete: "Passeata só inova na bandeira: a
do Vietcongue".[53]

VIETCONGUE

Um dia, ao pesquisar numa grande coleção de material sobre os movimentos de esquerda no Brasil, engatei uma conversa sobre meu projeto com o arquivista. Ele me
contou que uma das pessoas que ajudaram a organizar o arquivo era um *nikkei*, ex-
membro da Polop. Segundo o arquivista, esse homem contou a ele que, uma vez, no
início dos anos 1970, ele estava andando na rua e ouviu alguém gritando "Vietcongue, Vietcongue!" Ele olhou para ver quem era o "Vietcongue" e percebeu que estavam gritando para ele.

Esses estereótipos muitas vezes irritavam os esquerdistas nipo-brasileiros.
Ex-militantes me afirmaram repetidamente que tentavam se distanciar de sua
suposta etnicidade "japonesa". A história de Marta Tanisaki é típica. Seus pais
haviam emigrado do Japão para o Brasil algum tempo antes do início da Segunda Guerra Mundial, e ela foi criada fora da cidade de São Paulo. Quando se
mudou para a cidade, ela passou a morar numa pensão "étnica" que ela odiava
por sua niponicidade, apesar de confessar que "acabei gostando daquela por-
caria". Quando Tanisaki entrou para a universidade, em 1966, sua mãe, já então
viúva, mudou-se para São Paulo, e as duas foram morar juntas. Como muitos
nikkeis de sua geração, Tanisaki era bilíngue e tinha um nome japonês e um
brasileiro – em seus documentos oficiais, ela consta como Marta Masako Tanisaki, mas em casa, ela era conhecida como Mate – apelido de Masako, mas
também um tipo de chá brasileiro.

Tanisaki ingressou no movimento estudantil trabalhando como voluntária
numa favela de São Paulo. Como milhares de estudantes em todo o Brasil, ela
intensificou sua militância após ouvir a notícia de que Edson Luís de Lima
Souto havia sido morto pela polícia do Rio de Janeiro, em 28 de março de
1968. Edson Luís e outros estudantes preparavam uma passeata que, ostensivamente, protestava contra a má organização do restaurante estudantil Calabou-
ço, mas que, na verdade, era parte de um movimento mais amplo em favor de
reformas educacionais. Quando as tropas de choque da polícia militar recebe-

ram ordem para entrar no restaurante, ele levou um tiro na cabeça e chegou morto ao hospital. No dia seguinte, 50 mil pessoas foram a seu funeral de caixão aberto, e em seguida marcharam pelas ruas até a Assembléia Legislativa do Rio de Janeiro.

A morte de Edson Luís de Lima Souto mobilizou os estudantes de todo o Brasil. Em 1 de abril de 1968, manifestantes ocuparam a Universidade de Brasília. Nesse mesmo dia, tiveram início violentos protestos no Rio de Janeiro e em todas as grandes cidades do país. Em São Paulo, foi realizada uma passeata gigantesca, que terminou em frente ao Teatro Municipal, no centro da cidade. Os estudantes continuaram mobilizados ao longo dos meses seguintes, o mesmo acontecendo com os militares. Os brasileiros recordam o 21 de junho de 1968 como a "Sexta-Feira Sangrenta", quando quase mil manifestantes foram presos no Rio de Janeiro, após violentos conflitos que deixaram 23 manifestantes e 35 soldados feridos. Durante todo o ano de 1968, ocorreram inúmeros episódios que transformaram as cidades brasileiras em praças de guerra, com conflitos entre manifestantes e a polícia e, às vezes, entre grupos de oposição.

Foi nesse ambiente que Tanisaki se filiou à Ação Popular, grupo que se originou da Juventude Universitária Católica (JUC), em 1963. Em 1968, a JUC havia partido para uma variante do que Jacob Gorender chama de " cristão" e, mais tarde, a maioria de seus integrantes se juntaria a uma ala do Partido Comunista do Brasil (PCdoB).[54] Tanisaki não se vê como basicamente "japonesa" ou *nikkei*, e não se lembra de ter ouvido, durante seus anos de militância, comentários específicos sobre sua etnicidade. No entanto, a história da primeira tarefa designada a ela pelo Comitê Central da Ação Popular sugere algo diferente. Segundo Tanisaki, "todos os japoneses de São Paulo que tinham militância [havia cinco no grupo] foram mandados para fora. [Nós] fomos mandados para Maringá [cidade no estado do Paraná com uma população significativa de imigrantes japoneses e descendentes], todos". Na opinião de Tanisaki, essa era uma estratégia defensiva, pois "se a gente fosse para o Ceará [estado do Nordeste, onde há poucos *nikkeis*] a gente ia chamar atenção". Logo depois, o grupo foi mandado para Curitiba, a maior cidade do Paraná. Embora Curitiba possuísse uma grande população *nikkei*, "não dá para agitar, porque como vai agitar num meio que não é o seu, e onde você não tem com quem agitar?"[55] Aqui, Tanisaki coloca uma questão sutil. Segundo ela, ela e os outros *nikkeis* foram enviados a Curitiba para trabalhar entre os *nikkeis*, mas fracassaram porque a suposta comunidade étnica, na verdade, não funcionava da maneira imaginada pela maioria.

O IMAGINÁRIO REPRESSIVO

Os militantes nipo-brasileiros eram estereotipados tanto por seus companheiros quanto pelas forças da repressão. Isso acontecia de várias formas. Os arquivos do Deops de São Paulo eram organizados de forma a dar ênfase aos nipo-brasileiros como objetos de repressão e indivíduos a serem reprimidos.[56] Os arquivos tópicos do Deops possuíam uma imensa quantidade de material sobre a Shindo Renmei (cerca de 19 volumes), isoladamente, o maior conjunto do acervo. O fichamento de indivíduos, entretanto, não era organizado pela simples ordem alfabética dos nomes, mas separado em "nomes brasileiros" e "nomes estrangeiros", sem levar em conta a cidadania formal. Os *nikkeis* eram classificados como "estrangeiros", ao passo que a categoria "brasileiros" incluía muitos imigrantes que ainda não haviam obtido a cidadania brasileira, especialmente os recém-chegados de Portugal.

Os arquivos do Deops estão cheios de referências a militantes "japoneses" cujos nomes verdadeiros, falsos ou codinomes eram desconhecidos. Os acusados, muitas vezes, mencionavam encontros com militantes "japoneses" de nome ignorado, ou com militantes conhecidos apenas como "o Japonês". Em seu interrogatório, o membro da ALN Paulo de Tarso Vannuchi citou várias pessoas que ele conhecia apenas como "o Japonês".[57] Num outro caso, um ataque da ALN contra dois policiais, em outubro de 1971, deixou um dos militantes gravemente ferido. Ele foi levado a um hospital e, em seguida, preso pelo Deops. Ao ser interrogado, ele disse que seu parceiro se chamava "Roberto Japonês".[58] Um "Roberto Japonês" apareceu também no depoimento de Mari Kamada, membro do Molipo, embora não esteja claro se tratava-se ou não da mesma pessoa. Segundo ela, os dois haviam atuado juntos, roubado placas de carro, e ela só soube descrevê-lo nos termos mais genéricos: "japonês; rosto bem redondo; cabelos curtos, lisos, pretos, não muito alto, ligeiramente gordo".[59] Os agentes do Deops parecem ter aceito a "indescritibilidade" desses "japoneses", encerrando as tentativas de identificação.

Esses dados documentais podem ser lidos de várias formas. A mais óbvia é que os acusados podiam de fato ter conhecido nipo-brasileiros cujos nomes nunca eram usados, ou cujos codinomes incluíam a palavra "Japonês". Uma outra leitura possível, entretanto, seria a da resistência. Por exemplo, é possível que os militantes acreditassem que se declarassem, durante um interrogatório, terem-se encontrado "com alguns japoneses" essa afirmação seria aceita pelas forças da repressão, principalmente tendo em vista a associação freqüente que o Deops fazia entre os *nikkeis* e a militância. Por exemplo, ninguém jamais descobriu quem era o "Roberto Japonês". Será que ele, como os muitos outros "japoneses" sem nome que constavam dos arquivos, nem ao menos era *nikkei*? Talvez ele nem sequer existisse.

DEOPS

Há muita discussão sobre a veracidade das informações constantes dos arquivos do Deops. Embora alguns estudiosos pareçam aceitar como verdade as informações contidas nesse material, a maior parte dos pesquisadores entende que as "declarações" constantes dos arquivos geralmente eram obtidas por meio de ameaças de violência ou depois do uso de tortura. Muitas confissões contêm um misto de informações verdadeiras e falsas, e eu nunca perguntei às pessoas que entrevistei o que elas disseram quando na prisão.

No entanto, o que os estudiosos podem fazer com algum grau de segurança é examinar o significado estratégico desse imenso acervo de informações. Os depoimentos dos presos interrogados seguiam um roteiro cuidadoso, em que o acusado primeiramente se apresentava como ludibriado pelos movimentos políticos, para em seguida dar-se conta dos erros que ela ou ele havia cometido. A atividade arquivística sem dúvida era movida por um desejo de normalidade: qualquer pessoa que examine os arquivos do Deops de São Paulo, do Rio de Janeiro, de Curitiba ou de Belo Horizonte ficará impressionada com o número de cópias de cada documento, muitas vezes guardadas num único e repetitivo pacote.

Os discursos sobre a militância japonesa que circulavam em São Paulo foram um dos focos de uma noite inteira de conversa entre mim e Jun Nakabayshi. Estudante de direito e militante político em meados dos anos 1960, ele se filiou à Ação Libertadora Nacional, de Carlos Marighella e, mais tarde, fugiu para o Chile. Ele lembra, com alguma irritação, que as primeiras ações políticas de assaltos a bancos não tiveram a participação de *nikkeis*, mas que a polícia impingiu a idéia de que "um japonês" estaria envolvido. "Parece que havia uma pessoa parecida com um japonês. Agora, quem fez os primeiros assaltos, eu conheci, posteriormente. E não era japonês. Quer dizer, a pessoa que era conhecida como 'japonês' não era japonês!".[60] Essa insistência da polícia na participação de "japoneses" causava consternação entre os *nikkeis*, que acreditavam estar sendo enquadrados em perfis raciais pelas autoridades. Os arquivos do Deops contêm inúmeros casos de assaltos nos quais as testemunhas, em seus depoimentos, declaram que um ou mais dos assaltantes eram de ascendência "japonesa" ou "nipônica". Para identificar esse "japonês", o Deops usava uma fileira de suspeitos na qual era mostrado apenas um *nikkei* que, invariavelmente, era reconhecido como o agressor.[61]

Nakabayashi foi preso (e liberado) dois dias antes de viajar para Cuba para treinamento de guerrilha, em abril ou maio de 1968. Ele ficou surpreso ao descobrir, durante seu interrogatório, que sua viagem a Cuba era desconhecida da polícia, que estava apenas "procurando um japonês", e que ele havia sido pego por acaso, numa batida geral. Ele foi liberado rapidamente porque a polícia estava procurando um japonês magro e, naquela época, "eu era bastante mais gordo".[62] O estudante Ossamu Nakamura foi preso ao mostrar seus documentos verdadeiros numa barreira rodoviária, porque "[aquele] japonês foi confundido com um militante da ALN, Issami Nakamura Okano".[63] Confusões desse tipo eram comuns: uma matéria de jornal sobre assaltos a banco "praticados por um grupo integrado por um japonês" observava que a polícia estava procurando por Massafumi Yoshinaga, quando a pessoa responsável era, na verdade, (segundo o jornal) Yoshitani Fujimori.[64]

Não pretendo sugerir que os cidadãos que testemunharam atividades militantes tivessem clareza quanto a características étnicas, *exceto* no que se tratava dos nipo-brasileiros. Pelo contrário, os depoimentos, muitas vezes, mostravam associações fenotípicas entre japoneses, nordestinos e povos andinos. Muitos brasileiros "viam" os asiáticos e os indígenas latino-americanos como parecidos, opinião compartilhada também por alguns estudiosos e diplomatas japoneses do início do século XX, que afirmavam que os povos da Amazônia eram uma "tribo perdida" do povo japonês.[65] Jun Nakabayashi se lembrou de um militante nordestino, de ascendência não-asiática, que dizia a todo mundo que era "japonês". Talvez ele seja a pessoa que uma testemunha de um assalto descreveu para *O Estado de S. Paulo*, em 1968, como tendo "a linguagem corporal de um japonês ou um boliviano".[66] Cinco testemunhas de um assalto a banco, em 1969, forneceram as seguintes informações à polícia: dois disseram que os assaltantes eram todos brancos, um lembrou apenas de um japonês alto, outro lembrou de um japonês e de uma pessoa que "parecia nordestina [e] também branca", e o quinto descreveu "um elemento de cor amarela, ou melhor, um japonês".[67]

No final dos anos 1960, um número cada vez maior de crimes, políticos ou não, era atribuído a *nikkeis*, uma idéia assustadora para muitos paulistanos, que acreditavam que os nipo-brasileiros eram o protótipo do trabalho árduo e da honestidade. O membro da ALN Ottoni Fernandes Júnior escreveu que "a repressão, a imprensa e a imaginação popular criaram mitos: em todos os assaltos a banco tinha um japonês e uma loura".[68] Num desses casos, esses dois estereótipos foram fundidos pelo gerente de um posto de gasolina, que insistia ter sido assaltado por "um indivíduo japonês, de bigode e barbas louras, com uma boina na cabeça". O policial encarregado do caso supôs que o assalto tivesse motivação política, porém, mais tarde, a vítima identificou o assaltante como Francisco José de Oliveira, um bandido não-*nikkei* de bigode e barba loura![69]

Essas afirmações sobre o envolvimento de nipo-brasileiros em atividades políticas e criminosas eram reforçadas pela polícia e pela imprensa. Um homem cujo Volkswagen havia sido roubado à mão armada disse que o criminoso "aparentava ser japonês", o que foi alterado por um policial, que registrou no boletim de ocorrência que a vítima podia "afirmar que se tratava de pessoa japonesa".[70] Uma matéria publicada no início de 1966 no *Diário Popular* afirmava que "terroristas japoneses" agiam em São Paulo, sugerindo que a população acreditava que a Shindo Renmei havia voltado à ação.[71] O *Jornal da Tarde* (edição vespertina de *O Estado de S. Paulo*, e o jornal que a polícia costumava utilizar para passar informações ao público) apontou que as autoridades encarregadas das investigações sobre a atuação dos militantes ficavam "confusas sobre as descrições de testemunhas nos casos de assaltos e atentados, que falavam sempre na presença de um japonês". Segundo essa reportagem, haviam sido desenvolvidos novos métodos para distinguir um japonês do outro, o que, no entanto, havia levado a uma descoberta assustadora: havia vários "japoneses ligados ao terror".[72] A matéria era ilustrada por quatro fotografias de militantes *nikkeis*, todas com os nomes errados!

As teorias sobre o dinamismo revolucionário dos *nikkeis* tinham origem em duas idéias muito diferentes, ambas muito difundidas entre as autoridades e a população em geral, a partir dos anos 1930. Uma delas é que era difícil diferenciar fisicamente os nipo-brasileiros "bons" dos "maus" (já que todos eles "se pareciam"); a outra, é que os *nikkeis* eram particularmente violentos, em resultado de uma herança de guerras e culto ao imperador. Assim, os cartazes de "terroristas" procurados tinham repercussão muito maior quando incluíam nipo-brasileiros.[73] Um cartaz de procurados de tom sensacionalista e ampla divulgação foi diagramado (não sei se de propósito ou não) de forma a que o texto atraísse a atenção para as fotografias dos terroristas que vinham logo abaixo, ordeiramente alinhadas em fileiras de oito:

> PRISÃO E MORTE RISCARAM CINCO NOMES DESTE CARTAZ.
> A POLÍCIA PROCURA OS QUE FICARAM.
> TERRORISTAS ASSASSINOS
> PROCURADOS
> ASSALTARAM – ROUBARAM – MATARAM
> PAIS DE FAMÍLIA
> (E ESTÃO FORAGIDOS)

O olho é rapidamente conduzido através da pirâmide invertida, para a primeira linha de fotografias, onde se vêem Yoshitani Fujimori e André Massafumi Yoshinaga.[74] Ambos vestem terno e gravata e parecem estar posando para fotos de escola, diferentes de quase todas as demais fotografias de não-*nikkeis*, que são fotos três por quatro. Ao publicar o cartaz, o *Jornal da Tarde* chegou ao ponto de ilustrar com uma metralhadora as margens em torno dele.

A imprensa era obrigada a publicar os cartazes de procurados, mas também os aproveitava em suas matérias sobre a luta armada. Era comum as reportagens serem ilustradas com fotos de Fujimori ou Massafumi Yoshinaga, mesmo quando o texto não tratava especificamente de nenhum deles, nem das organizações de esquerda a que pertenciam. Um artigo de página inteira publicado em *O Estado de S. Paulo/Jornal da Tarde* intitulava-se "Aqui estão 19 faces do terror". A fotografia de maior tamanho é a de André Massafumi Yoshinaga, perfeitamente centralizada na página. Ao seu lado está Yoshitani Fujimori, e não por acidente o texto observa que eles eram "os dois únicos *niseis* que aparecem na relação", e que Fujimori também era conhecido como "Edgar, ou apenas Japonês".[75]

Violência, (in)visibilidade e etnicidade *nikkeis* eram freqüentemente associadas nas matérias de imprensa e nos relatórios policiais. Em 1970, o maior assalto da história brasileira, com o roubo de 2,5 milhões de dólares em dinheiro, aconteceu no Rio de Janeiro, na mansão de uma mulher que, acredita-se, era amante do ex-governador de São Paulo Adhemar de Barros. Uma testemunha descreveu duas pessoas, "um homem" com uma faca e "um japonês" com uma pistola. Ao examinar as fotografias apresentadas na delegacia do bairro, a testemunha, segundo a revista *Veja*, identificou Carlos Lamarca, "um dos maiores líderes do terror no Brasil", e Yoshitani Fujimori, "o japonês que esteve presente na maioria dos assaltos a bancos em São Paulo".[76] As autoridades não faziam idéia se Fujimori de fato havia participado "da maioria" dos assaltos a bancos, mas, mesmo assim, forneceram essa informação à imprensa. Muitos anos depois, os verdadeiros responsáveis pelo assalto se disseram surpresos com a menção ao nome de Fujimori, pois, segundo eles, ele não havia tido qualquer participação.[77]

A fusão de muitos militantes *nikkeis* num único personagem criou um ponto focal para as testemunhas. A polícia pediu a um soldado, que havia sido assaltado por quatro homens, que levaram suas armas, que descrevesse seus agressores. Segundo o soldado, ele só havia conseguido "reter bem na memória, a fisionomia de um deles, qual seja um rapaz de cerca de vinte anos, de ascendência japonesa... o qual na ocasião portava uma metralhadora INA [Indústria Nacional de Armas]". A única coisa que uma testemunha de um assalto a banco ocorrido em fins de 1969 conseguia se lembrar era de que um dos militantes era "de ascendência japonesa, portava uma metralhadora, mas não chegou a reter seus traços físicos na memória".[78] Um ataque a um capitão da Polícia Militar, em outubro de 1971, levou a duas descrições: um vago "moreno" e um "japonês, gordo, usando óculos de lentes coloridas com aro de metal branco", que carregava uma pistola Beretta.[79]

O Deops dava ênfase à participação de *nikkeis* em crimes políticos por meio de matérias plantadas na imprensa. Uma reportagem sobre um assalto a banco ocorrido em meados de 1969, em São Paulo, afirmava que um único "japonês" havia participado "de quase todos os assaltos [...] e, metralhadora na mão, ficou tomando conta da porta da agência". Paulo Falcão, de 17 anos, que passava pela frente do banco, achou que o militante era o segurança. De repente, "o japonês da porta, de bigode, cavanhaque e metralhadora, o chamou, 'Oi bicho, vem aqui para dentro'".[80] Uma outra matéria publicada no *O Estado de S. Paulo*, sobre a prisão de seis jovens que distribuíam um panfleto intitulado "Os Caminhos da Revolução Brasileira", em frente a um cinema de São Paulo, citava apenas dois dos detidos, um cidadão francês e um "jovem *nisei*, que portava um revólver". Os demais militantes detidos nessa ocasião, presumivelmente "brasileiros", e não "estrangeiros", não foram mencionados individualmente.[81] Um artigo publicado na *Veja* sobre cinco militantes mortos em conflitos com a polícia mencionava apenas um pelo nome, Hiroaki Torigoi, do Molipo.[82]

No decorrer dos anos 1960 e 1970, os líderes da comunidade *nikkei* passaram a se preocupar cada vez mais com o efeito da cobertura de imprensa sobre o que sempre havia sido apresentado como a "Colônia Modelo". Em 1966, o *Paulista Shimbun* apontou que os integrantes de um bando de contrabandistas, japoneses de nascimento que agiam "impunemente com largas influências de proteção no próprio meio da Colônia Japonesa", haviam sido reclassificados pelo Deops como "terroristas", lançando uma sombra política sobre a comunidade.[83] Alguns anos mais tarde, o *Mainichi Daily News*, de Tóquio, entrevistou *nikkeis* de São Paulo e verificou que muitos deles acreditavam que o grande número de matérias publicadas na imprensa sobre guerrilheiros nipo-brasileiros era uma mensagem do governo, significando que uma vez que "tantos japoneses estão comprometidos com as atividades de guerrilha, há uma responsabilidade coletiva da sociedade japonesa".[84]

Os arquivos do Deops deixam clara essa associação entre violência, guerrilheiros *nikkeis* e a "colônia nipo-brasileira", também encontrada em meio a alguns segmentos da população. Esses arquivos, que eram, em essência, um roteiro das relações entre um Estado repressor e os cidadãos inconformados com essa situação, afirmam que os militantes nipo-brasileiros quase sempre portavam metralhadoras e eram mais violentos que o normal. Essa descrição era diferente das dos demais militantes, que, embora descritos de maneira genérica como violentos, eram geralmente identificados pelo que diziam ou por sua aparência em termos de corte de cabelo, roupas, altura ou peso, e não pelas armas que portavam. Expressões como "o japonês com a INA [metralhadora de fabricação brasileira, de calibre 45]" eram típicas, e o militante da VPR Celso Lungaretti lembra-se de o quanto André Massafumi Yoshinaga ficou deprimido quando as forças da repressão e a imprensa passaram a afirmar, equivocadamente, que ele era o "famoso japonês da metralhadora" que assaltava bancos.[85] Tanto as testemunhas quanto os relatórios policiais quase sempre descreviam os *nikkeis* como armados e difíceis de identificar, por serem todos muito parecidos. Esse estereótipo era semelhante à tendência, comum entre o Deops e a imprensa, de descrever as mulheres militantes como "loiras", fosse qual fosse sua cor de cabelo.[86] Na imprensa e nos relatórios do Deops, os nipo-brasileiros eram *sempre* descritos basicamente como "japoneses" e armados, associando a violência ao grupo, e não ao indivíduo.[87]

Essa suposta brutalidade dos *nikkeis* está também presente nas "memórias romanceadas" do ex-guerrilheiro da ALN Carlos Eugênio Paz, onde personagens chamados Seishi (que, como Paz revela aos leitores, é Yoshitani Fujimori), Tanaka (Takao Amano) e Osaka (André Massafumi Yoshinaga) são apresentados, todos eles, como cruéis. Seishi aparece pela primeira vez assaltando um carro-forte, quando "arrebenta os vidros da frente com o FAL [Fuzil Automático Leve, arma de fabricação belga]". Tanaka é apresentado como "o comandante militar do Grupo Tático Armado", posto que Amano ocupou na ALN. Mais adiante, ele é descrito como "quadro de ação armada, que demonstrou mais de uma vez sua dedicação e valentia".[88] A descrição romanceada de Amano reproduziu-se na arena (ao menos supostamente) não-ficcional: um tribunal militar, em 1971, ao condenar Amano, ressaltou o fato de que "na maioria das ações em que tomou parte, o denunciado quase sempre portava uma metralhadora INA".[89]

ENCONTRAR TAKAO AMANO FOI FÁCIL...

...Mas convencê-lo a conversar comigo sobre suas experiências étnicas na luta armada foi impossível. Da primeira vez que telefonei para sua casa, ele se recusou a falar comigo, dizendo que nada tinha a ver com a "colônia japonesa". Fiquei surpreso, porque muitas pessoas o haviam descrito para mim como "o mais japonês" dos guerrilheiros *nikkeis*. Depois de um segundo telefonema, enviei-lhe por fax as perguntas que queria fazer, mas não obtive resposta. Uma noite, eu estava numa estação de metrô esperando por meus amigos Edu e Robi, para irmos juntos à nossa sessão semanal de *squash* (o esporte) e cerveja (a bebida). Quem estava lá senão Takao Amano? Trajando *short* e com minha sacola esportiva ao ombro, devo admitir que tive dúvidas quanto a se deveria ou não me apresentar. Acabei por fazê-lo, e ele não poderia ter sido mais gentil. Mas, mesmo assim, não concordou e nunca viria a concordar em ser entrevistado.

O discurso oficial sobre a violência era espelhado pelos próprios *nikkeis*, que em geral acreditavam que "uma tendência a obedecer, a manter uma certa disciplina" tornava-os particularmente eficientes em determinadas tarefas militares.[90] Essa idéia não difere muito daquela associada aos altos índices de baixas e ao grande número de medalhas de honra do Exército Americano registrados na 442ª Equipe de Combate Regimental, formada exclusivamente por nipo-americanos, durante a Segunda Guerra Mundial.[91] No Brasil, os soldados nipo-brasileiros que lutaram com as forças paulistas na Revolução Constitucionalista de 1932, contrária ao governo federal, eram representados, tanto na imprensa *nikkei* quanto na não-*nikkei*, como geneticamente disciplinados e leais, uma reformulação biológica da frase de Naoki Sakai, segundo a qual "a história do Japão moderno não é nada além de uma história na qual uma comunidade nacional é formada como uma comunidade de morte 'não-natural'".[92]

Alguns militantes *nikkeis* rejeitavam a idéia de que eles ou seus companheiros fossem particularmente violentos. No entanto, eles, com freqüência, redirecionavam nossas conversas para os policiais e militares *nikkeis*, que eles viam como etnicamente violentos, e cujos números haviam aumentado enormemente a partir de meados dos anos 1950. Essas conversas acabavam por nos levar a Harry Shibata, médico *nikkeis* e diretor do Instituto Médico Legal de São Paulo durante os anos 1960 e 1970, que declarou, falsamente, que vários militantes haviam morrido de causas naturais ou por suicídio, quando, na verdade, suas mortes foram causadas pela tortura.[93]

Não é minha intenção me exceder em meu argumento. A idéia de que determinados grupos étnicos possuem características específicas é comum. Da mesma forma que os militantes *nikkeis* se referiam ao infame Shibata, os militantes judeu-brasileiros com quem conversei mencionavam Isaac Abramovitch, colega de Shibata, que também ajudou a ocultar a tortura assinando relatórios de autópsia e atestados de óbito que davam o suicídio como a *causa mortis*. Esse tipo de vínculo interno pode também ser encontrado nos episódios étnicos narrados pelo judeu-brasileiro Alfredo Sirkis, em seu livro de memórias, *Os carbonários*. O primeiro deles ocorreu em 1969, em sua oposição ao seqüestro do cônsul de Israel, que, segundo ele, poderia levar a dois resultados negativos: 1) Israel poderia não negociar a libertação do cônsul; e 2) os judeus brasileiros poderiam ver a ação como anti-semita. Segundo Sirkis, isso provocou uma acalorada discussão com um outro militante, que acreditava que a oposição de Sirkis baseava-se principalmente em sua etnicidade e em sua relutância a entrar em confronto com seus "patrícios" e ser penalizado por eles.

Um outro momento "étnico" aconteceu durante a participação de Sirkis no seqüestro do embaixador alemão Ehrenfried von Holleben, em junho de 1970. Ele se lembra de ter conversado com o embaixador sobre um militante que "parecia alemão", mas que, na verdade, era filho de judeus poloneses.[94] O Deops, no entanto, não estava interessado nesse aspecto da etnicidade ao interrogar o embaixador após sua libertação. O que eles queriam saber, e perguntaram repetidas vezes a von Holleben, era se havia um "japonês" entre os seqüestradores, mesmo depois de ele ter afirmado que todos estavam encapuzados.[95]

Por que os guerrilheiros *nikkeis* eram percebidos e lembrados como tão violentos? Uma das razões é que a continuidade cultural entre os *nikkeis* modernos e os samurais e pilotos *kamikazes* históricos, retratando um Japão singularmente brutal, havia sido reforçada e concretizada pela Shindo Renmei e pelas imagens da militância *nikkei*.[96] Os *nikkeis* não eram apenas assustadoramente violentos, eles também eram assustadoramente modernos, já que os produtos japoneses eram conhecidos por sua tecnologia de ponta. Os relatórios policiais e as reportagens que descreviam Yoshitani Fujimori freqüentemente mencionavam, na mesma frase, seus conhecimentos sobre eletrônica e sua inclinação à violência.[97] Os agentes dos serviços de inteligência confundiam "militantes japoneses" que eram cidadãos do Japão com "militantes japoneses" que eram de nacionalidade brasileira. A descrição do julgamento, em Tel Aviv, do membro do Exército Vermelho japonês Kozo Akamoto (que havia participado, em 1972, do ataque ao aeroporto de Lod) publicada em *O Estado de S. Paulo*, usava o mesmo termo (terrorista japonês) empregado para descrever os militantes *nikkeis* no Brasil.[98]

A associação do Japão com o Brasil por intermédio dos *nikkeis* levou, em 1972, à elaboração de um relatório secreto e inacreditavelmente inverídico pelo Deops e pelo Centro de Informações da Marinha (Cenimar), duas instituições envolvidas na repressão da militância de esquerda. Intitulado "Terrorismo japonês no Brasil e na América Latina: Revelações e previsões – Internacionalização do terror", o documento afirmava que um informante "intimamente ligado aos meios japoneses de São Paulo" havia descoberto um plano segundo o qual "47 ou 49 elementos fanáticos japoneses... vão entrar no Brasil, munidos de passaportes com nomes de 'patriotas' da mitologia japonesa, com os quais pretendem sensibilizar os jovens da ponderosa colônia nipônica no Brasil". Associando tecnologia japonesa e fanatismo japonês, os autores afirmavam que integrantes do Exército Vermelho japonês haviam inventado uma maneira de passar com armas pelos detectores de metal dos aeroportos brasileiros. O material citado como fonte incluía artigos de jornal sobre o Exército Vermelho japonês e a participação de japoneses no movimento estudantil dos Estados Unidos e da França, juntamente com anotações sobre as atividades dos guerrilheiros nipo-brasileiros.[99] No entanto, a militância dos *nikkeis* brasileiros, de modo geral, era desconhecida do público norte-americano e dos militantes asiático-americanos nos Estados Unidos.[100]

Um dos guerrilheiros mais associados à violência pela polícia e pela imprensa era Yoshitani Fujimori. Ele nasceu em 1944, no interior de São Paulo, numa região onde a Shindo Renmei havia atuado. Fujimori falava bem o japonês e era membro da VPR. Ele foi morto em 1970, ou num tiroteio ou após ser ferido e capturado por policiais do Deops que faziam parte da Operação Bandeirante (Oban), um pesado esforço de eliminação da resistência armada, lançado pelo Estado em 1969.[101] Entre os *nikkeis*, Fujimori é lembrado como o primeiro a assaltar um banco. Tanto Jun Nakabayashi, da ALN, quanto Shizuo Osawa, da VPR, que não se conheciam, queixaram-se a mim de que, por causa de Fujimori, o povo de São Paulo achava que "todo assalto a banco era feito por um japonês".[102]

A imprensa brasileira dava muita atenção ao "famoso" Fujimori, como ele era chamado pelo Departamento de Estado dos Estados Unidos, ilustrando freqüentemente suas matérias com fotografias e cartazes de pessoas procuradas.[103] Os trabalhos acadêmicos também apresentam Fujimori como violento e corajoso. A história da luta armada escrita por Jacob Gorender usa a seguinte frase: "Combatentes caçados como feras, a exemplo de Fujimori, saíram à luz do dia a fim de proteger ações de panfletagem e tiveram de duelar à mão armada com patrulhas".[104] Uma imagem semelhante aparece em *A revolução impossível*, de Luís Mir – obra muito lida, mas pouco confiável e muitas vezes não-documentada: "No primeiro treinamento de tiro que fez, num sítio em São José do Rio Preto, Fujimori espantou a todos com sua precisão e pontaria. Escalado para conseguir um carro para um assalto, tenta roubar um Veraneio, e seu motorista, um pequeno empresário, Estanislau Ignácio Corrêa, que levava com ele o dinheiro da folha salarial, reagiu. Fujimori fuzilou-o com vários tiros. Alguns militantes ficaram chocados. O empresário estava desarmado".[105]

Uma matéria de jornal publicada muitos anos após a morte do empresário por Fujimori cita um ex-membro da VPR, cujo nome não é revelado, que descreve Fujimori como "um técnico em eletrônica que não lera Marx antes de entrar na guerrilha, onde tomou gosto pelas armas, pelo perigo e pelas românticas ações durante as quais se sentia um audaz cavaleiro andante". O próprio repórter chamou Fujimori de "um homem violento, que acabou também de uma forma violenta". *O Estado de S. Paulo* o chamou de "um assassino frio".[106] O estudo de Elio Gaspari sobre a ditadura, publicado em quatro volumes, cita Fujimori duas vezes, uma por atirar num policial pelas costas e, mais adiante, por ter "duas mortes nas costas e perto de uma dezena de ações armadas". Gaspari conclui sua discussão com a morte de Fujimori pela polícia, com cinco balas na cabeça.[107]

Todos os relatos que li e todas as pessoas com quem falei concordam que Fujimori era um revolucionário dedicado. Shizuo Osawa me disse que "Fujimori quase não falava; ele era um soldado para ação, para cumprir ordens". O ex-sargento do Exército e membro da VPR Darci Rodrigues, numa entrevista concedida durante seu exílio em Cuba, ofereceu uma visão mais matizada. Segundo ele, Fujimori era "um excelente camarada, sério, disciplinado, com um grande sentido de responsabilidade e forte de gênio, o que não o impedia, no entanto, de ser um bom companheiro, sempre disposto a se encarregar dos trabalhos mais duros".[108] Foi este último traço que transformou Fujimori em alvo privilegiado do Estado militar, e que fez o tenente-coronel Leônidas Pires Gonçalves, comandante de uma das unidades enviadas para capturar Fujimori, chamá-lo de "bandido frio".[109]

A reputação de Fujimori se consolidou em 1969. Juntamente com Carlos Lamarca, ele montou um campo de treinamento de guerrilha no Vale do Ribeira, uma região muito pobre situada no extremo-sul de São Paulo, próximo às comunidades agrícolas japonesas de Registro e Iguape. O campo era composto de duas fazendas, conhecidas conjuntamente como "Núcleo Carlos Marighella". Os novos militantes eram trazidos vendados, por um caminho tortuoso. Um deles era Shizuo Osawa. Após concluir o curso de treinamento em guerrilha, Osawa voltou para São Paulo no final de fevereiro de 1970, para dar início às operações urbanas. Em abril, quando Lamarca soube que Osawa havia sido capturado, ele ordenou a imediata desmobilização do campo. A maioria dos vinte e poucos militantes residentes foram colocados em ônibus públicos, vestidos como trabalhadores rurais, e mandados embora. Oito membros da VPR permaneceram, tornando-se alvo de uma intensa busca que mobilizou cinco mil soldados, e que, segundo o *Miami Herald*, incluiu o uso de napalm.[110]

A história de como os oito membros da VPR fugiram dos milhares de soldados enviados para capturá-los é lendária. A polêmica entre as diferentes versões da história, cada uma delas jogando a culpa no lado rival, é bem documentada. Dois incidentes, lembrados de maneiras diferentes, sugerem de que forma as idéias sobre a etnicidade *nikkei* ficavam marcadas na memória. O primeiro episódio ocorreu quando os oito guerrilheiros da VPR se depararam com um grupo da polícia militar. A versão do governo diz que Fujimori queria metralhar todos os soldados. Segundo uma matéria publicada, isso só não aconteceu por ele ter sido "contido por seus próprios companheiros".[111] Um manifesto da VPR publicado em setembro de 1970 sugere um confronto militar de tipo mais clássico, onde um tiroteio terminou com a captura de alguns soldados. Com os prisioneiros sob seu poder, conta-se que Lamarca fez um acordo com o tenente no comando. Em troca da vida de todos os soldados, o oficial ajudaria os guerrilheiros a passar pelas outras barreiras policiais montadas na região, permitindo-lhes fugir. Segundo uma declaração da VPR assinada por Lamarca, o tenente não agiu de boa fé, e tentou conduzir os guerrilheiros para uma armadilha. Os guerrilheiros compreenderam que atirar no militar ou deixá-lo ir embora revelaria sua localização. Teve lugar então um "julgamento revolucionário", e a maior parte das matérias publicadas na imprensa da época atribuiu a morte do tenente a Lamarca.[112] Sirkis, no entanto, conta que Lamarca disse a ele que "o Japa matou [o tenente] com uma coronhada de FAL na nuca", ato esse que chocou Sirkis.[113]

Todas as versões apresentam Fujimori como uma fria máquina de matar. Segundo a reportagem, ele estava pronto para massacrar os soldados, e Sirkis, um companheiro, sugeriu que Fujimori estava disposto a cometer um ato altamente violento, com o qual os outros guerrilheiros não concordaram. Essas idéias estão presentes na biografia de Emiliano José e Oldack Miranda, *Lamarca: O capitão da guerrilha*, que afirma que Lamarca via Fujimori como um "irmão", porque ele tinha a "paciência de Che Guevara, sendo pois um 'perfeito guerrilheiro'".[114]

Um segundo incidente também deu relevo à violência de Fujimori. Desta vez, estava envolvido o segundo-sargento Kogi Kondo, um militar com dezessete anos de serviço, que foi julgado por um tribunal militar juntamente com três dos oito guerrilheiros da VPR que haviam escapado do Vale do Ribeira: Carlos Lamarca, Ariston Oliveira Lucena e Yoshitani Fujimori.[115] Não há indícios de que o sargento Kondo fosse membro da VPR ou de qualquer grupo revolucionário. Por que, então, ele foi a julgamento com os militantes? Seu "crime" foi a má sorte de ser um soldado *nikkei* capturado por um militante *nikkei*.

De acordo com a promotoria, a história começou em maio de 1970, quando o sargento Kondo entrou para a "Operação Registro", cujo objetivo era encontrar e destruir as bases de guerrilheiros no Vale do Ribeira. Em 31 de maio, um domingo, Kondo, armado apenas de uma pistola, levou um caminhão e quatro soldados desarmados para a Fonte Tanaka, cisterna próxima a seu acampamento militar, que recebeu o nome de um imigrante japonês que havia se estabelecido na região. Seguindo na direção da Fonte Tanaka, eles passaram por um caroneiro (Ariston Oliveira Lucena), e Kondo parou o caminhão para oferecer carona. No meio da conversa, um dos soldados, Manoel Carreira, percebeu que o passageiro estava armado. Segundo consta dos autos do processo, um dos soldados gritou para Kondo: "É um terrorista, o que vamos fazer?". Lucena apontou a pistola para o sargento Kondo, forçando-o a largar sua arma. De repente, Lamarca e Fujimori, este de 26 anos de idade, saíram do mato, portando metralhadoras. Os militantes interrogaram os soldados capturados sobre o número das tropas, sua localização e as armas sendo usadas e, em seguida, tiraram suas roupas, amarraram-nos e os esconderam sob uma lona na caçamba do caminhão.

Agora no comando e vestidos como soldados, os militantes começaram a dirigir pela região, recolhendo suprimentos. O caminhão foi parado numa barreira militar, onde a explicação do sargento Kondo de que Fujimori e Lamarca (agora uniformizados) eram soldados em missão autorizada foi aceita sem questionamentos. Por fim, Kondo e seus soldados foram soltos e, segundo relatos, Fujimori teria gritado para Kondo: "Até logo, sargento, e felicidades para sua família", de acordo com um soldado, ou: "Até logo, Sargento, lembranças a sua senhora e seus filhos", no depoimento de um outro. Kondo foi acusado de aconselhar seus comandados a inventar uma história para ocultar a "vergonha" de terem sido capturados pelos militantes.

O relato da promotoria fez com que o sargento Kondo fosse alvo de várias acusações, entre elas, sair da base com soldados desarmados, deixar uma arma carregada no assento do caminhão, dar carona a um civil e dizer a soldados do Exército que mentissem sobre o acontecido. No entanto, uma das acusações não se derivava desse relato e foi de importância crucial no julgamento de Kondo: "[Kondo] foi de uma passividade inacreditável e sem qualquer reação, facilitando a ação dos terroristas... quando, na terceira parada da viatura, em que permaneceram na boléia apenas ele e Fujimori, ambos desarmados... [ele] deixou de tentar qualquer manobra que gerasse o descontrole dos seqüestradores... Finalmente... cheg[ou] a manter conversa com o mesmo [Fujimori] em japonês, numa demonstração de quase solidariedade ao ato criminoso praticado pelos terroristas".[116] A idéia de solidariedade étnica aparece durante toda a fala da acusação. Foi colocada grande ênfase no fato de Fujimori e Kondo terem trocado suas roupas, embora nenhum outro detalhe sobre o roubo dos uniformes tenha sido mencionado.

Kondo, naturalmente, conta a história de uma perspectiva diferente. Primeiramente, ele coloca Fujimori no comando da operação, deixando o "infame" Lamarca em segundo plano. Fujimori é mencionado oito vezes no depoimento de Kondo, enquanto Lamarca é citado apenas três vezes, só sendo mencionado na primeira página, e desaparecendo nas duas seguintes. Em segundo lugar, Kondo afirma que a total responsabilidade pela discussão em japonês coube a Fujimori, que, segundo Kondo, perguntou sobre sua família, a profissão de seus pais e se Kondo compreendia por que os militantes lutavam por sua causa de forma tão apaixonada. Kondo afirmou frente ao tribunal que entendeu essas perguntas, mas não respondeu a nenhuma delas, nem à promessa de Fujimori, feita em japonês, de que ninguém sairia ferido se os soldados permanecessem calmos.[117]

A voz de Kondo é importante. Ao colocar Fujimori (e não Lamarca, o verdadeiro comandante do grupo) em primeiro plano, ele sugere que os soldados sobreviveram em razão da relação étnica privilegiada estabelecida entre ele próprio e Fujimori. Sua conversa com Fujimori faz lembrar um discurso nipobrasileiro sobre pais imigrantes e trabalho árduo, num ambiente em que a identidade se baseava em nomes japoneses e na língua japonesa. Talvez isso ajude a entender por que Kondo descreve Fujimori como tão diferente de todos os demais: Fujimori é calmo (dizendo que ninguém precisa sair ferido), é simpático (fala sobre a família, e diz a Kondo que capturou os soldados porque "só desejava chegar a São Paulo, porque estava com a vida em jogo"), e é um verdadeiro brasileiro que "suportara quase quarenta dias sem alimentação" em nome do ideal de "destruir os trustes monetários para melhorar a situação dos pobres".[118]

O caso de Kondo mostra muitos dos descontentamentos da diáspora. Vejamos, por exemplo, a suposta conversa em japonês entre Kondo e Fujimori. A tese da promotoria era que, ao falar japonês, Kondo passara da categoria de brasileiro leal para a de combatente estrangeiro. Kondo, ao contrário, deu a entender que foi sua etnicidade *nikkei* que salvou os soldados, porque Fujimori humanizou Kondo ao perguntar a ele sobre sua família e ao lhe dar instruções secretas (ou seja, em japonês) de que ninguém seria morto, com as quais Lamarca talvez não tivesse concordado. O fato de Lamarca ter desaparecido do depoimento, e a sugestão implícita de que Fujimori era o líder da operação foram usados por Kondo para explicar a razão de não ter havido violência.

O discurso da acusação, no julgamento de Kondo, evidenciava uma falta de distinção entre Fujimori e Kondo, enfatizando a troca de roupas entre eles e a incapacidade do soldado da barreira de fiscalização de distinguir entre o sargento e o militante. O que o soldado "viu" foi um japonês de uniforme dirigindo um caminhão do Exército, e nunca lhe ocorreu questionar a autenticidade dos "soldados". No entanto, a transformação de um ato individual num traço grupal não atenuava o contraste entre as duas maneiras possíveis de ver os *nikkeis*: como excessivamente fracos (como brasileiros) ou como superfortes (como não-brasileiros). A acusação se concentrou na falta de virilidade do breve relacionamento entre Kondo e Fujimori: eles trocam roupas e histórias de família numa língua secreta, que os verdadeiros soldados/homens não entendiam. O terrorista armado de metralhadora, Fujimori, era um aliado de seu irmão étnico, Kondo, o "de uma passividade inacreditável", que acabou sendo condenado a 22 meses de prisão.[119] Como apontado a mim por um colega, o julgamento militar faz lembrar o de um caso de estupro pelo namorado, com os mesmos ingredientes de "vergonha e acobertamento do fato por Kondo... e a insinuação de que ele não teria oposto resistência, ou talvez tenha até mesmo facilitado o encontro!"[120]

As questões de língua e de passividade presentes no caso Kondo foram reproduzidas em outras situações. Tanto Rioco Kaiano quanto Nair Kobashi tinham lembranças específicas de inserir palavras e expressões em japonês em suas conversas, que eram predominantemente em português. No entanto, elas tomavam cuidado para não usar palavras japonesas na frente de seus amigos não-*nikkeis* da USP. Como me disse Kaiano, "não, não... não. Só quando estávamos numa situação, por exemplo, na casa da minha avó, numa situação familiar... bem relaxada mesmo, sabe? Tirando sarro, brincando, e tal... né?" Passividade e falta de masculinidade ficam evidentes também nas matérias publicadas sobre a confissão do membro da ALN Takao Amano. As reportagens concentram-se na resistência inicial de Amano à polícia (o japonês forte), que se dissipou quando mostraram a ele fotografias de dois companheiros, um deles sua suposta namorada, se abraçando de forma romântica. Amano fora corneado e, portanto, emasculado, o que o levou a revelar às autoridades a verdade sobre sua militância.[121]

A ETNIA NO CATIVEIRO

As forças da repressão haviam sido treinadas em métodos mentais e físicos de interrogatório, e usavam a etnicidade de maneira estratégica na sala de depoimentos e na câmara de tortura.[122] É claro que os nipo-brasileiros não eram as únicas vítimas. Flávio Tavares, jornalista do influente jornal *Última Hora* e militante do Movimento de Ação Revolucionária, observa em suas memórias que lhe fizeram a "vaga e absurda" pergunta de se Samuel Wainer, o editor judeu do jornal, havia alguma vez recebido dinheiro do "judaísmo internacional".[123] Houve certa preocupação com a hipótese de que a morte brutal, ocorrida na prisão, do estudante de medicina Chael Charles Schreier, em São Paulo, talvez indicasse "um possível renascimento do anti-semitismo dentro das Forças Armadas do Brasil".[124] Ladislau Dowbor, da VPR, conta que, durante a tortura, ele foi chamado de "polaco filho-da-puta", mas que, mais tarde, "o mesmo interrogador veio pedir desculpas, não por tê-lo torturado, mas por ter feito um comentário ofensivo sobre sua origem nacional".[125]

A experiência nipo-brasileira parece ser um exemplo ampliado da relação entre etnicidade e violência de Estado, nas mesmas linhas (embora em muito menor grau) da experiência judaico-argentina de repressão durante a "Guerra Suja".[126] Jun Nakabayashi nunca foi torturado, mas foi preso várias vezes por "ser japonês".[127] Ele lembra que "se tivesse policial japonês, seguramente eu teria sofrido mais. É interessante, hoje, o policial negro reprime com mais violência o delinqüente negro". Carlos Takaoka não lembrava de a etnicidade ter sido problema durante seus cinco anos de prisão, embora tenha afirmado que os policiais nipo-brasileiros eram particularmente violentos, citando uma ação policial liderada por um oficial *nikkei* que havia matado um grupo de presos foragidos da cadeia, poucos dias antes de nossa entrevista.[128] Shizuo Osawa concordou, observando que "em geral, o japonês [no Brasil] era de direita, e da direita que justifica a repressão, a tortura... a identidade do japonês que quer ser branco, esse negócio do ser branco, era muito isso: esse é o outro lado do caráter militar, a identidade que o japonês adquire estando ao lado da autoridade, aliando-se à autoridade, defendendo a autoridade. Nunca é a do rebelde!" Rioco Kaiano se lembra de ser interrogada por um militar nipo-brasileiro: "Ele estava furioso... Ele estava inconformado porque... eu estava envergonhando os japoneses, tendo me metido na subversão, entendeu? Quer dizer, ele estava claramente colocado do lado da repressão, de quem estava defendendo a situação e tal, e ele estava assim, inconformado... aí ele estava falando como repressão, mas ele estava particularmente (gritando)... irritado e com ódio de mim... ele demonstrou uma dose de ódio, assim, comigo, por-que realmente ele estava com aquele sentimento de que eu estava sendo mo-tivo de vergonha para a raça, entendeu?"[129] Não eram apenas os militantes que sustentavam essas idéias. O primeiro nipo-brasileiro a fazer parte do cor-po de oficiais da Polícia Militar de São Paulo, Reizo Nishi, enfatizou o "caráter rígido" da cultura *nikkei* e sua relação com seu ingresso em "uma organização perfeita".[130]

Quando os militantes *nikkeis* se deparavam com as forças de repressão não-*nikkeis*, a etnicidade quase sempre vinha à tona. Amilcar Baiardi, profes-sor universitário e membro da VAR-Palmares, lembra-se de ouvir uma sessão de tortura, em março de 1973, em que uma pessoa foi por várias vezes chama-da, aos gritos, de "japonês", provavelmente, Francisco Seiko Okama, que mor-reu em resultado das lesões, aos 25 anos de idade.[131] Rioco Kaiano lembra que, na prisão, tentaram forçá-la a provar sua lealdade, sempre no contexto "de meus pais serem japoneses". Seus interrogadores disseram que o Brasil tinha oferecido a seus pais um lugar para morar, para ganhar dinheiro e para man-dá-la para a universidade, e lhe prometeram que se ela cantasse o hino nacio-nal, ela seria libertada (ela não cantou e não foi libertada). Na segunda ocasião em que foi presa, desta vez no estado do Pará, para onde ela tinha ido na tenta-tiva de entrar para o movimento da guerrilha do Araguaia, ela lembra de o ca-puz ser arrancado de sua cabeça, e os interrogadores, ao verem seus cabelos curtos e seus jeans, dizerem: "'É homem ou mulher?'... aí, eles soltaram alguma coisa como 'que troço é esse aqui?', 'isso aqui é um homem, uma mulher, uma japonesa, uma...' Eu não lembro exatamente, mas..."[132]

As famílias dos militantes nipo-brasileiros também tinham que se haver com o estado. Esses encontros nos ajudam a entender de que forma os pró-prios militantes explicam a ambivalência de sua identidade que, ao mesmo tempo que rejeitava a "colônia", acatava por completo a valorização da família e dos mais velhos, comumente associada aos *nikkeis*. As lembranças que os militantes tinham de seus pais (no sentido específico) eram geralmente respeitosas, raramente sugeriam problemas pessoais de conflito de gerações e costumavam mencionar a "natureza japonesa" dessa relação. Concomitantemente, os pais eram lembrados de um modo que incluía as particularidades étnicas numa idéia mais ampla de brasilidade. Vez após vez, os ex-militantes retrataram seus pais e mães como simultaneamente semelhantes e diferentes da norma da geração imigrante: eles eram politicamente conservadores, mas apoiavam a pureza ideológica, a honestidade e a intensidade de seus filhos. Os militantes, muitas vezes, descreviam seus pais como incomuns, por permitirem o "abrasileiramento" de seus filhos, não insistindo em que eles falassem japonês ou participassem de clubes comunitários ou festividades *nikkeis*. Devo insistir que ver como atípica essa postura de rejeição à comunidade não corresponde à verdade. Cerca da metade do total dos nipo-brasileiros que atingiram a maioridade nas décadas de 1960 e 1970 descreveriam sua relação com a comunidade nipo-brasileira formal exatamente nos mesmos termos que os militantes com quem conversei.

Os ex-militantes muitas vezes inseriam a palavra *samurai* em nossas discussões, geralmente no contexto do respeito que os pais sentiam pela paixão política de seus filhos. Quando essa palavra era usada, ela, invariavelmente, vinha seguida de uma história sobre um encontro com os agentes da repressão. De modo geral, a história começava com um agente do Deops batendo à porta da casa da família. Em todos os casos, segundo o relato do militante, o pai ou a mãe, com semblante sério e extenuado, afirmava não ter conhecimento do paradeiro de um filho que havia se portado tão mal. Às vezes o militante estava em casa, em pelo menos um dos casos ele estava visível, mas a palavra dos pais era aceita sem questionamento.

O pai e a irmã de Nair Kobashi foram uma vez convocados ao quartel-general do Deops. Kobashi se lembra da descrição do encontro pela irmã: "Ah, mas você precisava ver. O papai chegou e convidou aqueles tiras para tomar café... Eu tinha vontade de vomitar. E aí ele disse assim: 'Não, faz muito tempo que eu não vejo minha filha, inclusive porque eu sou contra tudo o que ela faz'". Com isso, o sr. Kobashi e sua filha voltaram para casa, e Nair continuou escondida.[133] Uma história semelhante é contada por Rioco Kaiano, que se lembra de quando os agentes do Deops cercaram a casa de sua avó, em 1971. Kaiano contou rindo a história de sua própria prisão:

A minha avó fez questão de ir comigo. Ela falou assim: "Não! Não vai levar. Eu vou junto". E bateu o pé. Ela fez tanto escarcéu que eles foram obrigados a botar ela dentro [do cambu-rão]... porque ela disse, ela falou isso... que eu era uma moça, e que ela não ia deixar eles me levarem para qualquer lugar sem ela saber para onde que eles iam me levar. Então, eles fo-ram obrigados a enfiar ela dentro e ela foi junto comigo, e aí... a gente chegou lá na Oban. E eles tiveram que levar a minha avó até a cela, para mostrar, "olha aqui, vó. Aqui é a cela das mulheres, e aqui é a cela dos homens. Ela vai ficar com as moças", e apresentou as presas, você acredita numa coisa dessas? E aí eles levaram ela de volta, e eu fiquei. Quando foi no dia seguinte, ela pegou e mandou um guarda-chuva, dizendo que, como eu era inocente, imagina se eu ia continuar mais tempo lá…, e estava chovendo. Então ela mandou uma marmita com uma macarronada, porque a neta dela não ia passar fome.

A história não acaba aí. Kaiano foi solta depois de assinar uma declaração de que ficaria com seus pais em sua cidade natal, longe da cidade de São Paulo. Kaiano ficou surpresa com essa decisão, e o agente do Deops disse que isso era possível porque "eles eram japoneses" e porque ela estaria sob a "proteção dos irmãos, da família". Kaiano compreendeu que o agente "teria mais garantias de que eu não me meteria mais em subversão ficando sob a guarda dos meus pais no interior, do que ficando aqui em São Paulo".[134] Mais uma vez, a etnicidade foi um trunfo.

Capítulo 4

Duas mortes lembradas

As vidas e as mortes trágicas de Sueli Yumiko Kamayana e de André Massafumi Yoshinaga deixam patentes as múltiplas formas pelas quais a maioria brasileira percebia os militantes *nikkeis* e deles hoje se recorda, em encontros tanto reais quanto discursivos. Kamayana morreu em 1970, ao que consta, numa troca de tiros com os militares, mas sua morte só chegou ao conhecimento do público na década de 1980. A imagem de Yoshinaga foi construída primeiramente pela imprensa, em 1970, quando ele repudiou publicamente suas atividades revolucionárias, transformando-se num exemplo propagandeado pelo regime militar, antes de cometer suicídio, alguns anos mais tarde. As lembranças desses dois ainda são fortes e apontam para as conseqüências trágicas das identidades impostas pela diáspora.

* * *

Pouco se sabe sobre a infância de Sueli Yumiko Kamayana. Ela nasceu em 1948, na cidadezinha de Coronel Macedo, a cerca de 500 quilômetros a oeste da cidade de São Paulo, para onde ela se mudou para cursar o ensino secundário. Em 1967, ela ingressou na USP, para estudar português e alemão e, como habilitação secundária, japonês, sua primeira língua.

Os amigos de Kamayana se recordam dela como quieta e reservada. Rioco Kaiano, que entrou na universidade na mesma época que Kamayana, lembra-se de ter se sentido atraída por ela, alguém "do interior, igual como eu". Foi Kaiano quem convidou a Kamayana "timidazinha" para as reuniões e as ações de protesto da Ação Popular (AP). Quando a dupla conheceu Nair Yumiko Kobashi, membro do Partido Comunista do Brasil (PCdoB), que também provinha de uma comunidade rural e preponderantemente formada por imigrantes japoneses, nasceu o "Exército Japonês", como disse Kaiano, "por causa de mim, da Sueli e da Nair" (ver capítulo 3).[1]

Segundo Kaiano e Kobashi, as três se tornaram muito amigas, em parte devido a todas elas serem *nikkeis* de origem rural. "Quando estávamos entre nós, era comum a gente, de vez em quando, soltar uma palavra em japonês... a maneira da gente falar só é entendida por quem é brasileiro de origem japonesa, porque, se falar assim no Japão, eles não vão entender". Esse padrão linguístico era reforçado pelo tempo que o grupo passava na casa onde Kaiano morava com sua avó, que "tinha muita simpatia por ela [Sueli], por ser japonesa, e tal". Kamayana tratava Kaiano como a uma irmã mais velha. Ela fazia tudo o que lhe mandavam fazer, o que levou a seu apelido de *zokin*, "pano de pó", em japonês.

Em 1970, Kamayana participou, com um grupo composto principalmente de estudantes universitários *nikkeis*, de um curso de treinamento do PCdoB, realizado na cidade de praia de Ubatuba. Ela pediu para ser mandada "para o campo". Neide Richopo, uma das duas únicas participantes não-*nikkeis* desse curso, lembra-se de Kamayana como "uma das mais dedicadas e destemidas" de todo o grupo.[2] No final de 1971, Kamayana foi para o Araguaia, ao sul do estado do Pará, onde se juntou a cerca de cem outros militantes, na esperança de mobilizar os camponeses locais.[3] Um dos líderes do movimento era José Genoíno (até 2005, presidente do Partido dos Trabalhadores), e uma outra era Helenira Rezende de Souza Nazareth (ver capítulo 3). A guerrilha do Araguaia era conhecida internacionalmente graças às missivas multilíngües distribuídas por eles. Em 1974, teve início uma campanha militar maciça dirigida contra a guerrilha. Cerca de sessenta militantes foram mortos, e outros vinte foram executados após terem sido capturados e torturados.[4] Os militares montaram uma operação de limpeza para esconder os indícios dessas mortes, e a maioria dos sobreviventes (tanto soldados quanto guerrilheiros), até hoje hesita em relatar detalhes, mesmo após o retorno da democracia, em 1985.[5]

Kamayana mal aparece nos relatos da guerrilha do Araguaia escritos pelos que dela participaram.[6] As poucas memórias "oficiais", por exemplo, como as constantes do *website* do PCdoB, contrastam o fato de ela ser "muito baixinha e magrinha", com sua convicção ideológica e sua conhecida capacidade de "aprender rapidamente a trabalhar como lavradora, relacionando-se com a população das redondezas, a andar na mata com sua mochila de vinte quilos às costas, a caçar e enfrentar todos os obstáculos".[7] Elza Monnerat foi uma das sobreviventes do ataque do Exército. Sua lembrança de Kamayana centra-se na ausência de distinção racial por parte dos camponeses da região: "O negro Osvaldo e o ruivo Bronca era tidos como irmãos por muitos sertanejos. A presença da *nisei* Sueli... não causava muita estranheza: ela passava por índia".[8] Monnerat também enfatiza a invisibilidade de Kamayana: embora ela não participasse como ela mesma, ou como membro de sua etnia, ela (como o afro-brasileiro Osvaldo) permanecia como um outro étnico frente aos demais militantes.

A morte de Sueli Yumiko Kamayana foi muito mais comentada do que sua vida. Fernando Portella, um dos primeiros jornalistas a trazer a público a história do Araguaia, afirma que Kamayana teve uma reação extremamente violenta à incursão militar: apesar de gravemente ferida, ela atirou no rosto de um soldado pára-quedista que tentava ajudá-la e morreu sob uma rajada de metralhadora que crivou seu corpo com mais de cem balas.[9] Uma versão ligeiramente diferente foi contada por Hitoshi Kozato, o antigo correspondente do *Asahi Shimbun* para a América Latina. Ele comentou com um jornalista brasileiro que Kamayana havia escondido um revólver entre as roupas, antes de sua captura. A caminho da tortura, ela atirou no soldado que a conduzia, levando à fuzilaria que a matou.[10]

Tendo em vista o fato, tratado no capítulo anterior, de que havia uma associação entre a etnicidade *nikkei* e a violência, não é de surpreender que as matérias jornalísticas representassem Kamayana dessa forma. Uma abordagem diferente, entretanto, foi usada por Pedro Corrêa Cabral, um piloto de helicóptero que veio a questionar a moralidade da operação do Araguaia algumas décadas após ter participado dela. Suas declarações à imprensa e a publicação, em 1993, de seu *Xamboiá: Guerrilha no Araguaia*, um "romance baseado em fatos reais", causaram grande comoção pública. Tanto o livro quanto a matéria de capa da *Veja* sobre as confissões de Cabral, com a manchete "Eu vi os corpos queimados", continuam a ser amplamente citados em *websites*, muitos dos quais se fixam na interpretação semimística de que Kamayana, como uma santa católica européia, teria permanecido viva mesmo após a morte.[11]

> Seu corpo estava enterrado num local chamado Bacaba, onde, sob a coordenação do Centro de Informações do Exército (CIE), foram construídas celas e se interrogavam os prisioneiros. Durante a operação-limpeza, sua cova foi aberta e o corpo de Sueli, desenterrado. Intacto, sem roupa, a pele muito branca, não apresentava nenhum sinal de decomposição. Apenas marcas de bala. Um militar tentou erguer o cadáver com uma pá, mas ele escorregou. Tentou de novo. A mesma coisa. Mais uma vez. O corpo de Sueli voltou para a cova. Irritado, o militar deu um grito impaciente: "Se não quer vir por bem, venha aqui, nos braços do papai". Saltou para dentro da cova, abraçou-se ao cadáver e o trouxe para cima. Desenterrado, o corpo de Sueli foi colocado num saco plástico e levado até um helicóptero, que o transportou para um ponto ao sul da Serra das Andorinhas, a 100 quilômetros de distância, embaixo de uma palmeira frondosa. Ali, alguns brasileiros fizeram uma pilha de cadáveres de outros brasileiros, também desenterrados de suas covas originais. Cobertos com pneus velhos e gasolina, foram incendiados.[12]

As memórias romanceadas de Cabral afirmam possuir mais conhecimento sobre Kamayana que a da maioria das outras fontes. Da mesma forma que o militante Carlos Eugênio Paz, cujo uso do mesmo gênero discuti no capítulo 3, Cabral criou para seu romance personagens cujos nomes deixam absolutamente clara sua inspiração na vida real. Em *Xamboiá*, Cabral deu a Kamayna o nome de Sueli Ohashi, embora esse nome "real" inventado só fosse pronunciado pelos soldados que a perseguiam. Sempre que ela aparecia junto a seus companheiros, ela era mencionada apenas como a "japonesa", fazendo lembrar os nomes dados aos nipo-brasileiros no cinema.

Uma das cenas do romance se passa na floresta, onde os militantes discutem como comer uma tartaruga-fêmea capturada no mato. Enquanto os homens do grupo debatem sobre técnicas de cozimento, a "japonesa", repugnada com a idéia de cozinhar o animal ainda vivo, pede que a tartaruga seja solta. A reação do grupo não foi a de chamá-la de menininha fresca, sendo, ao contrário, de natureza totalmente étnica: "Qual é, japonesa? Os nipônicos comem peixe cru e você está com frescura em relação a jabuti cozido? Quem sabe a gente não arranja um pouco de *shoyu* para você?"[13] Essa cena parece prenunciar o final do romance de Cabral, em que Sueli Ohashi, tal como a tartaruga, foi queimada viva. No entanto, sua tentativa de salvar o animal pode ser interpretada de duas maneiras: que ela não possuísse um verdadeiro instinto de matador ou, ainda, que ela talvez tivesse uma relação especial com o mundo natural. Ambas as interpretações encaixam-se bem com a cena-clímax do romance, quando Ohashi retorna da sepultura.

Na não-ficção, Kamayana foi lembrada por José Genoíno, um dos poucos sobreviventes da guerrilha do Araguaia.[14] Em 1980, ele deu uma entrevista à revista *nikkei Página Um*. Tanto o entrevistador, Henri George Kobata, quanto Genoíno elogiaram a bravura, a coragem e o engajamento de Kamayana. No entanto, apesar dos pontos de acordo, o artigo foi, na verdade, uma batalha travada sobre sua memória. Kobata se referia a ela como Yumiko, ou Sueli Yumiko. Genoíno, por outro lado, é citado se referindo a Kamayana como "aquela japonesinha". Kobata se lembra de que "usei negritos para 'aquela japonesa' porque fiquei surpreso, até com raiva, com a distância entre Genoíno e Sueli. Ele sempre a chamou de 'aquela japonesa', e nem sabia como pronunciar seu nome. São companheiros de luta, mas ele mostrou que havia distância entre eles... não uma distância ideológica, mas uma distância étnica. Ele nunca chamou Tião (Osvaldo Orlando da Costa, o afro-brasileiro que era membro do grupo) de 'negrinho'".[15]

Embora Kobata não fosse um militante étnico radical, ele sentiu como ofensiva a linguagem de Genoíno.[16] A raiva provocada nele pelo "aquela japonesinha" usado por Genoíno, bem como a discussão que ele teve comigo sobre o episódio, muitos anos mais tarde, sugerem que as afirmações de que a linguagem de conotação racial, no Brasil, é meramente descritiva, não sendo portanto insultuosa, nem sempre são aceitas por membros dos grupos minoritários. Genoíno talvez tenha escolhido essa maneira de falar como uma forma de demonstrar solidariedade e de homenagear sua colega morta, ao se referir a um repórter nipo-brasileiro. É possível também que ele tenha usado essa linguagem inconscientemente, uma vez que, como demonstrei antes, o termo "japonês" significando *nikkei* é de uso corrente.

Diversos dos pontos levantados pela entrevista e pela reação de Kobata merecem análise. Independentemente de sua intenção, quando Genoíno chamou Kamayana de "aquela japonesinha", ele a reduziu à sua etnicidade. Foi isso que ofendeu a Kobata, que esperava que o nome de Kamayna fosse complementado por sua etnicidade, e não substituído por ela. A linguagem étnica de Genoíno foi reforçada por conotações de gênero, uma vez que o diminutivo dificilmente seria usado com relação a um companheiro de sexo masculino.

Na visão de Kobata, Genoíno menosprezou a participação de Kamayana na guerrilha do Araguaia. Por fim, o artigo de Kobata contrapõe Kamayana tanto a Genoíno quanto à sua própria família, que se recusou a falar com Kobata sobre o assunto "vergonhoso". Deve-se notar, entretanto, que existem outras interpretações além da de Kobata. Um exame da vida de Kamayana, concluído em 2005 e baseado principalmente em entrevistas, mostra Genoíno como uma ponte entre duas etnicidades essencializadas (a brasileira e a japonesa), afirmando que a família Kamayana só veio a reintegrar a memória da filha na história da família após uma visita de Genoíno, ocorrida depois de ele ter saído da prisão, em 1978.[17]

A memória de Sueli Yumiko Kamayana mostra como idéias mais gerais sobre a história brasileira repercutiam na construção da identidade *nikkei*. No romance de Cabral e na entrevista de Genoíno, Kamayana era apenas "a japonesa", ou "aquela japonesinha". Nos relatos compostos após sua morte, ela foi apresentada como alguém que lutou e morreu de forma violenta. Essas descrições foram aceitas em meio aos próprios *nikkeis*. A última edição de *Página Um*, datada de 1984, citou o artigo de Kobata como um dos mais importantes nos cinco anos da história do semanário. Numa atualização do artigo original, Kobata observa que a mãe de Kamayana, "apesar da dor de ter perdido a filha de uma forma tão cruel, às vezes se sentia com uma ponta de aceitação: ela lutou até a morte pelo sonho que tinha como o maior de sua vida".[18] A "luta até a morte", semelhante à de um *kamikaze*, também foi importante para Célia Abe Oi, jornalista da *Página Um* e hoje diretora do Museu da Imigração Japonesa de São Paulo. Ela me disse: "Yumiko foi uma heroína para nós". Quando lhe perguntei o que ela queria dizer com isso, ela explicou que Kamayana representava o "caminho do samurai", que significa levar algo até seu limite máximo, *e também* que ela era uma pessoa com um senso de brasilidade forte ao ponto de torná-la disposta a dar a vida por seu país.[19]

Os diferentes nomes pelos quais Kamayana é lembrada mostram a complexidade da vida *nikkei* no Brasil. Ela era Sueli Ohashi (como Cabral faz os militares a chamarem), ou Yumiko (como insistia Kobata)? Ela era "aquela japonesinha" (Genoíno), a "japonesa" (os militantes ficcionais de Cabral), uma "samurai" (Oi), ou uma brasileira? Essas identidades em choque são também evidentes nas lembranças que ficaram de André Massafumi Yoshinaga. Mais conhecido como Massafumi e apelidado de Massa (como "massa", a multidão), ele foi, por muitos anos, um dos militantes "mais temidos" do Brasil. Ele era o garoto-símbolo do terror, um belo jovem cujos retratos nos cartazes de pessoas procuradas pela polícia lembravam ao público o perigo que espreitava por trás até mesmo dos rostos mais gentis.[20]

Massafumi Yoshinaga nasceu em Paraguaçu Paulista, uma pequena cidade a cerca de 100 quilômetros de Marília, às margens da estrada de ferro Sorocabana. A cidade possuía muitos habitantes *nikkeis*, e a Shindo Renmei lá atuara nas décadas de 1940 e 1950. Sua mãe, Mitki, havia nascido de pais japoneses na cidade agrícola de Albuquerque Lins, e seu pai, Kiyomatsu, era originário de Nagasaki. Quando a família se mudou para São Paulo, Massafumi Yoshinaga ingressou na escola secundária e se engajou na política.[21]

Em 1966, ele foi eleito para uma das vice-presidências da União Paulista de Estudantes Secundários. Sua militância cresceu após o assassinato do estudante universitário Edson Luís de Lima Souto. Massafumi Oshinaga participou de protestos no centro da cidade e escreveu sobre suas experiências para o jornal estudantil editado por ele na Escola Estadual Basílio Machado, situada num bairro de grande população *nikkei*. Nessa escola secundária, segundo Nair Kobashi, "eles tinham muita liberdade. E... dessas escolas, saíam muitas pessoas que participavam muito... Eles eram estimulados a serem críticos, a participarem da vida do país".[22]

Massafumi Yoshinaga passava seu tempo livre na USP, principalmente no Crusp, o conjunto residencial que era um foco de militância política. Kobashi se lembra desse adolescente e de seus amigos, que conviviam com estudantes universitários, como "umas graças de pessoas... Eram uns meninos... muito mais novos do que a gente, porque eles eram estudantes secundários, mas eu tinha um carinho muito grande por eles, por essa disposição que eles tinham". Massafumi Yoshinaga "era um menino muito sério, extremamente sério... Era isso que eu achava dele, uma pessoa séria e reservada. Ele não era expansivo, eu não sentia isso nele... Mas eu achava que ele era uma boa pessoa, sabe? Uma pessoa muito séria, boa, muito dedicada àquilo que ele fazia. Era esse o sentimento que eu tinha".[23]

Massafumi Yoshinaga tornou-se um militante, e Celso Lungaretti, integrante da Vanguarda Popular Revolucionária (VPR), descreveu-o como "extrovertido" e muito mais interessado em trabalhar com as massas do que em "viver na clandestinidade como um bandido".[24] Kobashi se recorda dele postado num balcão da USP agitando uma bandeira revolucionária e incentivando os estudantes à ação. Ao que consta, ele se filiou à VPR em novembro de

1969. Dois meses mais tarde, ele participou de um assalto a banco e, ao longo dos dois anos seguintes, a polícia e a imprensa o descreveram como um dos militantes mais atuantes da cidade. Em fins de 1969, ele era um dos cinqüenta militantes mais procurados do país, o que fez a revista *Veja* chamá-lo de "o japonês que comandou vários assaltos".[25]

Sua história não é muito diferente da de outros *nikkeis* procurados pela polícia. O que destaca Massafumi Yoshinaga é que, em julho de 1970, ele se entregou às autoridades e repudiou publicamente sua militância política. Os esquerdistas rotularam Massafumi Yoshinaga de traidor, embora alguns acreditem que a tortura tenha provocado nele essa guinada de 180 graus.[26] Outros comentários eram do mesmo teor que as declarações de um membro do PCB a Olga Futema, afirmando que a lealdade filial havia triunfado sobre o engajamento político. Essas pessoas culpavam a pressão da família sobre o jovem militante, que o acusava de ter envergonhado a eles e à comunidade nipo-brasileira. Para o governo, a retratação de Massafumi Yoshinaga foi um golpe publicitário. O regime usou o episódio para retratar os dirigentes das organizações de esquerda como bandidos, e não agitadores políticos, e muitos dos subversivos como jovens ingênuos que precisavam retornar ao rebanho nacional.

Massafumi Yoshinaga não foi o primeiro a repudiar publicamente a militância política: os cinco militantes do chamado Grupo Marcos Vinícius, capturados no começo de 1969 e submetidos à prisão e à tortura por quase 18 meses consecutivos, haviam dado uma declaração pública alguns meses antes. Nos meses que se seguiram à retratação de Massafumi Yoshinaga, cerca de 13 outros militantes fizeram o mesmo. Entre as autoridades do governo, muitos eram os que acreditavam que as retratações contribuiriam para a reputação internacional do Brasil, embora um memorando confidencial do cônsul-geral dos Estados Unidos em São Paulo observasse que a campanha de publicidade do governo "era uma tentativa óbvia, talvez demasiadamente evidente, por parte das autoridades brasileiras, de se contrapor à péssima repercussão na imprensa estrangeira da questão da tortura".[27]

Antes de sua rendição, Massafumi Yoshinaga era conhecido do público como André Yoshinaga Massafumi, o Massa, devido aos cartazes policiais e às matérias na imprensa. Ao se entregar, contudo, ele se tornou Massafumi Yoshinaga (Yoshinaga, na verdade, era seu nome de família)[28] André, ao que parece, representava o lado brasileiro que o levou à militância, mas agora reapareceu Massafumi, o bom garoto japonês de uma boa família japonesa. Essas múltiplas imagens talvez ajudem a explicar por que, entre tantas outras, o regime escolheu dar ênfase à rendição de Massafumi, com a participação ativa da mídia e de um público fascinado.[29] Sua amplamente divulgada "carta à juventude" brasileira pedia aos jovens que desistissem da militância política e que trabalhassem com o governo militar para "a integração e o desenvolvimento nacional".[30]

A carta foi publicada nos jornais brasileiros, acompanhada de matérias sobre a apresentação do penitente Massafumi Yoshinaga numa entrevista coletiva realizada em 2 de julho de 1970. O evento teve lugar no auditório da Secretaria de Segurança Pública do Estado de São Paulo, e foi assistido por mais de cem jornalistas brasileiros e estrangeiros. O coronel Danilo de Sá da Cunha e Melo, secretário de Segurança Pública, começou pela distribuição de um dossiê montado de modo a narrar a transformação de Massafumi Yoshinaga de estudante a militante e, por fim, a terrorista. Num pódio elevado, dominando sobre o solitário Massafumi Yoshinaga, sentado num nível inferior, estavam Danton Avelino, comandante-geral da Polícia Militar de São Paulo, Leonardo Lombardo, um jornalista que era diretor de Relações Públicas da Secretaria de Segurança, além de diversos outros civis e militares e representantes do Departamento Estadual de Ordem Política e Social (Deops). Ouviam-se o pipocar dos *flashes* e o chiado contínuo das câmeras das redes de televisão nacionais e internacionais.

As perguntas, submetidas de antemão aos assessores de imprensa do governo, foram lidas para Massafumi Yoshinaga. Suas respostas se centraram em suas atividades como militante. Ele confirmou sua participação numa única ação, atacou a estabilidade mental do dirigente da VPR, Carlos Lamarca, e declarou que assistir à transmissão da Copa do Mundo de 1970 (realizada no México, ganha pelo Brasil e usada pelo governo como instrumento de propaganda nacionalista) convenceu-o de que "o terror está mesmo muito longe do sentimento do povo brasileiro". A frase de Massafumi Yoshinaga a receber maior cobertura na mídia foi "a vida no terror não leva a nada, a não ser à prisão e ao cemitério".[31]

Na superfície, o evento tratava da militância política. No entanto, Massafumi Yoshinaga não conseguiu escapar de sua etnicidade. Uma das primeiras perguntas escolhidas pelo Deops para serem respondidas por ele veio de um jornalista do *São Paulo Shimbun*. Os jornais brasileiros a reproduziram da seguinte maneira:

Assessor de Relações Públicas: E agora, uma pergunta do senhor representante do jornal *São Paulo Shimbun*. Você teve participação no seqüestro do cônsul japonês, Nobuo Okushi, em São Paulo?

Yoshinaga: Faço questão de deixar bem claro ao povo, e em especial à colônia japonesa, que não tive nenhuma participação, direta ou indireta, no seqüestro do cônsul japonês em São Paulo.[32]

Uma outra pergunta tratava da participação de *nikkeis* na militância política. Sua afirmação de que o único outro militante *nikkei* era Yoshitani Fujimori teve ampla divulgação, embora Massafumi Yoshinaga conhecesse bem Shizuo Osawa e Nair Kobashi.[33] Isso sugere que, mesmo após se render, ele teve o cuidado de proteger seus companheiros.

Ao usar as perguntas do *São Paulo Shimbun* sobre "japoneses", os assessores de imprensa retiraram Massafumi Yoshinaga da categoria de militante e o colocaram na categoria étnica. Essa interação foi, ao mesmo tempo, culturalmente determinada e ditada por uma decisão estratégica consciente do regime. Os jornais se referiam ao ex-guerrilheiro como *nisei* ou "japonês" para enfatizar o que as fotografias deixavam claro. Algumas matérias comentavam sobre o velho casaco usado por Massafumi Yoshinaga, chamado de "japona", trocadilho esse que deve ter ficado claro para os jornalistas e os leitores.

O caso Massafumi Yoshinaga recebeu uma maciça cobertura de imprensa. Almir Guimarães, repórter de um noticiário que ia ao ar em horário nobre na TV Tupi de São Paulo, o *Ultra-Notícias do Dia*, fez uma entrevista de quase 17 minutos, incluindo perguntas apresentadas por diversos jornalistas.[34] Transmitida no horário de audiência máxima (19h45), a entrevista foi descrita pela *Veja* como "um espetáculo inédito e de grande impacto".[35] O interesse foi tão intenso que o programa *Eurovision*, da televisão alemã, transmitido para França, Itália, Espanha, Alemanha e Inglaterra, cobriu o acontecimento, e seu diretor, mais tarde, solicitou permissão para uma nova entrevista com Massafumi Yoshinaga.[36]

Os jornais e as revistas publicaram matérias de página inteira e de meia página, ilustradas com fotografias de tamanho grande, que evidenciavam a distância visual entre Massafumi Yoshinaga e aqueles a quem ele se havia rendido. A *Folha de S. Paulo*, por exemplo, usou uma fotografia dos primeiros momentos da entrevista coletiva. Massafumi Yoshinaga estava sentando numa cadeira, sob a luz de fortes holofotes, sozinho, com o microfone na mão. Atrás dele, num palanque ou pódio, sentava-se "o Estado", representado por autoridades militares e civis, nenhuma delas prestando muita atenção. Alguns usavam óculos escuros e suas feições eram pouco nítidas. Massafumi Yoshinaga estava confessando de livre e espontânea vontade, ou essa era apenas a reencenação pública de uma sessão de tortura? Uma outra foto, tirada alguns minutos depois e mais tarde publicada em *O Estado de S. Paulo*, mostrava o ex-militante de pé (ele ficou sentado apenas durante as duas primeiras perguntas da entrevista coletiva), e jogava com a mesma idéia de poder. Ele está banhado em luz, um lenço branco em torno do pescoço ampliando a palidez de seu rosto. Por trás dele, na sombra, um civil lê uma folha de papel, parecendo pronunciar um veredicto.[37]

Os que assistiram à entrevista na TV Tupi talvez tenham ficado com uma impressão de Massafumi Yoshinaga bem diferente da dos que apenas leram os jornais. Os espectadores talvez tenham se impressionado com o contraste entre o jovem nipo-brasileiro de cabelos compridos e lenço no pescoço e os dois euro-brasileiros mais velhos que assomavam como juizes por trás dele. Um deles vestia uniforme e seu rosto era impassível, enquanto o outro parecia menear a cabeça concordando com as respostas de Yoshinaga. O jornalista Guimarães fazia as perguntas de forma agressiva, parecendo desapontado com a falta de novas revelações do antigo guerrilheiro.

Massafumi Yoshinaga dava a impressão de estar no total controle da entrevista. Quando Guimarães lhe perguntou sobre sua participação em assaltos a bancos, o guerrilheiro arrependido deu um leve sorriso, apontou para os homens sentados atrás dele e disse que esse assunto, ele "tinha que esclarecer primeiro com o Exército brasileiro". Sua linguagem corporal, entretanto, desmentia suas palavras. O texto impresso da resposta sugeria que ele pretendia "esclarecer" sua própria participação, mas, assistindo ao vídeo, tive a impressão de que ele estava rindo dos militares por acreditarem que ele era o nipo-brasileiro envolvido em tantos assaltos a bancos.

Num outro contato com a imprensa, poucos dias após a entrevista coletiva, Massafumi Yoshinaga insinuou que a comunidade japonesa de São Paulo teria sido a razão de ele ter abandonado a militância política. Segundo o jornal, "alguns elementos da colônia japonesa de São Paulo afastaram-se de sua família. Ele queria mudar também essa situação – 'Eu fiz uma colônia inteira passar vergonha por causa de seus descendentes. Agora, além de tentar reparar o que eu fiz, tentarei dar orgulho para eles: ser um bom brasileiro de ascendência japonesa'".[38] Os jornais nipo-brasileiros de São Paulo também trataram a retratação como importante para a comunidade *nikkei*.[39] As preocupações de Massafumi Yoshinaga quanto à sua imagem na comunidade sugerem outro contexto para sua repetida afirmação de que sua rendição havia sido motivada pelo nacionalismo brasileiro que ele havia visto surgir durante a Copa do Mundo. Sua declaração de sentir orgulho da seleção brasileira pode então ser vista como uma tentativa de provar que ele era um verdadeiro brasileiro, apesar de sua ascendência "étnica".

A afirmação de brasilidade de Massafumi Yoshinaga era semelhante à de muitos *nikkeis* (tanto de esquerda quanto de direita) que me contaram sobre sua luta para serem aceitos.[40] Não há dúvida de que os militares e a família Yoshinaga discutiram questões "étnicas" ao tratar da rendição. Alguns viram o fato de ele ter sido perdoado e colocado em liberdade como sua maneira de se tornar "um filho modelo... ajudando com dinheiro a sua família".[41] Uma mensagem da diretora do Movimento de Arregimentação Feminina, por ocasião do Dia das Mães, centrava-se nessa idéia: "Você voltou! Seja bem-vindo! Vencido o respeito humano, você reconheceu publicamente seu erro, como na parábola do Filho Pródigo".[42] Em algumas das matérias publicadas na imprensa o antigo militante era tratado por seu apelido (Massa), e não pelo Massafumi mais formal, sugerindo familiaridade e o retorno ao rebanho. Isso o distinguia da maioria dos outros militantes arrependidos, cujas menções na imprensa raramente citavam família ou filiação.[43]

Por que a retratação de Massafumi Yoshinaga teve visibilidade tão maior que as dos demais ex-militantes? Em parte, a razão foi sua reputação de dirigente da VPR, embora tanto ele quanto outros militantes sempre tenham negado que ele fosse mais que um "soldado". Ele, além disso, personificava a dicotomia japonês bom/japonês mau, tão fortemente sentida em São Paulo. A reportagem de capa da *Veja* sobre Massafumi, intitulada "O Terror Renegado", jogou com essa idéia, usando uma fotografia tirada durante a entrevista coletiva e editando-a metade clara e metade escura, sugerindo uma dupla personalidade, ou uma personalidade cindida (figura 25).[44] Uma vez que os estudantes eram retratados pelo regime tanto como o futuro do Brasil e a ruína do Brasil, Massafumi Yoshinaga parecia ser a perfeita representação pública dessa dualidade.

Ao ser libertado, Massafumi Yoshinaga, da mesma forma que muitos outros paulistanos de classe média, foi para a praia. Os militantes, contudo, ficaram chocados com aquilo que eles viam como traição, e temiam que ele tivesse passado informações importantes ao governo. Shizuo Osawa, um integrante da VPR que conhecia Massafumi Yoshinaga, disse a mim: "Ninguém gosta de traidores, mesmo que a traição seja contra os inimigos". A declaração de Osawa implica três níveis diferentes de traição: o primeiro, traição à comunidade *nikkei* estabelecida, quando ele se filiou à VPR; o segundo, à VPR, ao se entregar aos militares; e o terceiro, à etnicidade japonesa, por não ter levado às últimas conseqüências sua militância política.[45] As lembranças

Figura 25. "O terror renegado", *Veja*, 15 de julho de 1970.
Cortesia de *Veja*, Editora Abril.

de Olga Futema sobre a rendição de Massafumi Yoshinaga também fundem o político e o étnico. Ela se lembra de ter ouvido sua mãe comentar com uma amiga: "Ai, que coisa deplorável, tudo isso!" "Tudo isso" sugere que, da mesma forma que Osawa, ela via a totalidade da experiência como problemática.[46] Nair Kobashi era de outra opinião: "Existe uma certa forma de preconceito: quando os orientais não são reservados, eles são *kamikaze*... O arrependimento de uma pessoa desse tipo... causa um certo impacto pelo fato de que... [pausa]. Eu tinha muita pena dele... acho que as pessoas na época rejeitaram muito esses meninos [que se renderam], e que elas deviam rever isso, sabe? Acho que elas têm que ter um pouco de sentimento de culpa. [Massafumi] se sentiu rejeitado por todos os lados".

Massafumi Yoshinaga se viu sem amigos. A liberdade física criou novos demônios. Olga Futema se lembra de pensar que ele parecia frágil nas fotografias e na televisão. Nair Kobashi dava por certo que ele havia sido torturado.[47] Ele tentou uma série de empregos, de vendedor de livros a pesquisador de mercado e agente imobiliário, mas não deu certo em nenhum deles. Quando sua mãe morreu, em 1973, a saúde mental de Massafumi Yoshinaga entrou em declínio. Ele morava no bairro de classe média baixa de Jardim Bonfliglioli, em São Paulo, com seu pai viúvo e dois irmãos, "num pequeno sobrado sem pintura, numa rua sem nome".[48] Nair Kobashi vivia nesse mesmo bairro, mas quando os dois se viam, eles nunca se falavam:

> Acho que a idade dele está muito ligada a essa fragilidade, sabe, de não ter conseguido enfrentar aquilo da forma como eu acho que os outros esperavam. Eu morei uma época no Bonfliglioli, que é um bairro aqui pertinho, e eu acho que ele morava perto da minha casa, depois da prisão. E eu o via, eu o vi várias vezes. Eu o conhecia, ele me conhecia. Mas ele nunca... se dirigiu a mim. Eu olhava [para ele], mas ele, sabe, ele não... Depois da prisão, depois de todo esse... [foi] muito triste, sabe? Você via que ele era uma pessoa arrasada.

Após a morte da mãe de Massafumi Yoshinaga, seu tio o convenceu a entrar para o Sei-cho-no-iê, uma "nova religião japonesa" muito popular entre os paulistanos educados, tanto *nikkeis* quanto não-*nikkeis*.[49] Mas ele não encontrou consolo: de outubro de 1975 a abril de 1976, ele esteve internado num hospital psiquiátrico. Após deixar a instituição, ele ficou "em isolamento quase completo, sem sair de casa e sem amigos".[50] Ele lia a Bíblia e os jornais, raramente fazendo algum comentário. Em inícios de junho de 1976, seu irmão chegou em casa e viu que Massafumi Yoshinaga havia se enforcado com uma mangueira de plástico. Não havia bilhete nem explicação de qualquer tipo. Enquanto o pai de Massafumi "se jogava no chão e rezava em japonês", o delegado de polícia que tratava do caso observou: "Nunca vi um caso de suicídio que tivesse atraído tão pouca atenção dos vizinhos".[51] Segundo Nair Kobashi, isso não foi bem verdade.

> Foi logo depois [de ficar sabendo] que ele morava perto de minha casa, que a família dele devia morar perto de casa, que ele se matou, sabe? Eu tive um sentimento horrível. Pensei: puxa vida, coitado! Até que ponto essa pessoa foi destruída. É esse o sentimento que eu tenho em relação a determinadas pessoas, sabe? Quer dizer, que nesse processo, por mil problemas, algumas pessoas não respondem às expectativas daquilo que é esperado delas, e isso acaba com elas. Elas não se sentem mais capazes de viver. Sabe como é, né?

* * *

André Massafumi Yoshinaga foi esquecido. Sueli Yumiko Kamayana teve uma morte igualmente trágica, mas é lembrada. Em 1997, um vereador do PCdoB, em Campinas, fez passar uma lei determinando a troca dos nomes de diversas ruas da cidade, em homenagem aos guerrilheiros que tombaram no Araguaia e cujas mortes haviam sido reconhecidas pelo Estado brasileiro, em 1995. Uma das ruas ganhou o nome de Sueli Yumiko Kamayana.[52]

Capítulo 5

Como Shizuo Osawa se tornou o "Mário Japa"

Seria difícil contar a história de Shizuo Osawa sem mencionar como fiquei sabendo sobre ele. Um dia, colegas do Centro de Estudos Nipo-Brasileiros de São Paulo me falaram sobre um guerrilheiro *nikkei* da década de 1960. Eles não lembravam seu nome, apenas sua ligação com o seqüestro do cônsul japonês em São Paulo. Não demorou muito para descobrirmos que eles estavam falando de Shizuo Osawa, mais conhecido por seu nome de guerra, "Mário Japa" (ver figura 26).

Comecei a procurar documentação escrita sobre Osawa – matérias jornalísticas, registros policiais e coisas desse tipo. Mas, estranhamente, nada constava, nem sobre Shizuo Osawa nem sobre Mário Japa, antes de seu exílio, em 1970. Ele não aparecia nos cartazes de pessoas procuradas nem era mencionado em artigos de jornais. Dessa forma, boa parte de minha busca ficou restrita aos arquivos do Departamento Estadual de Ordem Política e Social, o Deops, que, segundo eu imaginava, estariam repletos de informações. Dirigi-me aos Arquivos do Estado de São Paulo para examinar os documentos lá existentes, e o funcionário que recebeu minha solicitação desapareceu nas entranhas do

CHIZUO OZAVA

Figura 26. Fotos do "bom" Shizuo Osawa e do "mau" Mário Japa.
Do Ministério do Exército, Gabinete do Ministro,
Centro de Informações do Exército,
Indivíduos banidos do território nacional, 29.

prédio. Ao voltar, ele se desculpou: não havia pastas com o nome de Shizuo Osawa. Pedi-lhe que verificasse novamente, desta vez usando grafias como Osava e Chizuo, e invertendo a ordem dos nomes. Nada.

De repente, entendi. Talvez "Shizuo Osawa" nunca tenha existindo para o Deops. Talvez ele fosse conhecido apenas como "Mário Japa". Preenchi uma nova guia de solicitação. E lá estava ele, assunto de várias pastas. Eu havia encontrado Mário Japa.

Ao folhear as centenas de páginas, novamente me surpreendi. As forças do governo sabiam perfeitamente que "Mário Japa" era o codinome de Shizuo Osawa. Eles conheciam seu nome de nascimento, seu histórico escolar, seus pais, sua família. Eles sabiam de sua trajetória política, e que ele era um membro importante da Vanguarda Popular Revolucionária (VPR). No entanto, o Deops jamais abriu uma pasta para "Shizuo Osawa". Para eles, "Shizuo Osawa" não passava de um codinome de Mário Japa.[1]

A análise do significado dos nomes "Shizuo Osawa" e "Mário Japa" me levou a uma segunda tentativa de "conhecer" a pessoa que é o tema deste capítulo. Tudo começou numa conferência acadêmica realizada no Brasil, quando comentei com um amigo a estranheza do fato de o Deops só ter registros de "Mário Japa". "Mário", exclamou meu amigo com um largo sorriso, "Ele e eu militamos juntos. Ele é um grande sujeito e mora no Rio". Quarenta e oito horas depois ele havia entrado em contato com "Mário" e eu estava convidado para um encontro com o ex-revolucionário.

Eu estava nervoso. Praticamente tudo o que eu sabia sobre Shizuo Osawa/ Mário Japa provinha dos arquivos do Deops e de estudos acadêmicos sobre os tempos da luta armada no Brasil. Eu ficara sabendo que ele vivia numa clandestinidade tão profunda, e que ele era tão importante dentro da VPR, que nem seus companheiros nem a polícia conheciam seu verdadeiro nome, que só foi descoberto dias após sua captura. Ele era casado com uma ex-integrante da VPR, chamada Maria do Carmo Brito (codinome, Lia), a quem a imprensa chamava "a loura assassina". A historiografia retratava Mário Japa como o bravo entre os bravos, associando a seu nome termos como *kamikaze*. A literatura secundária enfocava também sua captura após um acidente de carro, fazendo com que eu me perguntasse se, nos tempos posteriores à ditadura, o público ainda se recordaria do estereótipo dos japoneses como maus motoristas, mencionado por mim no capítulo 2.[2]

No elevador, a caminho do apartamento de Osawa, eu estava tenso. Como eu deveria chamá-lo? Toquei a campainha e me preparei para encontrar o que eu imaginava que seria um revolucionário armado de metralhadora. Em vez disso, um homem de meia-idade abriu a porta, e não demorou muito para ele me falar sobre sua filha e seus estudos. Uma mulher simpática me convidou para sentar e serviu refrigerantes e salgadinhos, me perguntado sobre minha família e meus filhos. Eu havia conhecido Mário Japa e Lia.

* * *

O homem que conheci naquele dia, no Rio de Janeiro, nem sempre foi Mário Japa. Shizuo Osawa nasceu em 1946, numa minúscula comunidade agrícola do estado de Minas Gerais. Ele era o terceiro de seis filhos, e passou boa parte dos primeiros tempos de sua vida em zonas rurais, mudando-se periodicamente, em intervalos de alguns anos. Seu pai, um agricultor arrendatário que havia emigrado do Japão, limpava e trabalhava terras. Na infância, Osawa morou principalmente no estado de São Paulo. A família se mudou de

Guairá (a cerca de 100 quilômetros a noroeste da cidade de Ribeirão Preto) para Riolândia (àquela época conhecida como "Viadinho do Porto"), e depois para Cardoso (ver mapa, capítulo 3).

Em todos esses locais, Osawa e sua família viviam em meio a imigrantes e seus filhos nascidos no Brasil.[3] Os pais falavam aos filhos em japonês, e as crianças conversavam entre si em português, japonês e uma mistura de ambos. Nos domingos, dia de cinema, o jovem Shizuo, sua família e seus amigos, aboletados numa carroça puxada a trator, iam se juntar a centenas de outros *nikkeis* num galpão alugado, na qual um lençol branco se transformava numa tela onde filmes japoneses eram projetados. Na memória de Osawa, a cena permanece vívida: "Vi uma quantidade infinita de filmes (japoneses). E, às vezes, passavam filmes violentíssimos! Eu já tive cada pesadelo, sendo cortado pelos samurais, tiroteios e essas coisas. Eu não entendia nada. Esse negócio era tão sério, que eu cheguei a ver filmes mudos, aqueles filmes japoneses que tinham samurais".[4]

Osawa começou seus estudos em Riolândia, caminhando com seus amigos por quase uma hora para chegar à escola rural, onde a maioria dos alunos eram filhos de arrendatários japoneses. Os pais de Osawa, Gentaro e Hamayo, levavam a educação a sério, e todas as crianças da família freqüentaram a escola primária.

> Meu pai tinha uma regra rígida: se os filhos fossem bons estudantes nos primeiros anos [da escola primária] ele dava o primário. Então ele fazia tudo, e tal, mas tinha que ter o primário, pelo menos. Se fosse bom estudante, continuaria. Ele pagava o curso, a hospedagem, fazia qualquer coisa. Meu irmão, por exemplo, viveu num internato, que meu pai pagou e tal. Agora, se foi mau aluno nos primeiros anos, aí vai trabalhar na roça! (risos). Foi o que aconteceu com meu irmão dois anos mais velho que eu: não foi bem na escola, então foi trabalhar na roça. Era como um castigo.

A identidade nipo-brasileira de Osawa foi formada num contexto de catolicismo forçado, a religião declarada publicamente por seus pais, "sem ir à igreja nem nada". Na verdade, a família de Osawa era budista, mas depois da Segunda Guerra Mundial e da ascensão da Shindo Renmei na região paulista onde eles viviam, "a repressão era tão grande, que alguém que fosse visto praticando algum rito, algum ritual budista, essas coisas, era reprimido". Os pais budistas de Osawa, então, adotaram publicamente a religião católica.

Osawa brincava que era "para brasileiro ver", parodiando a expressão nove-
centista "para inglês ver", que se referia à proibição oficial do tráfico de escravos pelo Estado brasileiro, que, entretanto, o aceitava tacitamente. O
catolicismo público da família Osawa ajudou a educar seus filhos, uma vez
que, em Riolândia, havia uma única escola, e a professora era a esposa "muito católica" do proprietário de terras local. Ela insistia em aulas de catecismo
e na primeira comunhão (ver as discussões sobre catolicismo e batismo no
capítulo 4). Conseqüentemente, Osawa passou a fazer uma distinção nítida
entre o modo brasileiro (que aceitava o catolicismo) e o modo japonês (que
o rejeitava).

Na mente de Osawa, essa distinção entre Brasil e Japão não era apenas reli-
giosa. Ela resultava também do fato de o Estado brasileiro aceitar determinados aspectos da preservação da identidade étnica, tais como deixar constar nas
certidões de nascimento os nomes escolhidos pelos pais para seus filhos, quais-
quer que fossem eles. Assim, Osawa e seus dois irmãos mais velhos eram chamados, em casa e em seus documentos oficiais, pelos nomes que receberam ao
nascer, Koichi, Jundi e Shizuo. No entanto, em questões de identidade, os pais
e o Estado tinham um rival. O padre da localidade recusava-se a batizar crianças com nomes japoneses. Os pais de Osawa disseram a seus irmãos mais velhos que se preparassem para dizer ao padre que tinham "nomes brasileiros".
Dessa forma, Koichi e Jundi foram batizados como Nelson e Antônio, passando a ser conhecidos fora de casa por esses nomes. Quando chegou a vez do pequeno Shizuo ser batizado, "minha mãe até me disse que, se precisasse de um
nome, eu me chamaria Carlos". Mas o padre não pediu um nome brasileiro.
Como Osawa explicou, com uma risada: "No meu caso, ele não pediu. Sei lá o
que aconteceu. Talvez ele tenha achado que o nome 'Shizuo' era um japonês
falando errado 'Jesus'".

A maioria dos *nikkeis* tinha nomes múltiplos que refletiam múltiplos espaços de identidade. Osawa, contudo, tanto em casa quanto na rua, na igreja ou
na escola, era apenas Shizuo. Essa identidade relativamente consistente foi
ameaçada quando ele tinha dez anos, e sua família se mudou para a cidade de
Cardoso, próxima à fronteira do estado de Mato Grosso. Lá, Osawa foi para
uma escola onde 90% dos alunos eram "brasileiros" (não-*nikkeis*). Em Cardoso não havia escola secundária, que só existia na cidade maior de Votuporanga
(a cerca de 40 quilômetros ao sul de Cardoso e a cerca de 520 quilômetros da
cidade de São Paulo). Gentaro Osawa encontrou, em Votuporanga, uma famí-

lia japonesa disposta a hospedar seu filho, e Shizuo, então com 12 anos de idade, deixou sua família e o interior étnico para sempre.

Osawa permaneceu em Votuporanga por dois anos e meio, vivendo com duas famílias diferentes, ambas de imigrantes japoneses. Ele ganhou uma série de prêmios por sua inteligência e aplicação e apareceu na televisão e na rádio locais. Pela primeira vez em sua vida, Shizuo ganhou um novo nome, o "Cérebro Atômico", dado a ele por um jornal da cidade em referência a seu intelecto e à tecnologia implícita em sua etnicidade. Shizuo parecia destinado ao sucesso, mas, em 1961, a colheita não foi boa. O pai de Osawa decidiu abandonar seu trabalho como agricultor arrendatário e tentar a vida na cidade. Gentaro Osawa, primeiramente, foi para Ribeirão Preto, e depois para Santo André, uma cidade de 245 mil habitantes a cerca de 25 quilômetros de São Paulo (em 2004, sua população havia aumentado para mais de 650 mil habitantes), onde ele comprou um pequeno comércio. Quando não estava na escola, Shizuo trabalhava com o pai, atendendo no balcão onde eles vendiam bebidas alcoólicas, refrigerantes e lanches. Osawa lembra que:

> Era até engraçado, porque tinha um bandido famoso lá em Santo André, que ia se refugiar naquelas redondezas. E, de vez em quando, ele aparecia lá no nosso negócio, no bar [e] ele se comportava. Esse é o negócio com os japoneses, ele respeitava muito a gente. Ele assaltava muitas lojas no bairro, mas, no bar, nunca fez nada. Esse é um dos dados que eu vejo, esse respeito com o japonês. Ele assaltava muita coisa, mas no nosso bar ele não mexia. Ele respeitava. E foi aí que comecei a ver esse negócio [de respeito pelos nipo-brasileiros].

Os bandidos e os marginais fizeram com que Osawa se desse conta de que um dos componentes da essencialização dos *nikkeis* era o exaltar-se. Embora Osawa estivesse narrando suas memórias da adolescência no contexto mais amplo da discussão de sua vida de militância, as interações com o bandido de Santo André não apareceram como tendo desempenhado um papel na sua politização. Ao contrário, em meados de 1962, Osawa começou a trabalhar num escritório e a cursar a escola secundária no turno da noite. Logo depois, ele assumiu um cargo num banco e entrou para a Faculdade Casper Líbero, então a única escola de jornalismo de São Paulo. Todas as manhãs, ele tomava o trem de Santo André para São Paulo para ir à faculdade, voltando à tarde para trabalhar no banco. Embora os alunos de jornalismo não fossem particularmente ideológicos, Osawa deu uma guinada para a esquerda que ele hoje vê como idiossincrática:

É muito curioso, porque minha trajetória é muito diferente da trajetória do pessoal que entrou na luta armada, de toda essa geração. Porque a minha evolução foi muito individual. Eu lia muito, mas a consciência veio porque eu morava lá onde meu pai tinha um bar, e era um lugar muito pobre. Eu, no colegial, já tinha uma certa noção dessa diferença de classe. Eu notava que, no ônibus, eu era o mais alto, o mais alto do bairro, mas, na escola, eu era o mais baixo. E Santo André, naquela época, no começo dos anos 1960, tinha uma classe média muito tradicional... pequena, mas muito tradicional. Extremamente conservadora. Era uma coisa estranha.

Eu, por exemplo, não conseguia ir no cinema chique da cidade, da classe média, porque tinha que ir de terno e eu não tinha um paletó. Quer dizer, não tinha os trajes correspondentes. Só para você ver como era tradicional. Eu acho que foi daí que começou.

A menção de Osawa à sua altura nos faz pensar numa lembrança semelhante de Rioco Kaiano, citada no capítulo 3. Seu senso de diferenças de classe foi reforçado por seus colegas da faculdade de jornalismo, a quem ele via como "mais sofisticados e esnobes... eu não me encaixava bem". Ele entrou para o sindicato dos bancários e, depois de participar de uma greve, foi punido com uma transferência para Curitiba. Com essa mudança forçada, Osawa abandonou a faculdade e passou a trabalhar em tempo integral no banco, continuando sua participação política, principalmente em reivindicações de melhorias salariais.

Osawa conta a história dessa fase de sua vida (os anos finais de sua adolescência e seus vinte e poucos anos) como sendo de aquisição de consciência de classe e de ingresso na esquerda. Quando lhe perguntei sobre suas lembranças étnicas, ele afirmou não ter nenhuma desse período. Fiquei surpreso, portanto, quando ele me contou que, quando morava em Curitiba, havia escrito um artigo sobre a identidade *nikkei*. O ensaio "Eles querem ser brasileiros" foi publicado na *Revista Panorama*, e tratava a etnicidade e a identidade de um ângulo psicológico, baseando-se em sua leitura da tradução portuguesa de *The Divided Self: A Study of Sanity and Madness* (1960), do psiquiatra R. D. Laing. Osawa defendia o ponto de vista de que a crença vigente na sociedade majoritária de que os *nikkeis* não eram brasileiros típicos impedia muitos deles de terem personalidades suficientemente equilibradas e de se tornarem plenamente brasileiros.

Nasce daí um emaranhado de recalques, uma tremenda confusão íntima. A perplexidade torna-os aparentemente adaptados. Na verdade, há pouca autenticidade em seus sentimentos e julgamentos de valores ocidentais. O seu íntimo, também, é uma tentativa de autocompreensão. A inibição, neles, tem raízes profundíssimas. Num mundo onde a extroversão é exaltada, são, às vezes, obrigados a fabricar emoções e reações para fingir uma perfeita assimilação. Esse fingimento, essa imitação ridícula, acaba por agravar os conflitos dos mais sensíveis.

Há um permanente constrangimento nas relações dos *niseis*, o que provoca neles um isolamento bem acima do normal. A solidão, a absoluta incapacidade de comunicação, é uma característica da quase totalidade deles. Alguns, numa aparente incoerência, manifestam verdadeira aversão pelos asiáticos e procuram refúgio junto aos ocidentais.

Marcados por um grande excesso de frustrações, geralmente são aplicados no trabalho e nos estudos. Eles são louvados pela capacidade de produzir e aprender. Chega-se a confundir seu esforço com inteligência privilegiada. O *nisei* comum, porém, tem enorme carência de cultura geral. Sua dedicação, na verdade, é uma total submissão às exigências dos professores, na tentativa de compensar uma falha afetiva. Facilidade de assimilação é uma visão unilateral e excessivamente otimista de uma perigosa resignação. Os *niseis* são por demais crédulos. A vivência confunde-os, mais que os orienta...

Não é ainda o momento de se exigir deles uma adaptação completa. Lutam ainda contra uma resistência paterna e patriarcal. Não querem o reconhecimento formal de seus méritos, alguns falsos. Necessitam apenas de uma compreensão mais profunda, um afeto mais autêntico e, sobretudo, de uma orientação segura e sadia. Repudiá-los com ridicularização é desprezar uma utilíssima capacidade de produção, e retarda neles o processo de assimilação.[5]

O artigo de Osawa pode ser analisado em muitos níveis. Em primeiro lugar, embora análises acadêmicas e jornalísticas sobre a assimilação étnica fossem comuns em meados da década de 1960 na imprensa não-étnica, eles raramente eram escritos por membros das comunidades étnicas em questão. Osawa, então, talvez tenha sido o único nipo-brasileiro a publicar um artigo sobre identidade num fórum não-*nikkei*, nessa época. O artigo também era incomum por sua insistência em que a integração não era um "problema" da minoria, mas sim da maioria. No entanto, Osawa fazia essas afirmações de um ponto de vista distanciado, retratando seus objetos como se diferentes dele próprio, nunca usando as palavras *eu* ou *nós*. Numa nota do autor, ele chegou a insistir em que os leitores não associassem sua própria etnia ao artigo em si.

As reflexões de Osawa sobre identidade não fizeram dele um adversário ativo do golpe militar de 1964. Ele, na verdade, respeitava o político brasileiro Carlos Lacerda (que ele hoje considera de "extrema direita") e o presidente dos

Estados Unidos John F. Kennedy, sobre quem ele escreveu de forma elogiosa no jornal *Casper Líbero*, artigo esse que ele hoje rotula de "uma de minhas vergonhas passadas". Osawa continuou a militar no sindicato dos bancários, o que acabou por levar a uma nova transferência, dessa vez para Brasília, mas, em 1966, com vinte anos de idade, ele estava de volta a Santo André, e sua carreira nas finanças havia chegado ao fim. Osawa passou a dar aulas particulares para alunos de ensino médio, e foi um dos duzentos jovens adultos a se candidatar a um estágio no Ação Comunitária, um projeto financiado pela Fundação Rockfeller e voltado para o trabalho com populações pobres no Peru, na Venezuela e no Brasil. Osawa, um dos seis selecionados, entrou em contato, pela primeira vez, com estudantes de idade universitária que cursavam humanidades e ciências sociais. Foi então que ele decidiu cursar uma matéria na USP, estudando filosofia com Marilena Chauí, professora e intelectual de renome, que mais tarde, após o fim da ditadura, viria a ser Secretária Municipal de Cultura de São Paulo. Segundo Osawa, Chauí era "uma metralhadora falante, e eu não entendia nada", o que, entretanto, não o fez desistir. Nas aulas de sociologia, ele conheceu estudantes que militavam na política. Quando ele foi à Venezuela para uma conferência do Ação Comunitária, em fins de 1967, seus colegas da USP deram-lhe alguns contatos. Durante as três semanas que passou em Caracas, ele se tornou cada vez mais politizado.

Ao voltar ao Brasil, Osawa resolveu estudar na USP em tempo integral. Ele se filiou à VPR, como militante estudantil e, em fins de 1967, ingressou na ala guerrilheira. Uma de suas primeiras tarefas foi escolher um codinome para que os outros não pudessem identificá-lo, caso fossem capturados. Ele escolheu Mário, um nome aparentemente inócuo, mas que, da perspectiva de Osawa, era impregnado de significado étnico.

> Mário era um imigrante japonês baixinho, que era um exemplo do desajuste de quem imigrou e não conseguiu se adaptar... Era um japonês baixinho que vivia pelas estradas, sempre bêbado, embriagado. E passava pelas casas, pedindo comida, dinheiro... E para mim ficou aquela imagem daquele japonês completamente inadaptável. Que não deu certo aqui. Depois, eu nem sei o que aconteceu com ele. Deve ter morrido. As pessoas até ajudavam, davam alguma coisa, mas ele não tinha... que eu saiba, ele não tinha família, nem nada. Vivia abandonado. Era o japonês de rua. Só que não era da rua, porque era no meio rural. Ele vivia caminhando naquelas estradas, horas e horas, para conseguir alguma comida, ou parar em algum barzinho... e bebia. E ia em frente. Às vezes dormia no meio da es-

trada, passava as noites ali, abandonado... Então, quando eu entrei na organização e precisava escolher um nome, para mim o símbolo da pessoa humilhada, ofendida, que não tinha futuro, era o Mário.

Osawa nunca falou a seus companheiros sobre o significado do nome escolhido por ele. Na verdade, quando perguntei a ele sobre o codinome, ele comentou que o Mário real era a única coisa de que ele se lembrava de sua primeira infância na comunidade rural japonesa de Guairá. O nome *Mário*, então, não foi apenas uma escolha política, mas também a maneira de um *nikkei* "abrasileirado" manter um vínculo com seu passado étnico.

Como Mário, Osawa conseguiu fundir seu passado étnico e sua ideologia política. O nome também tinha usos estratégicos, porque os militantes nipo-brasileiros, pelo menos na mente de Osawa, tinham que esconder as identidades que constavam em seus documentos, tanto quanto suas identidades públicas. "E além disso, *Mário* era um nome muito usado pelos japoneses. Então, escolhi um nome que achei que não ficaria mal para um 'Japão'. Se eu escolhesse, por exemplo, *Inocêncio*... Eu, por exemplo, tenho um irmão que se chama Jacinto... mas é um nome que, num japonês, pode chamar atenção".

Nas recordações de Osawa, o jogo de significados presente no codinome *Mário* era carregado de superposições étnicas. Ele escolheu honrar a memória de um imigrante japonês, mas o nome flutuava entre interpretações majoritárias e minoritárias, exatamente por ser inócuo. Também chama a atenção o fato de Osawa colocar o codinome como a antítese do nome brasileiro de seu irmão. Por um lado, ele via o batismo e o nome brasileiro de seu irmão como parte de um movimento em direção a uma identidade nacional fixa. No entanto, a crença de Osawa de que seu "nome japonês" (Shizuo) fora aceito pelo padre do lugar porque "soava parecido com Jesus" associava-se à sua lembrança de assumir um "nome brasileiro" (Mário) pela primeira vez na vida, em parte para disfarçar sua identidade.

A explicação de Osawa sugere o terreno étnico no qual até mesmo os aspectos mais mundanos da história brasileira podem se produzir. Mas o novo nome não era simplesmente *Mário*. Era *Mário Japa*. Quando questionei Osawa sobre isso, sua resposta foi que ninguém, antes, havia perguntado sobre seu codinome. Ele então falou da maneira essencializada pela qual os *nikkeis* eram vistos no Brasil: "Eu só escolhi o nome *Mário*. *Japa*, para falar a verdade, veio dos companheiros, que acrescentaram. Eu não escolhi".

Por que razão "Mário" foi obrigado a acrescentar "Japa" a seu codinome? Por que os militantes, engajados numa luta de vida ou morte, correriam o risco de usar essa denominação que "perdia todo o poder como codinome ou nome de guerra [porque], quando as pessoas diziam que o grupo tinha um 'Mário Japa', todo mundo sabia que havia um japonês no grupo e, uma vez que nós [*nikkeis*] somos minoria, seria ainda mais fácil para a polícia nos identificar". Quando Osawa tentou convencer seus companheiros a parar de chamá-lo de "Japa", chegando a mudar seu codinome para "Fernando", por que eles se recusaram? É claro que nenhum brasileiro seria capaz de ver um nipo-brasileiro como um simples brasileiro, e ninguém poderia imaginar "Mário" a não ser como "Mário Japa".

Shizuo Osawa havia se transformado em Mário Japa, embora fossem poucos os que soubessem da associação entre os dois nomes. Em 1968, ele e seus colegas de radicalismo semeavam medo nos corações dos defensores do *status quo* brasileiro. No final de julho, ele participou de um dos atos mais audaciosos até então vistos pela ditadura: a invasão e ocupação da Rádio Independência, em São Bernardo do Campo, uma grande cidade da periferia de São Paulo. Assumindo o controle da transmissão, ele leu uma mensagem revolucionária escrita por Carlos Marighella e depois desapareceu na noite. Em fins de 1969, Osawa foi enviado à Argélia para participar de um curso de treinamento de guerrilha. Após retornar ao Brasil, ele e Celso Lungaretti compraram a terra que veio a se tornar o campo de treinamento da VPR no Vale da Ribeira, discutido no capítulo 3.[6]

No final de 1969, Mário Japa era um dos líderes das operações da VPR em São Paulo. Em sua vida pública, ele permanecia como Shizuo Osawa, continuando a usar seu verdadeiro nome e seus documentos legítimos. Informações sobre suas atividades clandestinas eram difíceis de obter, uma vez que ele continuava desconhecido da maioria dos militantes e dos policiais e soldados que procuravam pelo "japonês" misterioso, ou pelos muitos "japoneses" misteriosos. Em seu papel de militante, ele detinha uma grande quantidade de informações que lhe haviam sido confiadas porque, nas palavras do próprio Osawa, "o asiático... [é o] soldado ideal para qualquer general".[7] Em sua persona pública, Osawa era apenas um jovem "japonês", quieto e estudioso.[8] A típica aparência étnica de Osawa permitia que ele comprasse terras para o campo de treinamento e alugasse apartamentos e casas seguras.[9] Martha Vianna, em sua biografia autorizada de Maria do Carmo Brito, a então companheira-militante e hoje mulher de Osawa, dá ênfase à forma pela qual a etnicidade disfarçava o militante: "Um sorriso tranqüilo, poucas palavras, o comentário preciso e às vezes mordaz, uma paciência e carinho orientais com crianças, ele poderia ser o mestre querido numa escola primária ou o espião perfeito, com o sangue-frio e o controle nas situações mais caóticas".[10] Essa imagem de Osawa, tal como visto por uma pessoa de fora, expressa bem o poder da etnicidade nipo-brasileira, que, segundo ele, lhe permitia "uma facilidade tremenda para alugar casa para os companheiros que a polícia já estava atrás. Eles [os proprietários] nem pediam documentos, fiador, essas coisas".

Em julho de 1969, a VPR se juntou ao Comando de Libertação Nacional (Colina), para formar a Vanguarda Armada Revolucionária (VAR-Palmares).[11] Essa aliança se desfez alguns meses mais tarde, e a VPR foi reforçada quando o ex-capitão Carlos Lamarca assumiu nela um papel de liderança. As lembranças de Osawa sobre a VPR, contudo, não se centram em Lamarca, mas sim no teórico e dirigente da VPR em São Paulo, Ladislau Dowbor, conhecido pelo codinome de "Jamil". Dowbor diferia de muitos ideólogos revolucionários por acreditar que a opressão não se baseava exclusivamente em questões de classe social.[12] Osawa entendia a "tese de Jamil" como o resultado da relação fracassada de Dowbor com uma mulher judia-brasileira, cujos pais (a maior parte da família havia perecido na Polônia, durante a Shoah) a mandaram para Israel para pôr fim ao namoro. Dowbor a seguiu, trabalhou num *kibutz*, aprendeu hebraico, mas a relação não se sustentou e ele voltou sozinho para o Brasil, passando a ver a opressão de diversos ângulos distintos.[13]

ALMOÇO EM CASA

Ladislau Dowbor foi o sucessor de Carlos Marighella na direção da VPR. Ele, generosamente, concordou em passar comigo, em sua casa, duas horas de uma tarde. Ele me preparou um magnífico almoço e me levou com ele para buscar sua filha e as amigas dela na escola. No entanto, ele evitou todas as minhas perguntas sobre aquele período e sobre sua ideologia. Na verdade, sua autobiografia publicada trata apenas brevemente do período 1968-1970 (que terminou com ele sendo preso e trocado pelo embaixador alemão seqüestrado, antes de se exilar na Argélia), dedicando-lhe apenas dois parágrafos.[14]

O PREÇO DA PRISÃO

Quando Shizuo Osawa, em fins de 1967, tornou-se Mário Japa, o Estado não tinha conhecimento do fato. As autoridades só ficaram sabendo que Mário Japa era Shizuo Osawa na noite chuvosa de 27 de fevereiro de 1970. Depois de 24 horas sem dormir, ele decidiu transportar uma carga de armas e de panfletos revolucionários de um esconderijo a outro, quando a pessoa designada para a tarefa não apareceu.[15] Dirigindo na Estrada das Lágrimas, na Grande São Paulo, Osawa adormeceu ao volante e bateu o carro. No carro acidentado, a polícia encontrou um nipo-brasileiro portando documentos com o nome de Shizuo Osawa. Para sua surpresa, eles descobriram também armas e propaganda da VPR no porta-malas. Osawa, que havia voltado a si, foi levado primeiro para um pronto-socorro, depois para a delegacia de polícia e, por fim, para a sede do Deops, "para tratamento".[16]

Osawa havia contado a seus pais sobre sua decisão de se tornar um militante. Eles, portanto, não devem ter ficado surpresos quando um funcionário "saiu da delegacia, descobriu meu endereço e foi lá em casa avisar minha família", por não conseguir acreditar que a vítima do acidente, aquele *nikkei* de modos suaves, fosse um terrorista. O pai de Osawa, acompanhado de um advogado, chegou à sede do Deops antes de Osawa, mas de nada adiantou: dois dias depois, Gentaro Osawa foi mandado embora e informado que não havia ali ninguém com o nome de seu filho.

Rumores sobre a prisão de Mário Japa começaram a circular em meio à liderança da VPR quando ele não compareceu a uma reunião marcada. Carlos Lamarca temia que, sob tortura, ele viesse a revelar a localização do campo de treinamento do Vale da Ribeira. Ladislau Dowbor concordou: "Foi para nós uma queda pesada, porque inesperada. Era absolutamente necessário soltá-lo [Mário Japa] para salvar a área de treinamento, que ele conhecia".[17] Dowbor, então, enviou simpatizantes (em geral, familiares não-militantes que tinham autorização para ver os prisioneiros nos horários de visitas) à Prisão Tiradentes, em São Paulo, para determinar se Mário Japa de fato havia sido preso. A estratégia de Dowbor, contudo, tinha uma falha. Uma vez que ninguém na VPR sabia o nome verdadeiro de Mário Japa, foi impossível confirmar se o prisioneiro de nome Shizuo Osawa era ele ou não.[18]

A direção da VPR sabia que alguém chamado Shizuo Osawa estava sob custódia. Eles sabiam também que Mário Japa havia desaparecido. Eles não tinham certeza se os dois nomes se referiam à mesma pessoa. A família Osawa sabia que seu filho estava preso, embora o Deops o negasse. O Deops e seu diretor, Sérgio Fleury, sabiam que haviam capturado uma pessoa de nome Shizuo Osawa, com armas e propaganda política, mas eles não sabiam se ele era um dos muitos "japoneses" cujos nomes apareciam nos depoimentos obtidos por meio da tortura de outros militantes políticos. Essa confusão não foi vantajosa para Osawa. Fleury, na verdade, pensava que Osawa fosse o assaltante de bancos "japonês" que ele vinha procurando. Osawa se lembra de ser acusado de incidentes nos quais ele não havia participado: "Eu sofri muito... Esse era o problema, quer dizer... como começaram a falar de um japonês, então qualquer japonês que caísse nas mãos deles ia pagar por todos. Como a loura, que criou esse mito da loura dos assaltos a banco. Então, toda a pessoa loura que caísse nas mãos da polícia estava perdida: era a mais torturada. Isso pode ter agravado a tortura".

A identificação de Shizuo Osawa como Mário Japa era ainda mais complicada pelo número de nomes diferentes que apareciam nos registros oficiais. Entre eles, Mário Japa, Shizuo Osawa, Chizuo Osawa, Shizuo Osava, Chizuo Osava, Shizuo Ozawa, e Shismo Osava.[19] Mesmo assim, Fleury sabia que havia capturado um revolucionário.[20] Como não é de surpreender, outros órgãos do governo também queriam Osawa, que, segundo eles acreditavam, os levaria a Carlos Lamarca, o militante mais procurado do país. Quando as autoridades da Operação Bandeirantes (Oban) solicitaram que Osawa fosse transferido para sua sede, Fleury se recusou a entregá-lo. Em 1º de março de 1970, segundo o jornalista Antônio Carlos Fon, os dirigentes da Oban enviaram tropas para invadir o prédio do Deops e levar Osawa à força. Enquanto os soldados revistavam a repartição, "Fleury obrigou 'Mário Japa' a deitar-se no chão e saltou com os dois pés sobre seu peito, quebrando-lhe várias costelas, para impedir que os militares pudessem torturá-lo e descobrir [antes de Fleury] onde estava Lamarca".[21]

O sadismo de Fleury não impediu Osawa de ser torturado. No entanto, o militante é lembrado por sua resistência, talvez por isso se encaixar no estereótipo da coragem e da lealdade dos japoneses. Osawa rejeita a idéia de ter sido mais corajoso que os outros. Ele contou a um jornalista que o entrevistou que ele inventou toda uma história, dotada de lógica própria, porque, como nenhum dos demais prisioneiros seria capaz de identificá-lo, suas informações jamais poderiam ser confirmadas ou negadas.[22] Minha conversa com

Osawa sobre suas experiências na tortura, entretanto, tomaram um rumo totalmente diferente:

> Quando fui preso, tinha a fama de que japonês era mau motorista. Então, eles pegavam essa coisa, e isso me feriu muito. E depois eu pensei nisso, no motivo de eu ter me sentido tão humilhado. Mas acho que era mais um problema pessoal, de ser chamado de incapaz de fazer uma coisa, para um jovem dói muito, já que ele acha que é onipotente.

Depois de dias de tortura terem-no deixado quase morto, ele foi levado para um hospital do Exército.

> Eu tive uma experiência, depois da Oban. Como eu estava muito mal, eles me colocaram no hospital militar, e lá um dos médicos que dava plantão, que não deveria cuidar de mim, mas que era muito amigo do que estava responsável por mim... e um dia esse médico trouxe esse japonês para conversar comigo, e a gente teve uma entrevista, porque ele veio com aquele papo de que eu estava envergonhando a raça, e tal. Aí eu comecei, normalmente, a explicar para ele o que a gente fazia, e não tinha por que se envergonhar. A gente não estava roubando, nem procurando nenhum interesse próprio. Era exatamente o contrário: a gente entregava a vida por uma causa, para fazer o bem para a sociedade. A gente teve uma conversa longa... E ele voltou várias vezes. E depois eu soube pelo médico que ele tinha mudado de opinião. Tinha reconhecido que a gente era idealista, que não era nada daquilo que ele imaginava, ou tinha ouvido.

Perguntei a Osawa se essas conversas trataram das diferenças entre as gerações. Sua resposta deixou claras as categorias essencializadas nas quais muitos *nikkeis* funcionavam:

> Que nem o médico lá do hospital militar, que via uma pessoa conversando e... a tendência é cair no extremo oposto, porque a idéia que se fazia dele era tão ruim, tão má, que ele ficava surpreso. É uma mostra de como é ideologicamente o japonês. Ele sempre pensa o pior de quem sai da regra. [Os *sanseis* e os *yonseis*] já têm mais flexibilidade. Mas nos *niseis*, isso permanece muito forte, eles são muito pouco flexíveis! Aquele que é excluído, é para excluir mesmo! Japonês, nesse sentido, é meio tudo igual. Qualquer pessoa que sai um pouco da margem está excluída radicalmente. Não aceita muita diferença.

Conforme os dias se passavam, a VPR decidiu que não podia correr o risco de o prisioneiro Shizuo Osawa ser de fato Mário Japa, e de ele vir a ceder sob tortura. Tendo em vista o êxito do seqüestro do embaixador dos Estados Unidos, Charles Elbrick, trocado por 15 prisioneiros políticos no início de setembro de 1969, a liderança da VPR decidiu pôr em prática um plano já formulado de seqüestro político. O próprio Osawa havia participado das discussões, que se centravam em três grupos de alvos potenciais: os "peixes grandes" (diplomatas de alto escalão), os diplomatas de segundo nível, como os cônsules, e empresários estrangeiros.[23] As lembranças que Osawa tinha daquelas reuniões levaram a um momento cômico, quando ele riu e contou a mim, o entrevistador americano, que ele havia dito que a vítima deveria ser "de preferência americano", e que, ao ser preso, ele tinha no bolso o nome e o endereço dessa exata pessoa.

As diferentes possibilidades foram expostas num documento da VPR intitulado "Considerações sobre os Objetivos da Operação de Seqüestro", que delineava todos os aspectos da ação, dos alvos às estratégias de vigilância e rotas de fuga. No topo da lista de possíveis vítimas constavam diplomatas de países com grandes investimentos de capital no Brasil, incluindo os Estados Unidos, a Inglaterra, a Alemanha Ocidental e o Japão.[24] Israel, um país com poucos investimentos mas alta visibilidade, foi colocado no último lugar da lista. O documento misturava a etnicidade judaico-brasileira com a identidade nacional israelense, afirmando que, apesar da "força político-econômica de sua colônia [judaica]", seqüestrar um diplomata israelense poderia criar uma reação "caracterizada como anti-semita". Foi exatamente esse ponto que levou à altercação exaltada entre Alfredo Sirkis e seu companheiro, discutida no capítulo 4.[25] O documento da VPR incluía alguns *nikkeis* entre os prisioneiros de prioridade máxima: Takao Amano e João Katsunobo Amano, da Ação Libertadora Nacional (ALN); Carlos Takaoka, do Partido Comunista do Brasil (PCdoB), e Alfredo Nozumo Tsukumo, do VAR-Palmares.

A captura de Mário Japa desencadeou a execução do plano. Enquanto 15 militantes foram trocados pelo embaixador americano, em 1969, o seqüestro do cônsul japonês teve como objetivo primordial a libertação de Osawa. Segundo Maria do Carmo Brito, a VPR havia decidido que "se eles pegaram o nosso japonês, vamos pegar o japonês deles", e eles se decidiram por Nobuo Okuchi, o cônsul-geral do Japão em São Paulo.[26] O raciocínio étnico por trás dessa decisão foi reforçado pelo fato de São Paulo ser a maior cidade "japonesa" do mundo fora do Japão. Além disso, o seqüestro de Okuchi causaria embaraço aos militares, uma vez que a mídia certamente o associaria à Exposição Internacional de 1970, em Osaka, que era a cidade-irmã de São Paulo.

Os militantes esperavam que todos esses fatores pressionariam o regime militar a trocar Osawa por Okuchi. O ministro das Relações Exteriores do Brasil, Mário Gibson Barbosa, lembrou-se de todos esses fatos numa entrevista concedida ao historiador Jerry Dávila, em 2004: "Os seqüestradores tinham, em minha opinião, escolhido propositalmente um japonês, quer dizer, o cônsul-geral do Japão em São Paulo. Para causar um problema para o Brasil, com um país importante para o Brasil como era o Japão. Repare bem, eles não seqüestraram nenhum africano! (risos). Eles queriam seqüestrar um embaixador de uma nacionalidade que criaria um problema internacional para o Brasil".[27]

A linguagem de Gibson Barbosa é semelhante à da integrante da VPR Maria do Carmo Brito, ambos se referindo à nacionalidade de Okuchi, e não à sua "nação", implicando assim um vínculo étnico/nacional entre Osawa e Okuchi. Em matéria de capa sobre o seqüestro, a *Veja* publicou uma foto de Osawa no canto inferior direito e, na mesma capa, uma manchete sobre a Expo 1970, no Japão (figura 27).[28]

O seqüestro foi fácil de planejar, uma vez que tanto o endereço da residência do cônsul quanto o de seu trabalho constavam da lista telefônica. Quando Okuchi saiu de seu escritório, em 11 de março de 1970, seu motorista, Hideaki Doi, parou o carro próximo ao que parecia ser um acidente. Dowbor se recorda dos preparativos numa entrevista à revista *Ramparts*, de Berkeley, Califórnia, que foi traduzida e contrabandeada para o Brasil para circulação entre a esquerda.

O seqüestro do cônsul japonês, na verdade, foi bem engraçado. De um lado do lugar onde o capturamos ficava a sede da Polícia Federal; do outro, a menos de 100 metros de distância, ficava a sede da Polícia Civil. De um terceiro lado ficava a delegacia de polícia e apenas 50 metros ficava o órgão de segurança do Estado! Em termos militares, esse tipo de operação é bastante simples. Ele estava no carro com o motorista. Uma pessoa num Volkswagen começou a costurar pela rua, como se tivesse perdido controle do carro, e gesticulou para que o motorista do embaixador parasse, o que, é claro que ele fez, porque não queria bater no Volkswagen. Seis dos nossos entraram em ação nesse momento. Eu estava na ponta, e expliquei para o motorista do embaixador que ele deveria ficar calmo. Duas pessoas, então, pegaram o cônsul, o colocaram num carro e fugiram.[29]

Figura 27. "O seqüestro do cônsul:
terror reorganizado? terror desesperado?"
Veja, 18 de março de 1970.
Cortesia da *Veja*, Editora Abril.

O cativeiro de três dias de Okuchi foi marcado por longas conversas com Dowbor e Liszt Vieira, um outro integrante da VPR, sociólogo e advogado que havia trabalhado como tradutor na Embaixada Americana. Segundo as memórias de Okuchi, os três discutiram política internacional e as diferenças culturais e sociais entre o Brasil e o Japão. Uma das lembranças do cônsul foi a "comida brasileira... mas, talvez por saberem que os japoneses gostam de arroz, serviram pratos com arroz algumas vezes".[30] Talvez tenha sido a comida, ou quem sabe as conversas sobre relações internacionais, mas Maria do Carmo Brito contou à sua biógrafa que o cônsul ficou tão impressionado com Dowbor e Liszt que os tratou como "futuros estadistas".[31]

Muito do que sabemos sobre o seqüestro vem das memórias publicadas de Okuchi, uma fonte complicada. Okuchi relata conversas em inglês entre falantes não-nativos, e que, anos mais tarde, foram rememoradas em japonês. A publicação original foi traduzida para o português. Mas advertências metodológicas à parte, as conversas parecem revelar algo sobre os pressupostos étnicos dos seqüestradores, ao menos aos olhos do cônsul. Okuchi tentou convencer Dowbor e Liszt de que, da perspectiva de uma negociação, seria menos eficiente seqüestrar um cônsul-geral que um embaixador. O cônsul relata a resposta de Dowbor: "O cônsul-geral do Japão em São Paulo tem como área de jurisdição os estados de São Paulo e do Paraná, onde existem as maiores comunidades *nikkeis*. Se nós o tivéssemos como alvo, a repercussão seria muito grande, e achamos que o resultado seria bastante eficiente". Dowbor observou, entretanto, que "se o objetivo não fosse socorrer o Mário, talvez tivéssemos escolhido um diplomata de outro país".[32] O general Newton Cruz, diretor do Serviço Nacional de Inteligência (SNI), sem conhecer as idéias de Dowbor sobre o assunto, fez a mesma conexão. Ele escreveu que o seqüestro tinha dois objetivos: "traumatizar a extensa colônia japonesa de São Paulo" e "sensibilizar [para a militância] o grupo social de origem japonesa no Brasil".[33]

O público nada sabia sobre essas conversações internas, embora tivesse acesso a uma cobertura de mídia cuidadosamente controlada. As autoridades centravam seu foco no mal-estar internacional provocado pelos seqüestros e sugeriam que os militantes eram antibrasileiros.[34] A cobertura nos jornais, na televisão e no rádio dividia espaço com notícias sobre a Expo de Osaka, o fracasso do seqüestro de um avião brasileiro do Chile para Cuba, a explosão de uma bomba na redação de uma revista carioca e a troca de tiros entre a polícia e os militantes que tentavam seqüestrar o secretário de Segurança do Rio de Janeiro. Talvez a cobertura mais sensacionalista do seqüestro de Okuchi tenha sido a do *Jornal da Tarde*, a edição vespertina de *O Estado de S. Paulo*, e o jornal mais vinculado ao governo: suas primeiras páginas traziam imagens grandes e manchetes como "E agora, quanto vai custar o resgate do cônsul japonês?", ou "São sete homens, quatro metralhadoras e o cônsul japonês raptado". Uma das matérias incluía, em todas as páginas, uma barra lateral com os caracteres japoneses para "seqüestro".[35]

O seqüestro de Okuchi causou confusão em meio ao Deops. As investigações iniciais não se concentravam exclusivamente num motivo político para o desaparecimento do cônsul, apesar do seqüestro do embaixador dos Estados

Unidos, ocorrido anteriormente. Ao invés disso, os dirigentes do Deops relembraram a longa história das difíceis relações entre aquele órgão e a comunidade *nikkei*, propondo dois outros motivos possíveis: que a imagem de riqueza dos nipo-brasileiros havia levado criminosos comuns a seqüestrar Okuchi na tentativa de obter resgate, e que a Shindo Renmei, tão forte em fins da década de 1940 com sua afirmação de que o Japão havia saído vitorioso na Segunda Guerra Mundial, estava de volta em estilo espetacular. Embora a polícia não fizesse muita idéia de como testar nem a hipótese política nem a do pedido de resgate, uma terceira possibilidade lhes ocorreu. Na manhã seguinte ao seqüestro, Kazuo Watanabe, o primeiro juiz *nikkei* do Brasil, recebeu a visita de um funcionário do Ministério da Justiça, com perguntas sobre as atividades da Shindo Renmei.[36] Segundo a *Veja*, Watanabe riu e acompanhou o homem até a porta de seu escritório, observando que mesmo que a Shindo Renmei ainda existisse em 1968, "eles já seriam idosos e, portanto, incapazes de uma ação dessa natureza".[37] A imprensa também levantou a hipótese de uma possível conexão com a Shindo Renmei, mas a idéia foi veementemente rejeitada pelos diplomatas japoneses no Brasil.[38] Damon Kanda, o principal repórter do *Paulista Shimbun*, publicado em grande parte em língua japonesa, havia, seis anos antes, emigrado do Japão para o Brasil. Ele se lembra de ter visto a tese da Shindo Renmei como ridícula, embora "natural", uma vez que "os brasileiros nada sabiam sobre a comunidade *nikkei*".[39]

A VPR assumiu a responsabilidade pelo seqüestro na manhã de 12 de março, deixando uma série de comunicados em diversos pontos da cidade de São Paulo. Um telefonema ao consulado japonês direcionou os representantes a um livro específico numa livraria específica. Uma outra ligação enviou um repórter do *Jornal da Tarde* (os militantes, como todos mais, sabiam que o jornal tinha ligações com o regime) a uma caixa de correio de uma residência particular. Um terceiro telefonema foi feito para o presidente da Câmara de Comércio e Indústria Japonesa do Brasil. As autoridades brasileiras centraram-se nas exigências contidas nos comunicados, mas não era isso que mais me interessava. O que me chamou a atenção foi uma frase diferente de todas as outras encontradas em comunicados tratando de seqüestros de diplomatas estrangeiros: "O ato não é absolutamente dirigido contra o povo japonês ou os membros de sua colônia, muitos dos quais lutam conosco, ou sofrem [ilegível] torturas nas prisões".[40] Essa sentença é de importância crucial: para os integrantes da VPR, como também para muitos paulistanos, um cenário no qual o Japão (o país), os nipo-brasileiros (a "comunidade") e os militantes *nikkeis* não estivessem associados era inimaginável.

O seqüestro de Okuchi recebeu intensa cobertura de imprensa. As principais fontes de informação eram as reportagens de Damon Kanda, no *Paulista Shimbun* que, como todos os jornais nipo-brasileiros, possuía dois tipos inteiramente distintos de público leitor: os da geração imigrante, que liam as sessões em língua japonesa, e os nascidos no Brasil, que liam as seções em português. No entanto, as matérias de Kando criaram um novo grupo de leitores para o *Paulista Shimbun*, assim que os repórteres dos jornais majoritários descobriram que havia notícias nas notícias.

As implicações do seqüestro de Okuchi mudam de figura quando vistas da perspectiva da imprensa nipo-brasileira. Por exemplo, dois grandes jornais receberam ligações telefônicas de militantes da VPR, dizendo onde encontrar os comunicados. O *Paulista Shimbun*, contudo, recebeu um telefonema do deputado federal nipo-brasileiro João Sussumu Hirata, a quem a VPR havia contactado numa tentativa de encontrar um canal de língua japonesa para suas mensagens.[41] A distância entre a VPR e a comunidade nipo-brasileira mostrava o quão separados eles e os militantes *nikkeis* eram das comunidades minoritárias de São Paulo. Esse fato contrastava de forma nítida com a tese do Deops, de que os militantes *nikkeis* representavam um elo entre a VPR a comunidade nipo-brasileira. De fato, Kanda se lembra de ser advertido de que o Deops mantinha sob vigilância o *Paulista Shimbun*, muito embora ele fosse um dos poucos jornais de São Paulo com os quais os militantes não fizeram qualquer contato direto.

A liberação do primeiro comunicado, com sua dupla afirmativa de que o seqüestro não era direcionado contra o Japão e de que muitos *nikkeis* estavam envolvidos na militância política, levou a fortes reações por parte dos líderes da comunidade nipo-brasileira. Miyasaka Kunito, presidente do Banco da América do Sul e também da Sociedade Brasileira de Cultura Japonesa, queixou-se: "que pena que existem *niseis* e *sanseis* dentro dos seqüestradores, mas não vai ter problema porque nós [os *nikkeis*] acreditamos no Brasil". Michiko Murakami, presidente da Sociedade Beneficente Feminina Esperança, atribuía a culpa pela existência de militantes *nikkeis* à falta de comunicação entre as crianças nipo-brasileiras e suas mães, enquanto Caio Mori, presidente da Associação Unida de São Paulo, afirmava que "não gostaríamos de pensar que algum *nikkei* esteja por trás disso, mas ouvimos dizer que há cerca de 300 *nikkeis* participando de atividades contra-revolucionárias. Gostaríamos de lhes dizer que, se desejam o progresso do país, é um grande erro lançar mão de métodos violentos".[42]

Conexões entre o seqüestro e a identidade nipo-brasileira também foram feitas pela imprensa *mainstream*, que enviou uma enxurrada de repórteres para a Liberdade. Segundo a *Folha de S. Paulo*, muitos entrevistados se recusavam a acreditar que o seqüestro tivesse motivação política, insistindo que os perpetradores eram criminosos em busca de um resgate. Outros temiam que houvesse japoneses ou *niseis* entre os terroristas.[43] Um suspiro de alívio comunitário deve ter sido ouvido quando o *Diário Popular* deixou bem claro, usando itálicos, que nenhum dos seqüestradores "tinha feições nipônicas".[44] Como Hirochi Inoue, um garoto de 16 anos que trabalhava numa loja de produtos elétricos declarou à *Folha de S. Paulo*: "Minha família ficou muito aborrecida porque pensou que os seqüestradores fossem japoneses e sentiu-se envergonhada. Agora está melhor".[45]

A VPR temia uma reação negativa por parte dos *nikkeis* mais convencionais.[46] Por essa razão, Ladislau Dowbor enviou ao Presídio Tiradentes um simpatizante da VPR, desconhecido da polícia, para convencer um militante preso a escrever uma carta em japonês "para a colônia japonesa, dizendo que o seqüestro do cônsul japonês nada tinha a ver com o povo daquele país, e também que havia sido feito apenas para libertar um revolucionário japonês".[47] Embora, ao escrever essa frase, Dowbor estivesse premido pelas circunstâncias, ela ilustra os diferentes significados atribuídos à palavra "japonês", que podia se referir a uma comunidade étnica, a um indivíduo nascido no Brasil e a um representante do governo japonês. Carlos Takaoka, a pessoa a quem se pediu que escrevesse a carta, recusou, por medo de colocar outros prisioneiros políticos em risco.[48]

No Japão, a cobertura da imprensa era constante. Repórteres da mídia japonesa que trabalhavam nos Estados Unidos foram enviados ao Brasil, e relatórios diários eram publicados na primeira página não apenas dos jornais populares e de elite, mas também dos de esportes. Alguns artigos afirmavam que o seqüestro havia sido motivado por sentimentos antijaponeses, e o embaixador do Japão, Koh Chiba, pediu aos repórteres que entrevistassem "pessoas comuns" no Brasil para contestar essas idéias.[49] Tokizo Araki, um outro diplomata japonês servindo no Brasil, que havia causado sensação em 1968, ao apresentar uma grande placa de bronze comemorando a visita do príncipe-herdeiro, na inauguração da nova sede do Fluminense Football Club, no Rio de Janeiro, também rejeitou a idéia de que o seqüestro refletia sentimentos antijaponeses. Os leitores do *Notícias Populares*, de São Paulo, viram os comentários de Araki publicados ao lado do anúncio de um caminhão da Volkswagen, que tinha como ilustração um agricultor *nikkei* postado à frente do veículo, e a palavra "Garantido", em letras grandes.[50]

O sentimento de que os japoneses eram "garantidos" talvez explique a suposta participação de Okuchi na elaboração das exigências da VPR que levariam a sua libertação. Durante uma de suas "freqüentes conversas amigáveis", o cônsul e seus seqüestradores concentraram-se na reivindicação de que o regime pusesse fim a todos os tipos de tortura.[51] Ele defendeu a idéia de que os militantes "tinham que expressar suas exigências em termos aceitáveis", e então propôs a eles uma linguagem que "levava na devida conta a justiça e a legislação em vigor". Para reforçar esse ponto, ele disse a seus captores que "estava particularmente interessado em questões de linguagem porque estava pensando em suas próprias chances de libertação [e] que ele estava disposto a morrer pelo Japão, mas não pelo Brasil".[52] O ponto de vista de Okuchi parece ter encontrado ressonância: o conjunto final das exigências, ao que tudo indica, fazia uso dos termos propostos por ele.

Assim que o desaparecimento de Okuchi foi confirmado como seqüestro político, o Ministério das Relações Exteriores do Brasil entrou em cena. O chanceler Mário Gibson Barbosa se lembra de uma reunião onde seria discutida a resposta oficial às três principais exigências da VPR: que sua mensagem revolucionária fosse publicada na imprensa, que o governo libertasse cinco militantes cujos nomes seriam divulgados, e que os cinco militantes recebessem asilo no México. Gibson Barbosa argumentou veementemente a favor da preponderância do protocolo diplomático e, depois de muito debate, a decisão de salvar o cônsul Okuchi foi tomada.[53]

Não demorou mais que 24 horas para que o governo brasileiro concordasse com as exigências da VPR.[54] Após uma série de contatos, uma lista de cinco prisioneiros (mais três crianças) foi publicada pela imprensa *mainstream* e nipo-brasileira. Para a VPR, assegurar a libertação de Mário Japa não era tarefa fácil, uma vez que eles não tinham certeza de sua real identidade nem de seu verdadeiro nome. Por essa razão, a lista de prisioneiros a serem trocados referia-se a ele apenas como "um *nisei* de nome de guerra Mário", e foi o Deops que acrescentou à lista o nome verdadeiro de Osawa.[55] A VPR, equivocadamente, acreditava que uma outra pessoa constante da lista, mencionada apenas pelo nome de Toledo, teria estado no acidente de carro com Osawa, e que essa pessoa seria capaz de confirmar a libertação de Osawa.[56] Havia um problema, contudo. O governo não tinha em seu poder um prisioneiro conhecido como "Toledo", e Osawa foi novamente torturado na tentativa de obter essa informação.[57] No último minuto, quando ambos os lados deram-se conta de que nenhum Toledo havia estado no acidente de carro, um outro comunicado acrescentou o nome de Diógenes José Carvalho de Oliveira à lista de prisioneiros a serem libertados, uma vez que ele conhecia de vista Mário Japa e seria capaz de identificá-lo.[58]

A revelação de que um nipo-brasileiro estava prestes a ser trocado pelo cônsul japonês chocou o público. O *Jornal da Tarde* tomou a postura mais agressiva, publicando uma matéria com a manchete: "PRESTE MUITA ATENÇÃO: OS JAPONESES DO TERROR".[59] Alguns *nikkeis*, sabendo da ligação entre o Deops e o jornal, temeram que a matéria fosse uma advertência de que "uma vez que tantos japoneses estão se engajando em atividades guerrilheiras, há uma responsabilidade coletiva da sociedade japonesa, neste caso".[60] O *Nihon Keizai Shimbun*, de Tóquio, expressou preocupação de que a revelação viesse a prejudicar a comunidade *nikkei*, enquanto o *Yomiuri Shimbun* sugeriu que, à medida que mais empresas japonesas investissem no Brasil, o número de guerrilheiros nipo-brasileiros iria crescer.[61] Para os diplomatas brasileiros no Japão, a atenção despertada era embaraçosa porque "o incidente está sendo observado pela totalidade da população do Japão, a qual dispõe de 22 milhões de televisores".[62]

No começo da tarde de 14 de março de 1970, o presidente general Emílio Garrastazu Médici assinou um decreto banindo os cinco militantes do território nacional em troca da libertação do cônsul-geral Okuchi. Horas depois, naquele mesmo dia, a televisão mostrou o grupo começando a ser reunido no aeroporto de Congonhas, em São Paulo. O cônsul, ainda em cativeiro, também assistia, e ele viu Osawa, que "pareceu-me abatido".[63] Incluída no grupo estava a madre Maurina Borges da Silveira, uma freira cuja prisão e tortura transformaram-se numa causa célebre, e que recebeu o crédito de ter levado a Igreja católica do Brasil a apoiar publicamente uma posição de defesa dos direitos humanos.[64] Eram aproximadamente 17h30 quando o Caravelle PP-PDX, bem conhecido do público brasileiro, porque uma aeronave do mesmo modelo havia sido seqüestrada por militantes e desviada para Cuba, no ano anterior, decolou para o México.

O vôo foi demorado, com quatro escalas, e o cônsul permaneceu em cativeiro até o avião pousar na Cidade do México, no domingo de 15 de março de 1970. Shizuo Osawa teve que ser ajudado a entrar no avião por ter sido fortemente torturado (segundo o Deops, os ferimentos deviam-se ao acidente de carro).[65] A legenda da fotografia da Associated Press da chegada de Osawa fazia menção especial ao fato de ele ser "chamado Mário Japonês" (ver figura 28).

Após receber a confirmação de que Osawa estava livre, a VPR se preparou para soltar Okuchi, em 16 de março de 1970. No entanto, os seqüestradores notaram uma forte presença policial nas ruas. Num bilhete escrito à sua mulher, Okuchi conseguiu passar o número do telefone da casa onde ele se encontrava preso, o que permitiu à polícia identificar o bairro, mas não a casa. Uma vez que a VPR se recusava a libertar Okuchi nessas condições, o presidente general Médici ordenou que a polícia saísse das ruas. No dia seguinte, o motorista de táxi Joaquim dos Santos apanhou um passageiro japonês e o levou ao endereço solicitado, onde cerca de mil pessoas se aglomeravam.[66] Apenas o repórter Damon Kanda, do *Paulista Shimbun*, reconheceu o homem que desceu do táxi como sendo o cônsul Okuchi.[67]

Naquela mesma noite, após ser advertido pelo embaixador Chiba a "ter o máximo de cuidado nas suas declarações, para não exasperar o lado [o governo] brasileiro", Okuchi fez seu primeiro pronunciamento oficial para cerca de duzentos repórteres. Nos dias que se seguiram, Okuchi de fato exasperou as autoridades brasileiras, ao se recusar a condenar os seqüestradores e ao afirmar que ele não se lembrava de suas fisionomias. Em suas memórias, sua explicação foi de que "o homem que eu havia visto usava barba, mas na foto [que a polícia lhe mostrou] ele estava barbeado".[68]

O Partido Socialista Japonês Motojiro Mori, integrante da câmara alta da Dieta Japonesa, também se aborreceu com o cônsul Okuchi, atacando o diplomata por não ter tentado, de forma mais agressiva, obter informações durante seu cativeiro e por, mais tarde, chamar os seqüestradores de "cavalheiros".[69] Okuchi não deu atenção a Mori e repetiu suas declarações em conversas privadas com diplomatas dos Estados Unidos. Ele também se dirigiu aos norte-americanos em busca de aconselhamento sobre segurança pessoal, uma vez que, após sua libertação, ele recebeu vários telefonemas ameaçadores, e acreditava que "talvez ele não corresse perigo com relação ao grupo que o havia seqüestrado, mas havia outros grupos que logo poderiam capturá-lo, como a qualquer outro".[70] De fato, apenas um mês após a libertação de Okuchi, o cônsul-geral de

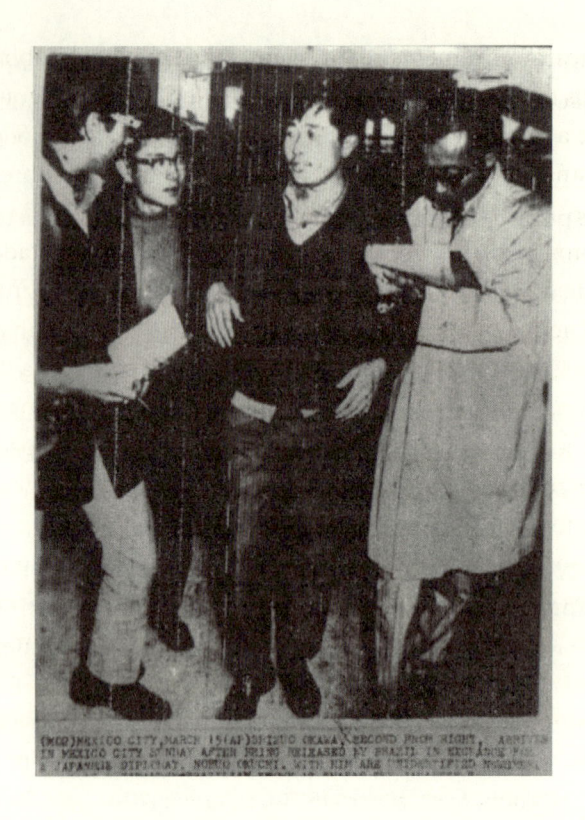

Figura 28. Foto da Associated Press, 15 de março de 1970.
Dos Arquivos do Deops, 30Z/160/5628.
Arquivo do Estado de São Paulo. Usado com permissão do
Arquivo do Estado de São Paulo.

Taiwan em São Paulo deu queixa de que um "homem oriental" havia entrado em seu apartamento e tentado "subjugar a empregada com uma injeção no braço". Os gritos da empregada alertaram os vizinhos, que chamaram a mulher do cônsul. Ao entrar no apartamento, ela recebeu um telefonema de uma pessoa falando chinês que disse a ela que "se o cônsul-geral não deixar o Brasil até o fim do mês, eu o matarei e a toda a sua família". Vinte e quatro horas depois, a família do cônsul havia recebido vistos para os Estados Unidos.[71]

As matérias publicadas nos jornais brasileiros após a soltura de Okuchi usavam, consistentemente, uma linguagem que esfumaçava os contornos entre o cônsul japonês servindo no Brasil e o militante brasileiro que tinha um "nome japonês" e era chamado de "Japa". Os jornais brasileiros em língua portuguesa publicaram inúmeras reportagens sobre matérias publicadas nos jornais brasileiros em língua japonesa.[72] A *Folha de S. Paulo* chegou a ilustrar sua matéria sobre a libertação do cônsul com uma fotografia do *São Paulo Shimbun*. Essa mesma edição da *Folha* trazia uma longa matéria sobre uma criança-prodígio nipo-brasileira (recorde-se que Osawa havia sido chamado de "Cérebro Atômico" e que, orgulhosamente, ele havia perguntado ao repórter: "Você sabe que um *sansei* pode ser presidente da República?").[73] A capa da *Veja* (ver figura 27 acima) reunia Okuchi, Osawa e uma faixa diagonal no canto superior sobre a Expo, que atraía tanta atenção quanto a matéria da capa, "O seqüestro do cônsul". O artigo levava diretamente a uma reportagem sobre a Expo 70, que sugeria (de forma correta) que a imagem do Japão como hipermoderno e tecnológico havia alterado a maneira como os agricultores nipo-brasileiros eram vistos no Brasil.[74]

Os discursos sobre etnicidade e nação não se restringiam ao Brasil. No Japão, as notícias de que Okuchi havia sido trocado por Osawa levaram a discussões sobre as implicações negativas da diáspora. A maioria dos artigos publicados na imprensa japonesa recortavam as fotografias do grupo dos militantes libertados de modo a que só Osawa aparecesse.[75] Um editorial do *The Japan Times* fez uma série de conexões, bem ao estilo do Deops, entre o fanatismo japonês durante a Segunda Guerra, o movimento Shindo Renmei brasileiro da década que se seguiu à guerra, e os movimentos revolucionários japoneses e brasileiros surgidos nas décadas de 1960 e 1970: "O fato de haver pessoas de ascendência japonesa nesse bandos [terroristas] não é de surpreender, quando lembramos que havia extremistas japoneses que se recusavam a acreditar na derrota do Japão na guerra. Muitos deles, com o passar do tempo, transformaram-se em desordeiros".[76] Um editorial do *Yomiuri Shimbun* (republicado em inglês com o nome de *The Daily Yomiuri*) assumiu posição semelhante, deturpando uma frase supostamente dita por Osawa, que teria afirmado que todos os esquerdistas nipo-brasileiros pertenciam a um único grupo guerrilheiro determinado a "fazer a revolução".[77] Talvez essa seja a razão pela qual o *Sankei Shimbun* publicou um artigo sobre o caso Okuchi lado a lado com um outro sobre a prisão de dois integrantes do Exército Vermelho Japonês.[78]

Os jornais do Japão publicaram também matérias sobre as reportagens publicadas nos jornais brasileiros, incluindo a mencionada acima, com o subtítulo "O terror japonês". Num dos casos, um jornal japonês chegou a citar um jornal brasileiro majoritário citando um jornal nipo-brasileiro.[79] Embora a maioria dos militantes nipo-brasileiros fossem filhos de trabalhadores rurais, eles, com freqüência, eram retratados no Japão como provenientes de "famílias que desempenham papel de liderança na sociedade japonesa do Brasil".[80] Essas múltiplas mensagens refletiam a ambivalência com a qual muitos japoneses viam os emigrantes: por um lado, havia orgulho pelo êxito da diáspora, por outro, os aspectos não-japoneses da vida da diáspora eram precisamente o que levava os jovens *nikkeis* a adotar posições anti-autoritárias.

Após o desfecho do seqüestro, os governos brasileiro e japonês asseguraram um ao outro que os acontecimentos não prejudicariam "as relações tradicionalmente amistosas entre os dois países".[81] O governo brasileiro não se esqueceu dos militantes que havia banido, mantendo Shizuo Osawa sob cuidadosa vigilância, quando ele trocou sua breve estadia no México por uma longa temporada em Cuba e, depois, no Chile, em Portugal, na Bélgica e em Angola.[82]

Os líderes da comunidade nipo-brasileira temiam que o seqüestro abalasse suas relações tanto com o regime brasileiro quanto com o governo japonês. O avô de Osawa foi ao consulado japonês em São Paulo "pedir desculpas em nome de toda a minha família pela vergonha de ter um subversivo". O cônsul viu essa contrição como desnecessária, escrevendo em suas memórias que o desejo de Osawa de melhorar o Brasil significava que "não tinha qualquer sentido o sentimento dos japoneses da primeira geração que se lamentavam, considerando vergonhosa a existência de *niseis* e *sanseis* militando na guerrilha".[83]

Shizuo Osawa se recorda com grande orgulho da recusa de Okuchi a condenar seus captores, após o seqüestro. Ao me dizer isso, ele me contou uma história na qual ele demonstrou perceber Ladislau Dowbor, que havia planejado o seqüestro, não como um militante, mas como integrante de uma outra minoria: "A polícia ficou com uma raiva dele, porque era impossível não descrever e não reconhecer o Ladislau. O Ladislau é louro, de um tipo completamente diferente do brasileiro normal. Então, era muito fácil, ele era muito fácil de reconhecer. Ele [o cônsul Okuchi] não reconheceu ninguém, não descreveu ninguém (rindo). A polícia ficou com uma raiva dele, porque ele não só não colaborou, como ele fez o contrário, ele sabotou a polícia!".

Ao que parece, Okuchi se lembrava de Osawa com o mesmo orgulho, observando em suas memórias que "Osawa aprendeu dos pais a laboriosidade dos japoneses, tinha respeito pelo Japão e por seu povo. Entretanto, ele tinha a convicção de que era brasileiro, nascido e criado no Brasil. Ele pensava primeiro no Brasil, e lutava por esse país".[84]

Talvez devido a esses sentimentos, Okuchi optou por um caminho diferente do dos outros diplomatas seqüestrados, que deixaram o Brasil logo após serem libertados. Ele permaneceu como cônsul-geral em São Paulo, deixando o seqüestro para trás.[85] Quando Osawa foi anistiado e voltou para o Brasil, em 1979, ele ficou sabendo que Okuchi era agora embaixador do Japão. Desta vez, Osawa pensou mais seriamente em se encontrar com Okuchi, para "agradecer sua atenção e a preocupação", mas temeu que o encontro pudesse "causar problemas para ele". Osawa, juntamente com Ladislau Dowbor, acabou por marcar um encontro com Okuchi em 1989, quando o ex-embaixador voltou ao Brasil para o lançamento de suas memórias. Esse encontro, entretanto, foi cancelado quando Okuchi adoeceu repentinamente, vindo a falecer pouco depois. O militante "japonês" nunca chegou a se encontrar com o cônsul japonês.

CONTROLE DE NOME

Damon Kanda, o repórter do *Paulista Shimbun*, contou-me uma história que nunca foi publicada. Numa festa em Brasília, nos anos 1980, Okuchi encontrou Ladislau Dowbor, então funcionário público. Segundo Kanda, o antigo cônsul e o antigo militante trocaram um aperto de mãos e conversaram simpaticamente. Eu tive muitas conversas simpáticas com Shizuo Osawa, que hoje assumiu o controle do significado de seu codinome. Ele insiste que seus amigos o chamem de "Japa", o mesmo nome que causava tanto descontentamento no Brasil no final da década de 1960.[86]

Epílogo

A diáspora e seu descontentamento

Qualquer pessoa que voe para a São Paulo do século XXI vai se pasmar com as imagens japonesas que encontrará pela frente assim que entrar no avião. Para grande surpresa dos passageiros internacionais, a Varig, a Delta e outras companhias aéreas que operam vôos diretos para a cidade têm, como política, comissários de bordo que falam japonês. Os filmes projetados a bordo são sempre dublados em japonês, em português e em inglês. Nas pontes-aéreas domésticas entre São Paulo e outras grandes cidades, é comum encontrar adesivos da Semp Toshiba colados nos encostos das poltronas onde se lê: "Os nossos japoneses AINDA são melhores que os japoneses dos outros". Às margens da rodovia que leva do aeroporto à cidade, o Banco Bradesco anuncia seus serviços financeiros internacionais usando a imagem de uma nipo-brasileira vestida de quimono. Ela parece estar repuxando os cantos dos olhos para amendoá-los ainda mais, enfatizando sua niponicidade e sugerindo que o componente "brasileiro" da nipo-brasilidade é problemático. Ou talvez ela seja mestiça, com um dos pais "japonês" e o outro "brasileiro". Se for esse o caso, não estaria ela tentando retornar a uma identidade mais plenamente japonesa, que, como diz o letreiro, é "tão completa"?

Ao entrar na cidade, residentes e visitantes vêem anúncios de produtos que vão das bebidas energéticas Yakult à Nipomed, uma companhia de seguros que associa estereótipos empresariais e étnicos de qualidade e honestidade. No centro da cidade, mais cartazes, desta vez de uma campanha conjunta do governo federal e do Banco do Brasil, escritos em japonês e usando uma *nikkei* como modelo. O Japão e seu corolário nipo-brasileiro estão por toda a parte.

Essa mistura de duas nações imaginadas, "Japão" e "Brasil", através da comunidade imaginada dos "nipo-brasileiros" não é apenas visual. Embora o Japão, hoje, ocupe apenas o décimo lugar em termos de investimentos externos diretos no Brasil (comparado ao terceiro lugar, na década de 1970), o número de produtos "japoneses", de automóveis a televisores, é enorme. Caminhando pelas movimentadas ruas principais de São Paulo, os moradores deparam-se com chineses recém-imigrados e migrantes do Nordeste brasileiro vendendo *yakisoba*, um prato japonês à base de macarrão. Nos bairros de classe média e alta e nos *shopping centers* há bares de *sushi*. Nas áreas mais modestas, lojas vendem "produtos importados do Japão e outros países", nas quais a quase totalidade das mercadorias que enchem as prateleiras vem de "outros países". Até nas listas telefônicas, imagens do Japão e dos japoneses são encontradas: serviços de dedetização com nomes como Tóquio, Kioto, Osaka e Nikkey afirmam, muitas vezes em falsas letras japonesas, usar um "método japonês" especial para matar insetos. Duas das maiores dessas empresas de exterminação chamam-se "Nagasaki" e "Hiroshima", associando sem ironia o poder da bomba atômica a seu êxito em eliminar insetos e roedores. Os cursinhos pré-vestibulares, ainda hoje tanto quanto nos anos de 1960 e 1970, usam imagens de nipo-brasileiros para sugerir excelência, diligência e sucesso.[1]

UM PROTESTO *NIKKEI*

Estamos em fins de 2003. Descendo a Avenida Paulista, vejo, à distância, uma manifestação que bloqueia a movimentada artéria. Bandeiras vermelhas se agitam no ar e manifestantes vestidos de camisas amarelas marcham de um lado para o outro em meio ao tráfego. Ao chegar mais perto, consigo ler o *slogan* impresso nas bandeiras: "Abaixo a ditadura da sujeira" e "Fora as manchas". Ao me aproximar ainda mais, vejo que as camisas são adornadas com as letras O-M-O, e que os manifestantes são rapazes *nikkeis* de idade universitária. Um transeunte me diz, rindo, que o "protesto", na verdade, é uma propaganda do sabão em pó OMO. "Por que todos os rapazes são nipo-brasileiros?", pergunto a mim mesmo. Acabei batendo um papo com o representante da agência de publicidade que organizava o "protesto". Ele me disse que a agência havia escolhido *nikkeis* para passar a imagem de trabalho duro e de qualidade, de pessoas que "cumprem a tarefa", exatamente como o sabão em pó. "Mas por que homens?", perguntei. "A maioria dos anúncios de produtos de limpeza não usa mulheres?" "Claro", respondeu ele, "mas todo mundo sabe que as mulheres japonesas não trabalham, elas só ficam em casa, como gueixas".

Este livro concentrou-se nos anos de 1960 e 1970, mas o fato é que pouco mudou na maneira essencializada com que a etnicidade nipo-brasileira é vista em São Paulo. Muitos paulistanos ainda imaginam os homens *nikkeis* como biologicamente trabalhadores, e as mulheres *nikkeis* como altamente sexualizadas. No entanto, alguma coisa está diferente em São Paulo: o significado da "etnicidade". Embora o termo descritivo "japonês" continue sendo uma referência abreviada para um conjunto de características culturais que os paulistanos vêem como comuns a todos os membros desse grupo, trinta anos de experiências históricas alteraram o sentido de "tipicamente japonês".[2] Hoje, poucos paulistanos imaginam uma relação entre os *nikkeis* e o interior rural, relacionando os nipo-brasileiros, ao contrário, com as profissões liberais urbanas. Eles não mais vinculam o Japão ao Brasil por meio dos imigrantes japoneses. Ao contrário, os quase 250 mil *nikkeis* brasileiros que hoje vivem temporariamente no Japão, representando a terceira maior comunidade estrangeira daquele país, logo atrás dos chineses e coreanos, situam-se no primeiro plano desse imaginário.

Outra área que apresentou mudanças foi a flexibilidade étnica. Embora os paulistanos continuem a ver todos os *nikkeis* como "japoneses", algumas pessoas de ascendência não-nipônica passaram hoje a assumir a niponicidade. Anúncios de serviços sexuais de baixo custo prestados por "japonesinhas" podem ser encontrados nas seções de classificados dos jornais e em panfletos colados nas cabines telefônicas. A grande maioria dessas "japonesinhas", contudo, é formada por não-*nikkeis* que se vestem como "gueixas" e agem de maneira pseudo-submissa. Essa forma de relações sexuais remuneradas vem sendo comum há pelo menos uma década, o que sugere que tanto as fornecedoras quanto os clientes aí encontram algum tipo de satisfação. O mesmo teatro de niponicidade pode ser encontrado no mundo da culinária. Os *sushimen* de São Paulo, em sua esmagadora maioria, são provenientes do estado nordestino do Ceará. Sua vaga ascendência indígena faz com que muitos brasileiros digam que eles "parecem japoneses", principalmente quando usam faixas de testa estampadas com sóis nascentes e ideogramas japoneses. O que faz com que "esses japoneses" sejam "melhores que os dos outros" é que eles criam novos estilos altamente abrasileirados de sushi.[3] Ser "japonês" é hoje relacionado à indumentária e ao modo de agir, não à etnicidade no sentido clássico. No entanto, a natureza não-fluida da etnicidade nipo-brasileira, na verdade, não se alterou. O mercado consumidor se tornou mais familiarizado com a idéia de "japoneses" que não são de ascendência japonesa, porque ninguém acredita que seja possível se tornar japonês.

A idéia de que cerca de 1,2 milhões de brasileiros são "japoneses" tem implicações importantes para nossa compreensão de nação, etnicidade e diáspora. Enquanto muitos acadêmicos tentam ver além da nação, meu trabalho sugere que a nação continua sendo um conceito viável nas vidas reais de pessoas reais. Embora os nipo-brasileiros sejam parte de uma diáspora atípica e descontente, a maioria dos *nikkeis* vê o Brasil como seu centro nacional. Muitos da maioria brasileira, contudo, continuam imaginado que o Japão seja a "pátria" dos *nikkeis*. Embora esses dois países sejam delimitados por fronteiras físicas, as pessoas que foram objeto deste estudo parecem entender que as imagens de diáspora de pessoas, produtos e identidades nem sempre se encaixam de forma confortável. A identidade nacional e a identidade da diáspora trabalham juntas, e embora possa haver pontos em comum entre os nipo-brasileiros, os nipo-americanos dos Estados Unidos e os nipo-peruanos, ninguém jamais os confundiria entre si.

Embora o descontentamento com a etnicidade da diáspora exista em São Paulo, é difícil distinguir, nessa relação, entre o que é imposto a partir de fora e o que é imposto a partir de dentro. Apresentei argumentos de que as pessoas *nikkeis* retratadas neste livro se ressentiam de serem representadas pela sociedade majoritária por sua identidade de diáspora e rejeitavam a idéia de serem "japonesas". Essas mesmas pessoas, contudo, viam-se como diferentes dos brasileiros típicos, e seus estereótipos sobre o "Brasil" e os "brasileiros", muitas vezes, eram tão fortes quanto os estereótipos da maioria sobre o "Japão" e os "japoneses".

Esse descontentamento com a diáspora pode também ser visto no conflito entre as gerações contido em relações familiares aparentemente respeitosas. Nas décadas de 1960 e 1970, a superposição de rejeição étnica e revolta política e cultural que caracterizava as gerações mais jovens tinha raízes, em igual medida, na identidde nacional e na identidade da diáspora. Tanto os militantes *nikkeis* como seus pais admiravam o estilo "samurai", mas envergonhavam-se uns dos outros e situavam-se em lados opostos do muro político-cultural. Embora os imigrantes japoneses e seus filhos brasileiros parecessem agir de modos muito diferentes, eles tinham em comum um vínculo complexo com a identidade da diáspora. No cinema, testemunhamos esse mesmo fenômeno, mas num formato diferente. Diretores e espectadores oscilavam entre o fascínio pelo cinema japonês e a crença de que o "Japão" existia em São Paulo e era facilmente acessível. Isso, por sua vez, levou algumas atrizes a verem a sexualidade pública como uma afirmação de sua brasilidade, ao mesmo tempo que as platéias percebiam sua atuação nas telas como uma confirmação de sua niponicidade.

Essas idas e vindas sugerem que as representações não-*nikkeis* da etnicidade da diáspora tiveram um efeito profundo sobre a maneira como os *nikkeis* compreendiam sua relação com o Japão. Seu descontentamento na diáspora dizia respeito ao fato de que a etnicidade não implicava, necessariamente, uma identificação positiva com o Japão. No Brasil, a influência da cultura nacional sobre a cultura da diáspora foi tão profunda quanto a da cultura da diáspora sobre a cultura nacional. Para os *nikkeis*, o Brasil não se situava no Mundo Atlântico, mas sim num espaço "transoceânico", onde uma etnicidade supostamente pertencente ao Mundo Pacífico ajudou a forjar a identidade nacional.

* * *

O curta-metragem do cineasta premiado José Eduardo Belmonte, *Cinco Filmes Estrangeiros*, de 1997, tem como astro Makoto Hasebe, interpretando um personagem que os espectadores entendem como sendo um japonês em visita a Brasília. Ele encontra vários outros estrangeiros (do Paraguai, da França e de um país africano não identificado) que se dirigem a ele em português e, aos gritos, o chamam de "japonês". A musa inspiradora de Belmonte foi sua perplexidade frente aos muitos estrangeiros que vêm para o Brasil e que "tinham domínio da língua e achavam que aqui era um paraíso em que reinava a democracia racial". Apesar de o filme ser ambientado em Brasília, a inspiração espacial foi São Paulo, onde o diretor viveu por muitos anos, e onde "vi a intolerância para observar o outro, as nuances, as sutilezas". A trilha sonora do filme é do Pato Fu, uma banda de *rock* brasileira cuja vocalista, Fernanda Takai, é descrita no *website* oficial do grupo como tendo "olhos meio puxados porque seus avós paternos são japoneses", e cuja canção com título em inglês, *Made in Japan*, é cantada em japonês. Belmonte escolheu essa música porque era uma maneira "meio globalizada de misturar vários sons e dar uma certa ambigüidade".[4] *Cinco Filmes Estrangeiros* termina quando o "japonês" mata os estrangeiros que o atormentavam, gritando em português: "Eu não sou japonês!".[5]

Notas

PREFÁCIO E AGRADECIMENTOS

1.   Patai, "Minority Status".

PRÓLOGO

1.   Museu Virtual Memória da Propaganda, <www.memoriadapropaganda. org.br/>. Em 1977, o gigante tecnológico japonês Toshiba comprou a maioria das ações da Sociedade Eletro Mercantil Paulista (Semp), empresa brasileira fundada em 1942. Foi assim criada a Semp Toshiba.
2.   O termo *nikkei* pode ser traduzido como "da família", mas é usado por pessoas de ascendência japonesa em todas as Américas.
3.   Queiroz, "Nacionalidade", 98. O livro didático no qual este conto foi republicado é um dos mais usados para o ensino da língua portuguesa nos Estados Unidos.
4.   Os viajantes brasileiros escreviam freqüentemente sobre suas visitas ao Japão. Ver Lesser, *Negociando a identidade nacional*, 265-292. São Paulo é também a maior cidade "italiana" fora da Itália, e a maior cidade "libanesa" fora do Líbano.

5. Mirsky, "Big Dig".

6. *Fairplay: A Revista do Homem* 34 (1969): 61.

7. Weinstein, "Racializing Regional Difference".

8. Zilbovicius, "Modelos de produção".

9. Anúncios do Banco Bamerindus encontrados em diversas edições de *Veja* entre 1975 e 1992. Uma idéia semelhante pode ser encontrada no *slogan* da Sabesp (Companhia de Saneamento Básico do Estado de São Paulo) dos anos 1990, que proclamava que seu "serviço era tão bom dava para pensar que [a empresa] havia sido fundada por japoneses".

10. Esta é uma simplificação do conceito de "Rizoma", examinado na introdução de Deleuze e Guattari, *Thousand Plateaus*.

11. Butler, *Freedoms Given*; Dzidzienyo, *Position of Blacks*; Hanchard, *Orpheus and Power*; Warren, *Racial Revolutions*.

12. "Vale a pena ser brasileiro?", *Realidade*, novembro de 1966, 51-59; "Os estrangeiros (um fato): Mesmo? (uma questão)", *Realidade*, novembro de 1966, 171-189.

13. Ropp, "'Nikkei' Negotiation".

14. Borstelmann, *Cold War and the Color Line*, 37-40.

15. Discurso de Acylino de Leão, 18 de setembro de 1935, República dos Estados Unidos do Brasil, *Annaes da Câmara dos Deputados: Sessões de 16 a 24 de setembro de 1935* 17 (Rio de Janeiro: A Noite, 1935), 432.

16. Ribeiro, *Povo brasileiro*.

17. Borrie, *Cultural Integration of Immigrants*; Marcos Chor Maio, "Brasil no 'concerto' das nações"; Maio, "Unesco and the Study of Race Relations".

18. Diégues, *Imigração, urbanização e industrialização*; Saito e Maeyama, *Assimilação e integração*. Um outro bairro socialmente ascendente, Pinheiros, abrigava o centro de distribuição da maior cooperativa agrícola nipo-brasileira de São Paulo e também contava com um número significativo de moradores *nikkeis*. Ver Petrone, *Pinheiros*.

19. Dirlik, *What is in a Rim?*; Hu-DeHart, "Latin America in Asian-Pacific Perspective"; Lavie and Swedenburg, Introdução.

20. Isso complica o argumento de Homi Bhabha de que, para os colonizados, "ser anglicizado é ser enfaticamente não-inglês", uma vez que a não-brasilidade dos *nikkeis* era freqüentemente uma virtude; Bhabha, *Location of Culture*, 87.

21. Esses dois grupos étnicos também estão ligados a nações contemporâneas principalmente em função de conflitos políticos. Para um exame do consumo generalizado da "arabicidade" no Brasil, ver Karam, *Another Arabesque*.

22. Essa relação mudou de forma marcante no final dos anos 1980, quando a legislação japonesa abriu oportunidades de trabalho para todas as pessoas de ascendência japonesa. Em 2000, cerca de 200 mil brasileiros viviam no Japão, oficialmente como trabalhadores temporários. Ver Lesser, *Searching for Home Abroad*.

23. Louie, *Chinese across Borders*, 23-26.

24. Lye, *America's Asia*, 5.

25. "A poesia do abstrato", *Veja*, 21 de outubro de 1970, 88; "O novo e o clássico", *Veja*, 28 de outubro de 1970.

26. Hirabayashi, "Pathways to Power", 41.

27. Radhakrisnnan, "Ethnicity in an Age of Diaspora", 121, 125; Brubaker e Cooper, "Beyond Identity", 4. Um fascinante estudo recente é *Siu, Memories of a Future Home*.

28. Muitos grupos de imigrantes no Brasil definiam-se como "colônias", em parte porque todos os que chegaram no século XIX e em princípios do século XX eram considerados "colonos" (trabalhadores rurais).

INTRODUÇÃO

1. Palumbo-Liu, *Asian/American*, 341.

2. Para uma discussão sobre o crescimento das estatísticas raciais no Brasil, ver Dávila, *Diploma of Whiteness*, 52-62.

3. Centro de Estudos Nipo-Brasileiros, *Pesquisa*, tabelas 2.1 e 2.3, 19-20; Comissão de Recenseamento da Colônia Japonesa, *Japoneses Imigrantes*, tabela 1, "Por Estado, Região, Município – Geração, Residência, Sexo", 6-7. Para uma análise das questões relacionadas ao censo brasileiro, ver Nobles, *Shades of Citizenship*.

4. Spickard, *Japanese Americans*, tabela 2, 162-63. Dados do Censo de 2000 dos Estados Unidos, disponíveis em <factfinder.census.gov/home/saff/main.html?-lang=eng>.

5. Holloway, *Immigrants on the Land*, 36, 48.

6. Malfatti pintou *O japonês* em Nova York, mas só o exibiu no Brasil, onde o quadro foi comprado por Mário de Andrade. Ele o considerava um dos melhores trabalhos de Malfatti e mencionava o quadro em sua correspondência com ela com alguma freqüência. Ver Andrade, *Cartas a Anita Malfatti*, 47, 65, 66, 88, 116. Ver também Miceli, *Nacional estrangeiro*, 103-123; e Batista, *Anita Malfatti*. A pintora também explorou temas asiáticos nas obras *Boneca japonesa* (1914-15?), *A chinesa* (1921-1922) e *A japonesa* (1924).

7. Lesser, *Negociando a identidade nacional*, capítulo 4.

8. Decreto-Lei 1.545 (25 de agosto de 1939), artigos 1º, 4º, 7 º, 8º, 13, 15 e 16.

9. As grandes populações de ascendência italiana e alemã no Brasil formaram-se, principalmente, no século XIX e foram, de modo geral, consideradas "brasileiras" durante a Segunda Guerra Mundial. Os imigrantes japoneses, que chegaram em grande parte na década de 1920, foram designados "estrangeiros", tornando-se assim alvo preferencial das posturas nativistas. Ver Cytrynowicz, *Guerra sem guerra*.

10. Lesser, *Negociando a identidade nacional*, 239-251.

11. Entre 1953 e 1959, mais de 30 mil novos imigrantes japoneses se estabeleceram no Brasil, seguidos por mais 16 mil na década seguinte. Mais de 81% da totalidade de japoneses que emigraram entre 1952 e 1965 estabeleceram-se no Brasil. Flores, "Japoneses"; Nakasumi e Yamashiro, "Fim da era", tabela 2, 424; Sims, "Japanese Postwar Migration".

12. Ver o acordo do ex-ministro das Relações Exteriores Oswaldo Aranha com o general José Maria de Vasconcelos sobre "o perigo do crescimento da colônia japonesa no Brasil"; bilhete manuscrito de Oswaldo Aranha para o general José Maria de Vasconcelos, 1951 (sem data exata), OA cp 1951.00.00/, Série: cp – Correspondência política, rolo de microfilme 26 fot. 85-87, Documentos de Oswaldo Aranha, Centro de Pesquisa e Documentação História Contemporânea do Brasil, Fundação Getulio Vargas, Rio de Janeiro [doravante CPDOC].

13. Sakurai, "Fase romântica".

14. Premeditando o Breque, "Marcha da Kombi".

15. Perrott, "Brazil's Reckless Dash".

16. Estatísticas do Consulado do Japão, relatadas no Consulado Geral Americano em São Paulo para o Departamento de Estado dos Estados Uni-

dos em Washington, D.C., "Status of Japanese Colony in São Paulo", 2 de outubro de 1970, pol. 23-10 Brasil, caixa 2133, NWDPH 2, National Archives and Record Center, Washington, D.C. [doravante NARC]. Tomoo Handa relata que, em 1965, 10% de todos os alunos das universidades de São Paulo eram *nikkeis*; Handa, *Imigrante japonês*, 792.

17. Miyao, "Posicionamento social", 94-96.

18. "Conferência pronunciada por Sua Excelência o Senhor Ministro de Estado das Relações Exteriores, Embaixador Antônio F. Azeredo da Silveira, por ocasião da abertura do Simpósio Sobre os 70 Anos da Imigração Japonesa", Brasília, Câmara dos Deputados, em 16 de maio de 1978, Série Ministro das Relações Exteriores, Conferências 1974/75, AAS MRE ag 1974.05.27, CPDOC. Meus agradecimentos a Jerry Dávila por compartilhar comigo este documento.

19. *IstoÉ*, 1 de fevereiro de 1979. Fukuda é um nome de família. O artigo gerou uma série de cartas racistas que receberam resposta na imprensa nipo-brasileira; "Essa invasão japonesa!" *Diário Nippak*, 7 de fevereiro de 1979.

20. Miyao, "Posicionamento social", 99.

21. Uma das políticas mais conhecidas de Watanabe foi procurar talentos matemáticos nas escolas públicas de baixa renda de São Paulo. Segundo Watanabe, entre 1977 e 2005, esse programa possibilitou a mais de duzentos estudantes talentosos a oportunidade de entrar no ensino superior nas áreas de matemática e ciências. Ver *Folha de S. Paulo*, 1 de agosto de 2005.

22. *Veja*, 19 de novembro de 1969.

23. Consulado Geral Americano em São Paulo para Departamento de Estado dos Estados Unidos em Washington, D.C., "Status of Japanese Colony in São Paulo", 2 de outubro de 1970, pol. 23-10 Brasil, caixa 2133, NWDPH 2, NARC. Sussumu Miyao descobriu que a representação política dos *nikkeis* em São Paulo equivalia aproximadamente ao percentual de *nikkeis* na população em geral; Miyao, "Posicionamento social", 98. Sobre os primeiros políticos *nikkeis* no pós-guerra em São Paulo, ver Sakurai, "Fase romântica".

24. Torres, "Brazil-Japan Relations".

25. Banco do Brasil, *Brasil*, 30-33.

26. *Business Latin America*, 8 de março de 1973.

27. "Japan's Yen for Brazil", *Brazilian Information Bulletin* 11 (1973): 12. Roett, "Brazil and Japan". Para um estudo do período pós-militar, ver Hellerman, *Japan's Economic Strategy in Brazil*.

28. Antônio Delfim Neto foi nomeado embaixador na França em 1974, voltando ao Brasil em 1979 como ministro da Agricultura, tornando-se em seguida ministro do Planejamento; Skidmore, *Politics of Military Rule*, 69-71.

29. *Página Um* do *Diário Nippak*, 8 de março de 1980.

30. "Participação dos descendentes no novo governo", *Diário Nippak*, 28 de março de 1979.

31. Memorando secreto, "Primeiro encontro de cúpula entre o presidente Ernesto Geisel e o primeiro ministro Takeo Miki", 17 de setembro de 1976, Palácio Akasaka (Tóquio), Arquivo Geisel, EG pr 1974.03.18, Série: PR – Presidência, rolo 2 fot. 0707-2099 e rolo 3 fot. 0001-1780, F-1902-1904, CPDOC.

32. Carta do cônsul Fausto Cardona, cônsul-geral em exercício do Brasil no Japão, para Toshinari Okano, diretor-geral, Yomiuri Television Broadcasting Corporation, 19 de março de 1968, Consulado Geral de Cobe 84/28/3/1968, Ofícios de Cobe, janeiro-abril 1968, Arquivo Histórico do Itamaraty, Brasília [doravante AHI].

33. Ver *Folha de S. Paulo* e *O Estado de S. Paulo*, 25 e 26 de maio de 1967. Uma discussão mais longa sobre a visita pode ser encontrada em Handa, *Imigrante japonês*, 776-780.

34. Discurso do presidente general Ernesto Geisel no jantar de boas-vindas ao primeiro-ministro Kakuei Tanaka no Palácio Itamaraty, 16 de setembro de 1974. In: Ministério das Relações Exteriores, *Resenha de política exterior do Brasil* 11, julho, agosto, setembro de 1974, 13-15.

35. Nester, *Japan and the Third World*, 261.

36. Memorando de Francisco José Novaes Coelho (Embaixada em Tóquio) para o Itamaraty (Rio de Janeiro), 11 de julho de 1966, MDB – Ofícios Recebidos – Tóquio, 1960-1967, caixa 98, AHI.

37. Embaixador no Japão Álvaro Teixeira Soares (Tóquio) para o ministro das Relações Exteriores José de Magalhães Pinto (Rio de Janeiro), 3 de abril de 1968, Secção de Correspondência Especial – Ofícios de Tóquio, 1968-1970, AHI. Ver também *Mainichi Daily News*, 24 de fevereiro de 1968.

38. Embaixador no Japão Álvaro Teixeira Soares (Tóquio) para o Itamaraty, 28 de março de 1968, Tóquio, Cartas Telegramas, 1968, AHI.

39. Memorando de Álvaro Teixeira Soares (Embaixada do Brasil em Tóquio) para o Itamaraty, 26 de março de 1968, EM 26/3/1968 (3478), Tóquio, Cartas Telegramas, 1968, AHI; *Kobe Carnival 1968.*

40. "O país do século XXI", *Veja*, 18 de março de 1970.

41. *Fairplay: A Revista do Homem* 34 (1969), capa dianteira interna e 61.

42. Um estudo geral dos selos produzidos durante a ditadura é Cyrelli de Souza, "Selos postais".

43. Roth, "Urashima Taro's Ambiguating Practices".

44. *Jingle* original disponível em <jovempan.uol.com.br/jpamnew/opiniao/consultores/consultores-all.php?id=14&last-id=5182&act=sim>.

45. *Revista Manchete*, 24 de abril de 1965, 105.

46. Revistas nipo-americanas publicavam artigos sobre esses padrões de beleza que, em seguida, retornavam ao Brasil para reforçar a sensualidade brasileira como um atributo japonês de valor positivo na diáspora.

47. *Realidade*, janeiro de 1972, 119.

48. Por vezes, essas imagens tinham um tom de caçoada. Em 1977, num anúncio de televisão das panelas de pressão Lares, a personagem nipo-brasileira promovia o produto trocando todos os seus sons de l por r, com o bordão "Viu? Não consegue farar Rares . . . ", 59-Lares–Televisão–novembro de 1977–(17584), Arquivo da Propaganda (São Paulo).

49. Uma coleção de filmes, copiados em videotape, feita pela Assessoria Especial de Relações Públicas (AERP, 1968-1973) e pela Assessoria de Relações Públicas (ARP, 1974-1978) foi-me generosamente cedida por Carlos Fico. Foi esse o mesmo material usado por ele em seu livro sobre a propaganda brasileira, *Reinventando o otimismo.*

50. Premeditando o Breque, "São Paulo, São Paulo", em *Quase Lindo* (Lira Paulistana/Continental, 1983), 1.30.404.009.

51. *Amor Bandido* (1979), dir. Bruno Barreto.

52. Exemplos de pesquisas sobre este assunto são: Ando, *Estudos socio-históricos*; Cardoso, *Estrutura familiar* (1995); Carneiro, *Imigração e colonização*; Müller e Saito, "Memórias do I Painel Nipo-Brasileiro"; Diégues, *Imigração, urbanização e industrialização*; Lobo, *De japonez a brasileiro*; Saito e Maeyama, *Assimilação e integração*; Sakurai, *Romanceiro da imigração japonesa*; e Yamashiro, *Trajetória de duas vidas.*

53. Willems e Saito, "Shindo Renmei"; Maeyama, "Ethnicity, Secret Societies and Associations"; Miyao e Yamashiro, "Comunidade enfrenta um caos"; Tigner, "Shindo Renmei"; Miranda, *Shindo Renmei*; Neves, *Processo da "Shindo-Renmei"*; Cardoso, "Papel das associações juvenis", "Estrutura familiar" (1972); Saito, *Japonês no Brasil*.

54. Chu, "When Revolt Hit Rio".

55. Meihy, "Oral History in Brazil".

56. Excelentes pesquisas sobre o assunto podem ser encontradas em James, *Dona Maria's Story*; Spitzer, *Hotel Bolivia*; e Bal, Crewe e Spitzer, *Acts of Memory*.

57. Hoffman e Hoffman, *Top of Form Archives of Memory*, 145.

58. Pautando-me no trabalho de alguns estudiosos do cinema, utilizei "resenhas como importantes fontes de informação sobre a receptividade dos filmes"; Klinger, *Melodrama and Meaning*, 69.

CAPÍTULO 1

1. Turim, "Erotic in Asian Cinema", *Films of Oshima Nagisa*.

2. Para outro exemplo local de volatilidade, ver a discussão sobre Buenos Aires em Moya, *Cousins and Strangers*, 226-235.

3. Yamasaki aparece também como "Yamazaki" em alguns documentos e artigos acadêmicos. Escolhi a grafia "Yamasaki" por ser essa a forma usada pela diretora nos materiais promocionais de seus filmes. Reichenbach é um dos cineastas cuja biografia foi encomendada pelo estado de São Paulo como parte de sua série "AplausoCinemaBrasil". Lyra, *Carlos Reichenbach*.

4. Feng, *Identities in Motion*, 4. Idéia semelhante é encontrada em Linger, *No One Home*. Para análises gerais sobre a relação entre cinema e história, ver Rosenstone, *Visions of the Past*; Ferro, *Cinema and History*; e Sorlin, *Film in History*. Ver também White, *Content of the Form*; e Fiske, "British Cultural Studies".

5. Tange também teve papéis em *O Espantalho* (1977), *Cara a Cara* (1979) e *Os Imigrantes* (1981). Um estudo sobre o roteirista de *Os Imigrantes* é Souza, *Telenovela*. Informações gerais sobre as telenovelas podem ser encontradas em <www.teledramaturgia.com.br/>.

6. Como os militares tentaram criar um consumismo capaz de consolidar um "mercado de produtos culturais", essa posição da liderança *nikkeis* legitimizava todo esse espaço e esse grupo étnico como campos para a negociação de identidade. Ortiz, *Cultura brasileira*, 80; Ortiz, *Moderna tradição*, 113-114. Ortiz escreveu sobre o Japão em *Próximo e distante*.

7. Fung, "Looking for My Penis", 147.

8. Heine, "Sayonara Can Mean 'Hello'", 32.

9. Ver, por exemplo, "O que é mulher bonita?", *Realidade*, outubro de 1967, 92-101; "Mulher nua é boa leitura?", *Realidade*, junho de 1968, 15.

10. Tajima, "Lotus Blossoms Don't Bleed". Para os que se interessam por questões didáticas relacionadas às representações cinematográficas, ver Alquizola e Hirabayashi, "Confronting Gender Stereotypes".

11. "Com a casa e as discriminações – Em busca de um papel", *Arigatô* 2,16 (1978): 10.

12. Misaki Tanaka, entrevista a Jeffrey Lesser, São Paulo, 5 de fevereiro de 2002. A comunidade nipo-brasileira lutou para manter a idéia de "gueixa" como uma tradição legítima, rejeitando a noção de que as gueixas fossem simplesmente prostitutas. Ver matéria de capa da *Página Um* do *Diário Nippak*, 25 de junho de 1983, 3-4.

13. Hosokawa, "Cinema japonês". Usado com permissão do autor. Ver também Kobori, "Cinema japonês", 142-146.

14. Decreto-Lei 406 (4 de maio de 1938); Decreto-Lei 479 (8 de junho de 1938), art. 2º, n. 1a. Decreto-Lei 1.377 (27 de junho de 1938); Decreto-Lei 1.545 (25 de agosto de 1939), arts. 1º, 4º, 7º, 8º, 13, 15, 16. Miyao e Yamashiro, "Comunidade nipônica no período da guerra", 248-249, 255.

15. Cytrynowicz, *Guerra sem guerra*.

16. Shuhei Hosokawa generosamente me cedeu sua lista completa dos filmes exibidos no Brasil entre 1957 e 1987. Muitos desses filmes ainda existem, em formato 35 mm, em diversos arquivos brasileiros. Ver Abe Oi, *Cultura japonesa. Paulista Shimbun*, 22 de janeiro de 1966; *O Estado de S. Paulo*, 23 de março de 1968; Watanabe e Abe Oi, "Cinema japonês no Brasil".

17. Futema, "Salas japonesas". "Embrafilme contra cinema japonês", *Cinema em Close-Up* 4.18 (1979): 51-55; *Folha de S. Paulo*, 11 de março de 1986. A maior parte desses cinemas foi fechada nos anos 1980. O Cine Tóquio

é, atualmente, a Igreja Evangélica Nipo-Brasileira, e fica ao lado de um templo budista construído recentemente. Em ambos, a maior parte dos fiéis não é de ascendência japonesa.

18. Ferreira, "Samurais".

19. Uma coletânea de suas resenhas sobre Ferreira pode ser encontrada em Gamo, *Jairo Ferreira*.

20. Kobori, "Cinema japonês", 145.

21. Alfredo Sternheim, entrevista a Jeffrey Lesser, São Paulo, 10 de abril de 2002.

22. Memorando de Álvaro Teixeira Soares (Embaixada Brasileira em Tóquio) para o Itamaraty, 19 de fevereiro de 1968, EM 19/2/1968 (2342), Tóquio, Cartas Telegramas, 1968; Memorando de Fausto Cardona, cônsul brasileiro em Cobe para o Itamaraty, 26 de julho de 1968, Consulado Geral Cobe/206/1968/2, Ofícios de Cobe, julho-setembro de 1968; Faust Cardona, cônsul brasileiro em Cobe para Yonezo Kobayashi, presidente de Toho Co. Ltd, 24 de setembro de 1965, Consulado Geral Cobe/206/26/7/1968, Ofícios de Cobe, julho-setembro de 1968, AHI.

23. *Mainichi Daily News*, 7 de maio de 1968. Akiko Wakabayashi era conhecida do público brasileiro por seus papéis nos filmes japoneses *Samurai Pirate* (1963, exibido no Brasil em 1965) e *Interpol Code 8* (1963 e exibido no Brasil no mesmo ano), e do público americano por seu papel como Suki Yaki em *What's Up, Tiger Lily?* (1966), de Woody Allen. Talvez o mais conhecido dos filmes parcialmente ambientados no Rio de Janeiro tenha sido a comédia da *nouvelle vague* francesa de Philippe de Broca, *L'homme de Rio* (1964), estrelada por Jean-Paul Belmondo.

24. Domenig, "Anticipation of Freedom". Esta é a tradução inglesa do ensaio introdutório originalmente publicado em alemão em Domenig, *Art Theatre Guild*.

25. *Japan Times*, 30 de maio de 1968.

26. *Diário de São Paulo*, 9 de dezembro de 1964. Uma resenha semelhante, que nota a "extraordinária dimensão artística" do filme, pode ser encontrada em *O Estado de S. Paulo*, 26 de setembro de 1964. Vinte anos mais tarde, Fernão Ramos falou de *Noite Vazia* como "um filme brasileiro que deve ser revisto" na ocasião de uma mostra retrospectiva realizada em São Paulo; *Folha de S. Paulo*, 23 de julho de 1986.

27. Ely Azevedo, entrevista por Walter Hugo Khouri, *Filme Cultura*, maio de 1969; citado em Silva Neto, *Dicionário de filmes brasileiros*, 585; "Os 10 mais importantes filmes brasileiros", *Filme Cultura*, março de 1968.

28. Portaria 020/64-SCDP, Departamento Federal de Segurança Pública, Serviço de Censura e Diversões Públicas, 21 de setembro de 1964, D450/15, Fundação Cinemateca Brasileira (FCB). O filme foi lançado menos de duas semanas mais tarde; *Diário da Noite*, 30 de setembro de 1964.

29. Moreno, *Cinema Brasileiro*, 178.

30. Um desses filmes, *Kokusai himitsu keisatsu: Shirei dai hachigo (Interpol Code 8*, 1963), foi dirigido por Toshio Sugie, diretor assistente de Akira Kurosawa.

31. Stam, Vieira e Xavier, "Shape of Brazilian Cinema", 412. Dois outros filmes de Khouri que incluem fortes imagens de mulheres *nikkeis* são *O Prisioneiro do Sexo (The Prisoner of Sex*, 1979) e *Eros: O Deus do Amor (Eros: God of Love*, 1981), em que os papéis foram interpretados por Misaki Tanaka e Sueli Aoki.

32. Sinopse do diretor, ficha técnica, *Noite Vazia* (1964), Fundação Cinemateca Brasileira, São Paulo.

33. *Folha de S. Paulo*, 11 de março de 1986.

34. Khouri, "Influência do Cinema Japonês".

35. "Noite vazia", lista de diálogos, pasta de "Noite vazia", rolo 3, 1-4, FCB. Alfredo Sternheim, entrevista a Jeffrey Lesser, São Paulo, 10 de abril de 2002.

36. Mais de 1 milhão de italianos imigraram para São Paulo antes de 1934, e quase 75 mil outros entraram entre 1950 e 1957; Trento, *Do outro lado do Atlântico*, 107; Holloway, *Immigrants on the Land*, 42; La Cava, *Italians in Brazil*, 59.

37. Mori, "Por que os brasileiros começaram a apreciar a culinária japonesa?", não publicado, usado com permissão do autor. Gostaria de agradecer à minha colega Valerie Loichot por me sugerir uma leitura mais profunda sobre a pizza.

38. Misaki Tanaka, entrevista a Jeffrey Lesser, São Paulo, 5 de fevereiro de 2002; Alfred Sternheim, entrevista a Jeffrey Lesser, São Paulo, 10 de abril de 2002.

39. Alfredo Sternheim, entrevista a Jeffrey Lesser, São Paulo, 10 de abril de 2002.

40. Alfredo Sternheim, entrevista a Jeffrey Lesser, São Paulo, 10 de abril de 2002.

41. Pode-se também observar as cenas com Misaki Tanaka em *Paixão e Sombras* (1977) e Sueli Aoki, Kenichi Kaneko e Akemi Aoki em *Eros: O Deus do Amor* (1981). Aqui há uma drástica diferença com relação aos Estados Unidos, onde as análises acadêmicas da sexualidade asiática no cinema passaram por notável desenvolvimento a partir dos anos 1980. Ver, por exemplo, Hamamoto, "Joy Fuck Club"; Feng, *Screening Asian Americans*; Xing, *Asian America through the Lens*; Marchetti, *Romance and the "Yellow Peril"*; Lee, *Orientals*.

42. *Última Hora*, 6 de fevereiro de 1964. Ver também *Diário da Noite*, 28 de setembro de 1964.

43. Paulo Perdigão, *Diário de Notícias*, 1 de abril de 1965; *ABB-Bandeirante*, 16 de dezembro de 1964. A mesma desconexão entre imagem e texto pode ser encontrada em resenhas de *O Prisioneiro do Sexo*. Ver, por exemplo, *Jornal da Tarde*, 20 de abril de 1979.

44. Barbosa, "Amigos recordam o talento de Walter Hugo Khouri". Benguel foi seqüestrada em 1968 por um grupo de direita que se opunha às suas posições políticas. Esse seqüestro, bem como outros incidentes de repressão às artes, é discutido em Deckes, *Radiografia do Terrorismo*. Para uma visão mais ampla do papel dos artistas durante o período da ditadura, ver Ridenti, *Em Busca do Povo Brasileiro*.

45. Memorando de Faust Cardona, cônsul brasileiro em Cobe para o Itamaraty, 13 de maio de 1968. 133/5ho.612, Ofícios de Cobe, maio-junho de 1968, AHI.

46. Misaki Tanaka, entrevista a Jeffrey Lesser, São Paulo, 5 de fevereiro de 2002.

47. Este tipo de "aventureirismo étnico" não era inédito em São Paulo. Nos Estados Unidos, visitantes euro-americanos lotavam a boate chinesa Forbidden City, na Chinatown de San Francisco, em razão de sua localização e da oportunidade de ver uma cultura "chinesa" imaginária, profundamente americanizada e portanto familiar; *Forbidden City USA* (1989), dir. Arthur Dong.

48. Alfredo Sternheim, entrevista a Jeffrey Lesser, São Paulo, 10 de abril de 2002.

49. Klinger, *Melodrama and Meaning*, 75.

50. *O Estado de S.Paulo*, 26 de setembro de 1964; Desser, *Eros plus Massacre*.

51. *Jornal do Comércio*, 3 de abril de 1965. *Samurai Pirate* (1963), dir. Senkichi Taniguchi, que também era conhecido como *The Lost World of Sinbad*.

52. *Última Hora*, 4 de março de 1964.

53. *Diário de São Paulo*, 2 de outubro de 1964.

54. *Última Hora*, 29 de janeiro de 1964.

55. Ferreira, resenha de *As Cariocas*. *As Cariocas* (1966), dir. Fernando de Barros, Walter Hugo Khouri e Roberto Santos.

56. *Isei, Nisei, Sansei* (1970), dir. Alfredo David Sternheim, 35 mm, documentário, 10 min., produzido com o apoio da Comissão Estadual de Cinema da Secretaria de Cultura, Esportes e Turismo. Assistido no Museu de Imagem e Som, São Paulo, 27 de março de 2002. Sternheim, *David Cardoso*.

57. Alfredo Sternheim, entrevista a Jeffrey Lesser, São Paulo, 10 de abril de 2002.

58. Sobre a idéia do rural nos filmes de Mazzaropi, ver Tolentino, *Rural no Cinema*, 95-131.

59. Barsalini, *Mazzaropi*; Piper, *Filmusical e Chanchada*.

60. Empresa Brasileira de Filmes, *Cinejornal/Embrafilme* 6, 52.

61. Do *trailer* original de *Meu Japão Brasileiro*, Coleção Mazzaropi, vol. 3:10. Cinemagia DVD-Video.

62. McCann, *Hello, Hello Brazil*, 70.

63. Dennison e Shaw, *Popular Cinema in Brazil*, 151, 153. Outros filmes de Mazzaropi exibidos "no exterior" são *Um Caipira em Bariloche*, 1973 (sobre a Argentina), e *Portugal... Minha Saudade*, 1973 (sobre Portugal).

64. Glauco Barsalini se concentra na "mensagem da organização da sociedade civil contra as exigências do poder antidemocrático" manifestadas durante o lançamento, em 1965, menos de um ano depois do golpe militar; Barsalini, *Mazzaropi*, 113.

65. Esta postura contrária à oligarquia rural explica por que foi permitido o lançamento de um filme "revolucionário" como *Deus e o Diabo na Terra do Sol*, de Glauber Rocha (1964).

66. Interpretações recentes sobre o elemento anti-rascista da Constituição Brasileira sugere que a diferença entre racismo e preconceito é a consciência do comportamento; Constituição Brasileira de 1988, artigo 5º, parágrafo 42.

67. *Trailer* original constante de *Meu Japão Brasileiro*, Coleção Mazzaropi, vol. 3:10. Cinemagia DVD-Video.

68. Duarte, "Dia Cheio".

69. Gray, *A Tribuna* (Santos), 4 de abril de 1965.

70. *O Estado de S. Paulo*, 28 de janeiro de 1965.

71. Ibid.

72. *...E a Vaca Foi Para o Brejo* (1981), dirigido por José Adalto Cardoso. *Diário Nippak*, 2 de dezembro de 1981.

CAPÍTULO 2

1. Dennison e Shaw, *Popular Cinema in Brazil*, 158. A Boca do Lixo, onde se localizavam muitas das novas empresas de produção de cinema alternativo nos anos 1950 e 1960, era conhecida como zona de submundo, repleta de criminalidade e prostituição. Ver Joanides, *Boca do Lixo*; e Ferreira, "Imaginário da Boca". Imagens de nipo-brasileiros eram praticamente inexistentes nos filmes da renomada Escola do Cinema Novo. Embora não existam estudos sobre essa invisibilidade, é provável que ela esteja relacionada à idéia de que, como integrantes das classes média e alta, os *nikkeis* não eram vítimas de opressão de classe.

2. A coleção completa de *Cinema em Close-Up* pode ser encontrada na Biblioteca Jenny Klabin Segall do Museu Lasar Segall, em São Paulo. Muitos dos cinemas de São Paulo exibiam sessões duplas de artes marciais e pornochanchadas.

3. Moretti et al., *Hentai*.

4. Keizi, *Reflection* 46.

5. Hartog, "Interview with Carlos Reichenbach", 51. Essa entrevista foi realizada para uma edição do programa *Visions*, do Channel 4 (Reino Unido) intitulada "Brazil: Cinema, Sex and the Generals" (fevereiro de 1985), dir. Simon Hartog. Esse programa foi censurado pela British Independent Broadcasting Authority, e foi assistido pela primeira vez cerca de

vinte anos mais tarde, numa série do Channel 4 sobre programas anteriormente proibidos.

6.   Ferreira, "Onibaba"; Serper, "Shindô Kaneto's films *Kuroneko* and *Onibaba*".

7.   Simões, *Imaginário da Boca*, 10, 21.

8.   Bernardet, "Chanchada, Erotismo e Cinema Empresa", 21. Depoimento de Jean-Claude Bernardet, sem marcação ms. 20656, arquivo Pornochanchada, Museu de Arte Moderna (Rio de Janeiro), 3-1. Meus agradecimentos a Stephanie Dennison por compartilhar comigo esse material. Uma análise sobre a história da censura do cinema no Brasil pode ser encontrada em Simões, *Roteiro da Intolerância*. Para uma discussão abrangente sobre a pornochanchada, ver a edição especial sobre o assunto na revista *on-line Contracampo: Revista de Cinema* 36: "A pornochanchada e suas fronteiras", disponível em <www.contracampo.com.br/36/frames.htm>.

9.   Dennison e Shaw, *Popular Cinema in Brazil*, 23. Chauí, *Conformismo*. Sobre os curtas-metragens de propaganda ideológica, ver Fico, *Reinventando o Otimismo*; e Avellar, "Teoria da Relatividade".

10.   Todos os quatro críticos de cinema de *O Estado de S.Paulo* classificaram o filme como "ruim". *O Estado de S.Paulo*, "Cotação dos filmes em cartaz", 8 de outubro de 1978. Uma versão dublada de *O Bem-Dotado*, com o título em inglês *Cocky*, foi chamada de "uma comédia execrável" por Mark Lefanu em *Monthly Film Bulletin*, fevereiro de 1982, 24.

11.   Ver, por exemplo, resenha de *A Dança Final* por Ana Carolina Soares, *O Estado de S. Paulo*, 25 de abril de 2002. Uma entrevista recente com Aldine Müller, que participou de ambos os filmes, pode ser encontrada em Alexandre Santos, "'Os intelectuais esgotaram o Cinema Novo; a pornochanchada fez o cinema se levantar', diz Aldine Müller", *Revista Brasil de Cultura*, disponível em <www.revistabrasil.com.br/mateporbo21125.htm>.

12.   Kottak, *Prime Time Society*, 49.

13.   Dennison e Shaw, *Popular Cinema in Brazil*, 157-164. Inimá Ferreira Simões contrasta o jeito "brasileiro" de "O Homem de Itu" com o jeito americano de "Man of Steel"; Simões, *Imaginário da Boca*, 54-56. Ver também Simões, "Sou... mas quem não é?", 85-96.

14.   *Asian Pride Porno* pode ser visto on-line em <www.gregpak.com/app/index.html>. Meus agradecimentos a minha colega Catherine Nickerson

por me indicar este curta-metragem. Darrell Y. Hamamoto apontou a ausência de homens asiático-americanos na pornografia como exemplo da natureza de gênero dos estereótipos sexuais. Suas tentativas de reagir a isso com a produção do "primeiro filme pornô asiático-americano de todos os tempos (Skin on Skin)" são examinadas no documentário de James Hou, *Masters of the Pillow* (2004). Ver também Hoang, "Resurrection of Brandon Lee".

15. Dennison e Shaw, *Popular Cinema in Brazil*, 97.

16. Todas as citações são de "Com a casa e as discriminações: Em busca de um papel", *Arigatô* 2.16 (1978): 9.

17. *Cinema em Close-Up* 2.5 (1976): 17.

18. Todas as citações são de "Com a casa e as discriminações: Em busca de um papel", *Arigatô*, 2.16 (1978): 9.

19. Silva: "Bem-dotado" (2002).

20. Alguns desses *posters* e *stills* promocionais podem ser vistos nas fotografias presentes em Simões, *Imaginário da Boca*, 31.

21. Ver, por exemplo, as legendas do *still* de *Macho e Fêmea*, de Ody Fraga (1974), que usa o nome de Vera Fischer, mas mostra Misaki Tanaka, ou o *still* de *O Dia das Profissionais*, de Rajá de Aragão (1976), que usa o nome de Arlete Moreira mas mostra Niki Fuchita; *Cinema em Close-Up*, 1.3 (1976): 6, e 2.6 (1976): 23.

22. *Macho e Fêmea* (1973), dir. Ody Fraga; *Escola Penal das Meninas Violentadas* (1977), dir. Antônio Meliande; *Pensionato de Vigaristas* (1977), dir. Oswaldo de Oliveira; *As Fugitivas Insaciáveis* (1978), dir. Oswaldo de Oliveira; *O Bom Marido*, dir. Antônio Calmon; *Terapia do Sexo* (1978), dir. Ody Fraga; *Damas do Prazer* (1978), dir. Antônio Meliande; *Os Depravados* (1978), dir. Tony Vieira; *A Força dos Sentidos* (1980), dir. Jean Garret.

23. "Yoko Tani: Superstar", *Arigatô*, janeiro de 1977, 50-51; "Luzes, câmera: Midori em ação", *Arigatô*, março-abril de 1977, 36-37. Ao que parece, os produtores de cinema e televisão procuravam atrizes nos muitos concursos de beleza *nikkeis* realizados em São Paulo. Midori Tange havia sido Miss Simpatia do Concurso Miss Colônia e também havia estrelado várias novelas de televisão, além de dois filmes eróticos, *Desejo Violento* (1978), dir. Roberto Mauro, e *Belinda dos Orixás na Praia dos Desejos* (1979), dir. Antônio Bonacin Thome. O ensaio de Henrique Maximilia-

no, "Satoshi, Satoshi" é um exemplo contemporâneo de como a sexualidade *gay* opera frente à relação entre os *nikkeis* e a maioria brasileira.

24. Imagens das capas de ambas as revistas podem ser encontradas em "Com
a casa e as discriminações: Em busca de um papel", *Arigatô*, 2.16 (1978):
6-17.

25. *Diário Nippak*, 10 de setembro de 1980 e 13 de novembro de 1981.

26. Misaki Tanaka, entrevista a Jeffrey Lesser, São Paulo, 5 de fevereiro de
2002. Ferreira, "Estripador está solto"; Biáfora, resenha de *Estripador de
mulheres*. Juliano Tosi chama Doo de "uma das mais proeminentes e pro-
líficas vozes da Boca [do Lixo]"; Tosi, "Todos os filmes".

27. "Diabolismo erótico em novo filme", *Folha da Tarde*, 16 de agosto de
1978; "Erotismo e bruxaria no filme de estréia de Doo", *Diário Popular*,
13 de agosto de 1978; "*Ninfas Diabólicas*: Erotismo feito por um sino-
brasileiro", *Fiesta: Cinema*, 14 de agosto de 1978, 22-23.

28. Rubem Biáfora, resenha em *O Estado de S. Paulo*, 20 de agosto de 1978,
29. Os filmes posteriores de Doo não foram tão bem recebidos pela crítica, embora o público tenha feito filas para assisti-los. Um deles, *A Noite
das Taras* (1980), surpreendeu o crítico Jairo Ferreira por sua gigantesca
bilheteria, apesar de não ter "nada de pornochanchada, só pornô"; *Folha
de S. Paulo*, 19 de julho de 1980.

29. Bernardet e Biáfora, citados em "Com a casa e as discriminações", 8.

30. Aoki, citado em "Com a casa e as discriminações", 12. Para uma breve
discussão sobre a questão da cirurgia plástica no Brasil, ver Gilman,
Making the Body Beautiful, 215-227.

31. Misaki Tanaka, entrevista a Jeffrey Lesser, São Paulo, 5 de fevereiro de
2002.

32. Rubem Biáfora, *O Estado de S. Paulo*, 11 de junho de 1978.

33. Misaki Tanaka, entrevista a Jeffrey Lesser, São Paulo, 5 de fevereiro de
2002.

34. Carmem Angélica, entrevista a Minami Keizi, *Cinema em Close-Up*, 1.3
(1975): 49.

35. André, "Pornochanchada". Ferreira, "Império do desejo". Outra revista
de grande circulação, a *IstoÉ*, chamou o filme de "uma bela pornochanchada", 11 de março de 1981.

36. Reichenbach, "Segunda parte", 94-95. Borges, *Cinema à Margem*, esp.
43-50.

37. Moreino, *Cinema Brasileiro*, 204-217.

38. Hartog, "Interview with Carlos Reichenbach", 51.

39. Khouri, "Influência do cinema japonês". Sobre o Cinema Novo, ver Johnson, *Cinema Novo*; Burton, *Cinema and Social Change*; Johnson e Stam, *Brazilian Cinema*; Dunn, *Brutality Garden*, 74-77; Nagib, *New Brazilian Cinema*; e Ridenti, *Em Busca do Povo Brasileiro*, 89-103. Sobre a *nouvelle vague* japonesa, ver Desser, *Eros plus Massacre*.

40. Hartog, "Interview with Carlos Reichenbach", 53. Trevisan, "Entrevista com A. P. Galante", 71-75. Galante também produziu três filmes de Khouri, inclusive *O Prisioneiro do Sexo*. Um excelente documentário sobre Galante é Gamo e Melo, *O Galante Rei da Boca*. Ver também Lyra, *Carlos Reichenbach*, 53; e Melo, "Galante".

41. Tanaka havia atuado anteriormente num curta de Reichenbach, *Sonhos de Vida* (1979).

42. Para os espectadores, a imagem de um ator pode ser uma espécie de persona construída a partir dos papéis, anúncios e publicidade de um conjunto de filmes; Dyer, *Stars*.

43. Pôster publicitário e sinopse oficial de *Império do Desejo*, D567/8, FCB.

44. Cenas 100-106, roteiro de filmagem de *Império do Desejo*, R494, 63-67, FCB.

45. Hartog, "Interview with Carlos Reichenbach", 51.

46. Misaki Tanaka, entrevista a Jeffrey Lesser, São Paulo, 5 de fevereiro de 2002.

47. *Página Um* do *Diário Nippak*, 1 de setembro e 1 de outubro de 1984.

48. Carlos Reichenbach em resposta a uma pergunta formulada por Jeffrey Lesser, mesa redonda com Carlos Reichenbach, 31 de março de 2002, Fundação Cinemateca Brasileira, São Paulo.

49. Misaki Tanaka, entrevista a Jeffrey Lesser, São Paulo, 5 de fevereiro de 2002. Uma posição semelhante é assumida pelos muitos sino, nipo e filipino-americanos entrevistados sobre sua participação na dança e no canto moderno na boate Forbidden City, na Chinatown de San Francisco; *Forbidden City USA* (1989), dir. Arthur Dong. Ver também Fong-Torres, "Pioneer Performers".

50. Misaki Tanaka, entrevista a Jeffrey Lesser, São Paulo, 5 de fevereiro de 2002. Melo, "Ody Fraga"; Rodrigues, "Pornografia é o erotismo dos outros". Ver também Fraga, "Quilombo de Ody".

51. Ramos e Miranda, *Enciclopédia do cinema brasileiro*, 531.

52. *O Bom Marido* também foi estrelado por Nuno Leal Maia e seu roteiro foi traduzido para o inglês (embora eu não tenha encontrado nenhuma referência que indique que ele tenha sido dublado e lançado fora do Brasil). Calmon foi homenageado em 2003 com uma retrospectiva promovida pelo Centro Cultural Banco do Brasil de São Paulo, que incluiu *O Bom Marido*. Roteiro em inglês em R843/1, FCB.

53. Outros incluem os longas-metragens *Aleluia Gretchen* (Sylvio Back, 1976) e *Jakobine* (também conhecido como *Os Mucker*) (Jorge Bodanzky, 1978) e os documentários *Vida e Sangue do Polaco* (Sylvio Back, 1983), além de três longas de Olga Futema, *Retratos de Hideko* (1980), *Hia Sá Sá – Hai Yah!* (1986), e *Chá Verde Sobre Arroz* (1998). Para saber mais sobre Futema, ver Aliança Cultural Brasil-Japão e The Fact, *Universo em Segredo*, 50, 69. *Gaijin* tem muitas cenas em japonês, com legendas em português e pode assim ser relacionado com *Como era Gostoso o Meu Francês* (1971), filme de Nelson Pereira dos Santos – um dos mentores de Yamasaki –, que é em grande parte falado em tupi.

54. Estudantes de cinema filmaram a ocupação militar da Universidade de Brasília. Muitas das imagens foram disponibilizadas com o lançamento do documentário de Vladimir Carvalho, *Barra 68: Sem Perder a Ternura* (2001).

55. A discussão definitiva sobre a obra de Yamasaki é o cuidadoso estudo de Shuhei Hosokawa sobre o cinema brasileiro e a identidade *nikkei*, *Shinema-ya, Burajiu o iku* [*O Cinema Japonês Vai ao Brasil*] (Tóquio: Shinchosha, 1999). Um breve estudo em língua inglesa de alguns dos filmes de Yamasaki pode ser encontrado em Moniz, "Race, Gender, Ethnicity". Uma comparação fascinante entre o Cinema Novo e o Cine de Liberación da Argentina encontra-se em Tal, *Pantallas y revolución*.

56. "Apesar da falta de apoio, *Gaijin* está pronto", *Diário Nippak*, 27 de junho de 1979.

57. Entrevista de Tizuka Yamasaki para o *Página Um* do *Diário Nippak*, 14 de junho de 1980.

58. Stam, *Tropical Multiculturalism*, 368n12.

59. Lesser, *Negociando a identidade nacional*, capítulo 4.

60. Essa proposta é apoiada nos depoimentos orais que Shuhei Hosokawa recolheu de imigrantes, que "muitas vezes falavam sobre como o nasci-

mento de uma criança havia sido decisivo em sua opção por viver permanentemente no Brasil, seu 'segundo lar'"; Hosokawa, texto para palestra sobre *Gaijin* proferida na Emory University, em 29 de março de 2000. Usado com permissão do autor.

61. Hosokawa, texto para palestra sobre *Gaijin*, proferida na Emory University, em 29 de março de 2000. Entrevista de Tizuka Yamasaki para o *Página Um* do *Diário Nippak*, 14 de junho de 1980.

62. O filme se baseou numa peça de Gianfranceso Guarnieri, que interpretava Enrico em *Gaijin*.

63. *Folha de S. Paulo*, 4 de novembro de 1980.

64. "Japão propõe imigração em massa para o Brasil", *Folha de S. Paulo*, 10 de agosto de 1980. "Oposição reage à vinda maciça de imigrantes", *Folha de S. Paulo*, 11 de agosto de 1980. Ver também San Martín e Pelegrini, *Cerrados*.

65. *Folha de S. Paulo*, 4 de novembro de 1980.

66. *Folha de S. Paulo*, 13 de abril e 15 de setembro de 1980.

67. "Renasce o grande cinema japonês", *Folha de S. Paulo – Ilustrada*, 11 de janeiro de 1980.

68. *Folha de S. Paulo*, 12 de setembro de 1980.

69. *Jornal do Brasil – Caderno B*, 31 de maio de 1980.

70. "Os velhos imigrantes e o *Gaijin*", *Diário Nippak*, 26 de março de 1980.

71. Hosokawa, texto para palestra sobre *Gaijin* proferida na Emory University, em 29 de março de 2000.

72. Centro de Estudos Nipo-Brasileiros, *Pesquisa*; Koichi Mori, "Mundo dos brasileiros mestiços", manuscrito não-publicado, usado com permissão do autor.

73. Henri Kobata, entrevista a Jeffrey Lesser, São Paulo, 2 de fevereiro de 2002. *Retratos de Hikedo* está disponível atualmente em *O Brasil em Curtas* 12, Festival Internacional de Curtas-Metragens de São Paulo (Rio de Janeiro: Ministério de Cultura, 2001). Uma discussão sobre alguns dos documentários de Futema sobre o movimento trabalhista em São Paulo pode ser encontrada em Bernardet, *Cineastas e Imagens do Povo*, 221-40. "Tizuka Yamasaki, pela liberdade, sempre", *Página Um* do *Diário Nippak*, 9 de julho de 1983.

74. Misaki Tanaka, entrevista a Jeffrey Lesser, São Paulo, 5 de fevereiro de 2002.

75. "*Gaijin*: A estréia e as repercussões", *Diário Nippak*, 13 de fevereiro de 1980.

76. Prado: "*Gaijin: Os caminhos da liberdade*".

77. Stam, *Tropical Multiculturalism*, 368n12.

78. *Embrafilme apresenta* "*Gaijin: Caminhos da Liberdade*", in: Fundação Cinemateca Brasileira (São Paulo), pasta de "Gaijin", páginas sem número. Misaki Tanaka, entrevista a Jeffrey Lesser, São Paulo, 5 de fevereiro de 2002. Num livro sobre a carreira de Guarnieri, em grande parte narrado pelo próprio ator, não há qualquer menção a *Gaijin*, nem mesmo na filmografia; Roveri, *Gianfranceso Guarnieri*.

79. Yamasaki, citada em *O Estado de S. Paulo*, 27 de maio de 1979.

80. *Visão*, 24 de março de 1980.

81. "*Gaijin*, a aventura dos japoneses em nossa terra", *Folha de S. Paulo*, 5 de fevereiro de 1979; "A imigração vista por olhos puxados", *IstoÉ*, 2 de abril de 1980. Outras manchetes foram "Gaisin [sic] tem tema da imigração japonesa", *O Estado de S. Paulo*, 27 de maio de 1979; "Filme mostrará problemas de imigrantes japoneses", *Folha de S. Paulo*, 8 de junho de 1979; "A imigração japonesa, no primeiro filme de Tizuka Yamasaki", *Jornal da Tarde*, 13 de fevereiro de 1979; "*Gaijin*, a saga do imigrante japonês no Brasil", *O Estado de S. Paulo*, 18 de fevereiro de 1980; "Saga: O lancinante caminho", *Jornal do Brasil – Revista Domingo*, 11 de maio de 1980.

82. Ver, por exemplo, os artigos em *Jornal do Brasil – Caderno B*, 31 de maio de 1980; *Folha de S. Paulo*, 18 de junho de 1981; e *Jornal da Tarde*, 24 de junho de 1981.

83. *Jornal do Brasil – Caderno B*, 31 de maio de 1980. *O Estado de S. Paulo*, 1 de junho de 1980.

84. *Folha de S. Paulo – Ilustrada*, 28 de maio de 1980. O mesmo artigo também foi publicado no *Jornal do Brasil – Caderno B*, 31 de maio de 1980.

85. Gerardo Mello Morão, "A galáxia chinesa", e (autor não citado), "*Gaijin*, expectativa no festival", *Folha de S. Paulo – Ilustrada*, 22 de fevereiro de 1980.

86. "Cannes escolhe Fosse e Kurosawa", *Folha de S. Paulo – Ilustrada*, 24 de maio de 1980.

87. Marcos Vinício, "Gaijin, o melhor 'mestiço'", *Folha da Tarde*, 7 de abril de 1980.

88. Uma amostra de alguns dos principais estudos sobre os *dekasseguis* pode ser encontrada em Lesser, *Searching for Home Abroad*.
89. Ver <www.tizukayamasaki.com.br/index-port.htm>.

CAPÍTULO 3

1. Comissão de Recenseamento da Colônia Japonesa, *Japanese Immigrant*, tabela 337, "Urban-Rural Distribution by Every 5 Years, Period-Region" (630-633), tabela 339, "Inflow to the City of São Paulo in Each Five Year Period, Former Resident-Region" (634-635). "Participação de descendentes no novo governo", *Diário Nippak*, 28 de março de 1979.
2. Ridenti, *Fantasma da Revolução*, 122. Para uma fascinante discussão sobre o aprendizado nas universidades nesse período, ver Gusmão, "Memória, identidade e relações de trabalho", esp. cap. 3. Nos Estados Unidos, Laura Pulido nota a importância do ingresso nas universidades para a politização antibélica dos nipo-americanos; Pulido, *Black, Brown, Yellow and Left*, 77.
3. A idade média dos torturados nos primeiros anos do regime era de 22 anos; Igreja Católica, Arquidiocese de São Paulo, *Brasil, nunca mais*, 85-88; publicado em inglês como Archdiocese of São Paulo, *Torture in Brazil*; della Cava, "Torture in Brazil".
4. Essa agência foi criada em 1924.
5. Fernandes Júnior, *Baú do guerrilheiro*, 77.
6. Miranda e Tibúrcio, *Dos filhos deste solo*, 634-650.
7. O estudo histórico clássico dos diferentes grupos militantes e de suas posições políticas gerais, além das táticas repressoras do Estado, é Gorender, *Combate nas trevas*. Sobre os muitos grupos brasileiros de oposição, suas posições ideológicas e as políticas e formas de atuação da ditadura militar, ver também Arquidiocese de São Paulo, *Torture in Brazil*; Alves, *State and Opposition*; Valle, *1968*; Couto, *Memória viva*; Aquino, *Censura, imprensa, Estado autoritário*; D'Araujo, Soares, e Castro, *Visões do golpe*; D'Araujo, Soares, e Castro, *Anos de chumbo*; Ridenti, *Fantasma da Revolução*; Reis, Ridenti e Sá Motta, *Golpe e a ditadura militar*; Pereira, *Political (In)justice*. Estudos sobre questões de gênero são excelentes exemplos de como a militância pode ser analisada de forma não tradicional. Ver Costa et. al., *Memórias das mulheres*; Patarra, *Iara*; Carvalho, *Mulheres*

que foram à luta armada; Ferreira, *Mulheres, militância e memória*; e Cunha, "Face feminina".

8. Skidmore, *Politics of Military Rule*; 84-89, 117-125; Skidmore, *Brazil*, 164. Uma abrangente e cuidadosa análise da ditadura pode ser encontrada no estudo sobre o período escrito por Elio Gaspari, publicado em quatro volumes: *A ditadura envergonhada* (2002); *A ditadura escancarada* (2002); *A ditadura derrotada* (2003); e *A ditadura encurralada* (2004). Algumas das variações regionais sobre a forma de operação da ditadura podem ser encontradas nos capítulos sobre o estado do Rio Grande do Sul em Wasserman e Guazelli, *Ditaduras militares*.

9. Vanguarda Popular Revolucionária (doravante VPR), *Um balanço ideológico da revolução brasileira: 10 passos para a construção da vanguarda*, mimeógrafo, s./d., CX 69.03.196.8/n, Centro de Documentação e Memória (doravante Cedem); Truskier, "Politics of Violence"; Marighella, *Manual of the Urban Guerrilla*. Declaração do Comitê Central do Partido Comunista do Brasil (PCdoB) de dezembro de 1969: "Responder ao banditismo da ditadura com a intensificação das lutas do povo". In: Wladimir Pomar (org.), *Araguaia, o partido e a guerrilha*, 119-134.

10. Pulido, *Black, Brown, Yellow and Left*, 105-113. Dois estudos que sugerem a necessidade de pesquisas muito mais cuidadosas sobre etnicidade e a esquerda no Brasil são Pinsky, *Pássaros da liberdade*; e Iokoi, *Intolerância e resistência*.

11. A partir das listas de subversivos elaboradas pelo Deops, pude extrair os nomes nipo-brasileiros e, em seguida, encontrar informações sobre os locais de nascimento listados nas carteiras de identidade. Esse método me permitiu identificar os locais de nascimento de centenas de *nikkeis* acusados de atividade esquerdista. Ver, por exemplo, os locais de nascimento dos nipo-brasileiros listados em "Inquérito Policial: Infrações a dispositivos da Lei de Segurança Nacional", 31 de março de 1970, 30Z/160/5420-543, Arquivos do Deops – Arquivo do Estado de São Paulo [doravante Aesp] e o documento sem título no Deops Setor: Secreto, pasta 129, 6, Arquivo Público do Estado do Rio de Janeiro (doravante Aperj).

12. Yoshimura, "G.I.'s and Asian Women", 1. Ver também os comentários de um militante anônimo da East Wind, citados em Pulido, *Black, Brown, Yellow and Left*, 79-80.

13. Centro de Estudos Nipo-Brasileiros, *Pesquisa*; Butsugan, "Participação social"; Vieira, "Sistema de casamento". Para um fascinante relato auto-biográfico de um casal inter-racial, ver Takeshita, *Grito de liberdade*.

14. Rioco Kaiano, entrevista a Jeffrey Lesser, São Paulo, 14 e 18 de junho de 2002.

15. Marta Tanisaki, entrevista a Jeffrey Lesser, São Paulo, 11 de junho de 2002; Rioco Kaiano, entrevista a Jeffrey Lesser, São Paulo, 14 e 18 de junho de 2002; Shizuo Osawa, entrevista a Jeffrey Lesser, Rio de Janeiro, 25 de janeiro de 2002; Carlos Takaoka, entrevista a Jeffrey Lesser, São Paulo, 3 de julho de 2002. Sobre o movimento *dekassegui*, ver Linger, *No One Home*; e Roth, *Brokered Homeland*.

16. Beozzo, "Padres conciliares brasileiros". Meus agradecimentos a Kenneth Serbin por me indicar esta fonte. Informações sobre a Diocese de Lins disponíveis em <www.catholic-hierarchy.org/dioceses/dlins.html#info>.

17. Lesser, *Negociando a identidade nacional*, 113-118.

18. Secretaria de Estado das Relações Exteriores para a Embaixada do Japão em Brasília, "Bens japoneses confiscados na Segunda Guerra Mundial", 13 de abril de 1965, DAO 9443(56) (42). Japão Notas Expedidas, Secretaria de Estado das Relações Exteriores para a Embaixada do Japão em Brasília, "Repatriação de cidadãos japoneses ligados a Shindo Renmei", 13 de setembro de 1967, DIM 551.4(56)/7 (56)/42 (02), Japão Notas Expedidas, AHI.

19. Rioco Kaiano, entrevista a Jeffrey Lesser, São Paulo, 14 e 18 de junho de 2002.

20. Ver, por exemplo, "Auto de qualificação e de interrogatório de Manuel de Lima", 26 de maio de 1970, 30Z/160/7694, Documentos do Deops, Aesp. Ver também "Conferência pronunciada por Sua Excelência o Senhor Ministro de Estado das Relações Exteriores, Embaixador Antônio F. Azeredo da Silveira, por ocasião da abertura do Simpósio sobre os 70 Anos da Imigração Japonesa", Brasília, Câmara dos Deputados, 16 de maio de 1978, Série Ministro das Relações Exteriores, Conferências 1974/75, AAS MRE ag 1974.05.27, Centro de Pesquisa e Documentação de História Contemporânea do Brasil, Rio de Janeiro [doravante CPDOC-Rio]. Meus agradecimentos a Jerry Dávila por compartilhar esse documento comigo.

21. Em 1964, 12 estudantes do ITA, inclusive João Yutaka Kitahara, também foram expulsos. Embora nem todos tenham sido presos, eles foram proibidos de se matricular em outras universidades devido à natureza política das acusações movidas contra eles. A história das expulsões e de uma tentativa, ocorrida em 2004, de conceder diplomas a alguns desses estudantes, inclusive Tokoro, é contada em Athayde, "Justiça ainda que tardia". Os diplomas foram finalmente concedidos em 2005; *Correio Braziliense*, 20 de maio de 2005. O líder do Centro Técnico Aeroespacial da Força Aérea Brasileira ficou tão enfurecido com a decisão que demitiu o presidente do Instituto Tecnológico da Aeronáutica, Michal Gartenkraut, ato esse que foi divulgado no *website* da Força Aérea antes que o próprio Gartenkraut fosse informado; *Folha de S. Paulo*, 26 de julho de 2005.

22. Sumizawa, "Ex-presos políticos". Ito e Albuno Wakahara foram dois *nikkeis* indenizados pelo governo brasileiro por terem sido torturados durante a ditadura: <www.justica.sp.gov.br/sessoes/sessao27.htm>.

23. *Jornal do Brasil*, 6 de setembro de 1969.

24. Pulido, *Black, Brown, Yellow and Left*, 59.

25. Esse fato foi confirmado por vários ex-militantes judeus que pediram para permanecer anônimos. A relação entre etnicidade judaica e atividade militante no Brasil é muito mais tênue do que o é para os *nikkeis*. Essas frágeis conexões são esclarecidas por Kushnir, "Nem bandidos, nem heróis". O romance de Carlos Heitor Cony *Pessach: A travessia* inclui um personagem judeu-brasileiro que entra para uma organização guerrilheira.

26. Superior Tribunal Militar n. 40577, André Tsutomu Ota, 24 de outubro de 1974, Coleção Brasil Nunca Mais 068 (1), vol. 1, 33-34. In: Arquivo Edgard Leuenroth, Instituto de Filosofia e Ciências Humanas da Unicamp (doravante AEL); Deops Relatório e Inquérito Policial, 29 de abril de 1970, 30Z/160/14088-13979, Documentos do Deops, Aesp.

27. "Declarações que presta Mari Kamada (Isa, Mina Shiruka) à turma de interrogatório preliminar 'C' das 10:00 as 18:00 horas do dia 12-13 de março de 1972", 50Z-9-33003, Documentos do Deops, Aesp.

28. *O Estado de S. Paulo*, 7 de dezembro de 1969.

29. Nair Yumiko Kobashi, entrevista a Jeffrey Lesser, São Paulo, 3 de maio de 2002.

30. Polari, *Em busca do tesouro*, 75. Conhecido atualmente por seu nome completo, Alex Polari de Alverga é membro atuante da seita Ayahuasca ou Santo Daime, que mantém um jornal, *Humanas*, acusado por vários críticos de anti-semitismo. Ver Lesser, "Brazil", 339. O relato de Polari sobre sua própria jornada espiritual pode ser encontrado em *Forest of Visions*.

31. Olga Yoshiko Futema, entrevista a Jeffrey Lesser, São Paulo, 14 e 19 de junho de 2002.

32. Kaiano, "Estação Tiradentes". Morais e Silva, *Operação Araguaia*, 246-248. O centro populacional mais próximo a Guaimbê é a cidade de Lavinha, relativamente próxima à cidade de Lins.

33. Rioco Kaiano, entrevista a Jeffrey Lesser, São Paulo, 14 e 18 de junho de 2002.

34. Ver declaração manuscrita de Dowbor, "De próprio punho declaro o seguinte", 14 de maio de 1970, 50Z/9/13994, 1-18, Documentos do Deops, Aesp. Dowbor nasceu na França, de pais poloneses refugiados que imigraram para o Brasil em 1951, quando ele tinha dez anos de idade.

35. Entre esses nomes constavam Leila, Norma, Rita, Leda, Cláudia, Célia, Márcia e Mara. Cheguei a encontrar uma referência oblíqua que indicava que alguém, talvez do PCB e talvez uma professora de filosofia da Universidade de São Paulo, pode ter tido o codinome de "Israelita"; "Declarações que presta Eva Tereza Skazufka Bergel", 6 de junho de 1970, 50Z-9-14235, Documentos do Deops, Aesp.

36. Os arquivos do Deops realmente sugerem a existência de algumas raras exceções à regra. Hans Rudolph Manz, cidadão suíço e membro da ALN, foi apelidado de "Alemão"; "Resumo das declarações prestadas por Otávio Angelo", 21 de dezembro de 1969 30-Z-160 3696, Documentos do Deops, Aesp. O líder estudantil Marcelo Chueiri era chamado de "O Turco"; Costa, *Cale-se*. Monir Tahan Sab, acusado de ser membro do Molipo/ALN, teria sido chamado de "Shariff", 50Z-9-3300, Documentos do Deops, Aesp.

37. Seixas, "Nome, nome de guerra e nomes legendários", 10.

38. Fernandes Júnior, *Baú do guerrilheiro*, 193.

39. "Auto de reconhecimento de Virgílio Nunes Gomes", 26 de dezembro de 1969. In: Supremo Tribunal Federal n. 1396-4, Coleção Brasil Nunca Mais, 119(2), vol. 8, AEL.

40. Nova e Nóvoa, "Genealogias, transversalidades e rupturas".

41. Marighella, "Canto para atabaque".

42. Por exemplo, a origem de Marighella só é mencionada duas vezes numa coleção dedicada a uma análise de sua vida, uma vez por sua mulher Clara Charf (ela própria membro de um grupo étnico minoritário) e uma outra vez na introdução, em referência ao comentário de Charf; Nova e Nóvoa, *Carlos Marighella*.

43. Ver, por exemplo, Kehl e Venceslau, "Clara Charf".

44. *Marighella: Retrato Falado do Guerrilheiro* (2001), dir. Sílvio Tendler.

45. "Auto de qualificação e interrogatório de Darci Toshiko Miyaki", 3 de maio de 1972, no rolo de microfilme n. 250, 108, Projeto Brasil Nunca Mais, Universidade de Chicago, Joseph Regenstein Library [doravante BNM]. "Declarações que presta José Edson Mesquita Fabia ('Zé')", 8-9 de maio de 1972, 50 Z 9 31080, Documentos do Deops, Aesp, Estado de Guanabara, Secretaria de Segurança Pública, Departamento de Ordem Política e Social, Divisão de Informações, Pedido de Busca Sp/SAS, n. 0578 Rio, 6 de junho de 1969, Assunto: VPR, Dops Setor: Terrorismo, pasta 2, 106, Aperj. (No Rio, a organização era chamada de Departamento de Ordem Política e Social; em São Paulo era chamada de Deops).

46. Sobre Tijuwara, ver "Declarações que presta Lúcia Maria Lopes de Miranda Leão ('Júlia' ou 'Vera')", 9-10 de maio de 1972, 50 Z 9 31044; sobre Fujimori (também escrito *Fugimori* e *Fujimore*), ver "Auto de qualificação e de interrogatório de Tercina Dias de Oliveira", 25 de maio de 1970, 30Z/160/7702, e "Auto de qualificação e de interrogatório de Joaquim dos Santos", 1 de junho de 1970, 30Z/160/7677; sobre Okabayashi, ver "Declarações que Presta Lúcia Maria Lopes de Miranda Leão ('Júlia' ou 'Vera')", 13-14 de maio de 1972, 50 Z 9 31026, Documentos do Deops, Aesp.

47. Sobre Kobashi, ver "Declarações que presta José Edson Mesquita Fabia ('Zé')", 8-9 de maio de 1972, 50 Z/9/31080-31044, Documentos do Deops, Aesp. Nair Yukio Kobashi, entrevista a Jeffrey Lesser, São Paulo, 3 de maio de 2002. Para uma cuidadosa discussão sobre as questões metodológicas envolvidas no trabalho com o material do Deops, ver Aquino, Mattos e Swensson, *No coração das trevas*; e Pereira, *Political (In)justice.*

48. "Auto de qualificação e de interrogatório de Paulo de Tarso Vannuchi", 22 de dezembro de 1971, 068 (2), vol. 7, 2023-24, BNM. Ver também "Auto de qualificação e de interrogatório de Tercina Dias de Oliveira", 25 de maio de 1970, 30Z/160/7702; "Interrogatório de Manuel de Lima", 26 de maio de 1970, 30Z/60/7692-94, 443-453, esp. 447; "Auto de qualificação e de interrogatório de Ladislau Dowbor", 5 de junho de 1970, 30Z/160/7651; "Interrogatório de Ladislau Dowbor", 14 de julho de 1970, 30Z/60/7642, 337-354, Documentos do Deops, Aesp.

49. Ver, por exemplo, "Interrogatório de Ladislau Dowbor", 14 de julho de 1970, 30Z/60/7642, 337-354; "Primeiras declarações que presta Anisio Costa Toledo", 7-8 de outubro de 1971, em Ministério do Exército-II Exército, Codi, 2ª Seção, Doi, 30Z/160/10453, 127, Documentos do Deops, Aesp; Estado da Guanabara, Secretaria de Segurança Pública, Departamento de Ordem Política e Social, Divisão de Informações, Pedido de Busca Sp/SAS, n. 0578, Rio de Janeiro, 6 de junho de 1969, Assunto: VPR, Dops Setor: Terrorismo, pasta 2, 106, Aperj; "Auto de qualificação e de interrogatório de Pedro Lobo de Oliveira", 27 de janeiro de 1969, em Fundo Dops/MG, rolo 2, pasta 0025-2, Arquivo Público Mineiro, Minas Gerais.

50. Relatório confidencial: Ministério do Exército, I Exército, 2ª Seção, Rio de Janeiro, 13 de novembro de 1970, Assunto: Curso de Guerrilha Rural e Urbana em Cuba, Origem: CIE, Dops Setor: Secreto, pasta 78, 208-02, Aperj.

51. Nair Yumiko Kobashi, entrevista a Jeffrey Lesser, São Paulo 3 de maio de 2002; Rioco Kaiano, entrevista a Jeffrey Lesser, São Paulo, 3 de maio de 2002; Rioco Kaiano, entrevista a Jeffrey Lesser, São Paulo, 14 e 18 de junho de 2002.

52. Comitê Central do Partido Comunista do Brasil (PCdoB), "Mais audácia".

53. "Passeata só inova na bandeira: A do Vietcong", O Estado de S. Paulo, 9 de abril de 1968.

54. Gorender, Combate nas trevas, 122-129; Lima e Arantes, História da Ação Popular; Projeto Brasil Nunca Mais, Brasil Nunca Mais, 100-102; em inglês como Archdiocese of São Paulo, Torture in Brazil, 90-93; Miranda e Tibúrcio, Dos filhos deste solo, 468-488.

55. Marta Tanisaki, entrevista a Jeffrey Lesser, São Paulo, 11 de junho de 2002.

56. Para um cuidadoso exame do arquivo do Deops de São Paulo e da "mentalidade" por trás de sua organização e função, ver Aquino, Mattos e Swensson, *No coração das trevas*.

57. "Declarações que presta Paulo de Tarso Vannuchi à equipe interrogatório preliminar 'C' das 14:00 às 16:30 do dia 15 de março de 1971 pertence a organização ALN", 50 Z 9 34260 a 34246, Documentos do Deops, Aesp. Ver também "Auto de qualificação e de interrogatório de Paulo de Tarso Vannuchi", 22 de dezembro de 1971, 068(2), vol. 7, 2023-24, BNM.

58. Esta história foi contada pelo general do Exército Carlos Alberto Brilhante Ustra, comandante regional do DOI-Codi de São Paulo que, em 1985, foi acusado pela deputada federal Bete Mendes de tê-la torturado, no que veio a se tornar um caso de grande notoriedade. Sua versão da história, verdadeira ou não, indica exatamente como funcionava a questão da etnicidade nas relações entre militantes e polícia; Ustra, *Rompendo o silêncio*, 198-199.

59. "Declarações que presta Mari Kamada (Isa, Mina, Shiruka) à turma de interrogatório preliminar 'C' das 10:00 às 18:00 horas do dia 12-13 de março de 1972", 50Z-9-33003, Documentos do Deops, Aesp.

60. Jun Nakabayaski, entrevista a Jeffrey Lesser, São Paulo, 3 de janeiro de 2002.

61. "Auto de reconhecimento de Almir Barros Cavalcante, soldado da Força Pública do Estado de São Paulo", 19 de dezembro de 1969. In: Supremo Tribunal Federal n. 1396-4, Coleção Brasil Nunca Mais, 119(2), vol. 7. "Auto de reconhecimento de Virgílio Nunes Gomes", 26 de dezembro de 1969; "Auto de reconhecimento de Nivaldo Silva Bar", 7 de janeiro de 1970. In: Supremo Tribunal Federal n. 1396-4, Coleção Brasil Nunca Mais, 119(2), vol. 8. AEL. Ver também, por exemplo, "Interrogatório de Maria Barreto Leite Valdes", 25 de maio de 1970, 30Z/160/7696-7697, Documentos do Deops, Aesp.

62. Jun Nakabayaski, entrevista a Jeffrey Lesser, São Paulo, 3 de janeiro de 2002.

63. Costa, *Cale-se*, 105. O desaparecimento de Okano é discutido em Miranda e Tibúrcio, *Dos filhos deste solo*, 123.

64. *O Estado de S. Paulo*, 3 de julho de 1970. Celso Lungaretti comentou sobre essa confusão em suas memórias, *Náufrago da Utopia*, 123.

65. Lesser, *Negociando a Identidade Nacional*, 176-177.

66. "Não era brincadeira, era assalto", *O Estado de S. Paulo*, 16 de outubro de 1968, II.

67. Assentada de 8 de julho de 1969 na Delegacia de Polícia de Santo André. In: Delegado Roberto Giovanetti Dordenale. In: Supremo Tribunal Federal 1396-4, 10 de abril de 1979, Coleção Brasil Nunca Mais 110(1), vol. 2, AEL.

68. Fernandes Júnior, *Baú do guerrilheiro*, 77.

69. Testemunho de Edson Morini em Inquirição Sumária, 10º Batalhão da Polícia Militar-Força Pública do Estado de SP, 9 de agosto de 1971, e Auto de reconhecimento (fotográfico), 6 de junho de 1972, Coleção Brasil Nunca Mais, 068 (2), vol. 5, 1141-42, 1157, 1193, AEL.

70. "Termo de declarações de Isidor Leon Nahoum". In: Supremo Tribunal Federal 1396-94, 10 de abril de 1979, Coleção Brasil Nunca Mais, 110(1), vol. 3, AEL.

71. "Terroristas japoneses", *Diário Popular*, 12 de fevereiro de 1966.

72. "Os japoneses do terror", *Jornal da Tarde*, 14 de março de 1970. A relação entre o *Jornal da Tarde* e as forças repressoras do Estado é explorada em Perosa, *Cidadania proibida*, 53-92; e Kushnir, *Cães de guarda*.

73. Ver, por exemplo, o relatório confidencial sobre "Terroristas/assaltantes" elaborado pelo Departamento Estadual de Investigações Criminais do Secretário de Estado dos Negócios da Segurança Pública, 16 de julho de 1969, Fundo Dops/MG, rolo 2, pasta 0025-1, Arquivo Público Mineiro, Minas Gerais.

74. *O Estado de S. Paulo/Jornal da Tarde*, 13 de janeiro de 1970.

75. "Aqui estão 19 faces do terror", *O Estado de S. Paulo/Jornal da Tarde*, 15 de maio de 1969.

76. "Dez bilhões em meia hora", *Veja*, 4 de fevereiro de 1970.

77. Villaméa, "Verdadeira história do cofre do dr. Rui". Um relatório do governo dos Estados Unidos defendia que todos os 189 assaltos a bancos que ocorreram em São Paulo entre 1968 e 1970 (número maior que a totalidade dos assaltos ocorridos nas demais regiões do Brasil) eram de natureza política; U.S. Department of State Airgram, da Embaixada Americana, Brasília, para Departamento de Estado, Washington, "Robberies Committed by Terrorists", 9 de novembro de 1970, RG 59, Registros Gerais do Departamento de Estado, arquivos temáticos 1970-73,

Political and Defense, POL17-5 BRAZ-POL 23-8 BRAZ, caixa 2132, NWDPH-1997, NARC.

78. "Auto de reconhecimento de 19 de dezembro de 1969 de Almir Barros Cavalcante", e "Assentada de 19 de dezembro de 1969 de Tércio Antônio Provenza". In: Supremo Tribunal Federal n. 1396-4, Coleção Brasil Nunca Mais, 119(2), vol. 7, AEL.

79. "Primeiras declarações de Francisco Antônio Coutinho e Silva", 8-9 de outubro de 1971, 30Z/160/10452, Documentos do Deops – Arquivo do Estado de São Paulo (Aesp). A linguagem dos relatórios desse tipo é muito semelhante. Ver, por exemplo, um relatório sobre o seqüestro de um médico que foi levado a um local ignorado para cuidar de um militante ferido; "Primeiras declarações de Anisio Costa Toledo", 7-8 de outubro de 1971, 30Z/160/10453; "Seqüestro de médico", Secretaria da Segurança Pública, Coordenação de Informações e Operações, 5 de novembro de 1971, 30Z/160/10454, Documentos do Deops, Aesp.

80. *O Estado de S. Paulo*, 1 de agosto de 1969.

81. "Panfletos causam prisões", *O Estado de S. Paulo*, 8 de julho de 1976.

82. "Subversão: o absurdo", *Veja*, 26 de janeiro de 1972, 22.

83. *Paulista Shimbun*, 19 de janeiro de 1966, 8. Artigos de natureza semelhante podem ser encontrados em "Mendigos e bêbados japoneses em São Paulo", *São Paulo Shimbun*, 25 de junho de 1959, 5; "Furtos prende *nisei* assaltante de carros", *Paulista Shimbun*, 10 de fevereiro de 1967, 8. Meus agradecimentos a Ryan Lynch por me enviar estes artigos.

84. *Jornal da Tarde*, 14 de março de 1970; *Mainichi Daily News*, 16 de março de 1970. A palavra "japonês", aqui, é compreendida como "nipo-brasileiro".

85. Entrevista *on-line* com Celso Lungaretti, 11 de maio de 2006, <www.geracaobooks.com.br/releases/entrevista-celso-lungaretti.php>.

86. Langland, "Birth Control Pills and Molotov Cocktails", manuscrito p. 31. Em nossa história oral, o militante nipo-brasileiro Shizuo Osawa ligava as idéias estereotipadas que a polícia tinha em relação aos *nikkeis* e às loiras; Shizuo Osawa, entrevista a Jeffrey Lesser, Rio de Janeiro, 25 de janeiro de 2002.

87. Ver, por exemplo, o documento sem título e não assinado de 31 de maio de 1979, 21Z, 14, 7004-6996, Documentos do Deops, Aesp.

88. Paz, *Nas trilhas da ALN*, 82, 105. Ver também Paz, *Viagem à luta armada*.

89. "Tipificação da atividade delituosa dos denunciados". In:"Denúncia" da Justiça Militar, 9 de agosto de 1971, 100 1-1, 59, BNM, Arquivo Edgard Leuenroth, Campinas. Ver também Secretaria de Estado dos Negócios da Segurança Pública, Serviço de Informações, "Takao Amano", 18 de novembro de 1970, 52Z/0/2308, Documentos do Deops, Aesp. Amano discutiu algumas de suas posições políticas, sem qualquer referência à etnicidade, em Nunes, "Dia na vida de um comunista", 70-74.

90. Jun Nakabayaski, entrevista a Jeffrey Lesser, São Paulo 3 de janeiro de 2002; Shizuo Osawa, entrevista a Jeffrey Lesser, Rio de Janeiro, 25 de janeiro de 2002.

91. Tendai Educational Foundation, *Japanese Eyes, American Heart*; Tanaka, *Go for Broke.*

92. *O Estado de S. Paulo*, 19 de setembro de 1932. Yamashiro, *Trajetória de duas vidas*, 111-117; Sakai, "Return to the West/East", 187.

93. O caso mais famoso foi o do jornalista Vladimir Herzog, preso e torturado até a morte em outubro de 1975. Shibata assinou o relatório de autópsia que atestava suicídio, embora mais tarde ele tenha afirmado nunca ter examinado o corpo.

94. Sirkis, *Os carbonários*, 191, 237.

95. "Depoimento prestado pelo embaixador da Alemanha no Brasil, sr. Ehrenfried von Holleben, em sua residência, às 01:00 do dia 17 de junho de 1970", Deops Setor: Terrorismo, pasta 5, 115L a 115A Secreto, Aperj.

96. "Eles não conseguiram morrer", *Realidade*, junho de 1968, 101-115; "Prontos para matar e morrer", *Jornal Nippo-Brasil*, 3-9 de agosto de 2005 (manchete).

97. "Dez bilhões em meia hora", *Veja*, 4 de fevereiro de 1970; *Folha de S. Paulo*, 16 de maio de 1969.

98. Ver, por exemplo, *Jornal do Brasil*, 2 de agosto de 1972; *Veja*, 22 de março de 1972; *O Globo*, 12 de agosto de 1972; e *O Estado de S. Paulo*, 25 de junho de 1972.

99. "Terrorismo japonês no Brasil e na América Latina: Revelações e previsões – internacionalização do terror", 26 de agosto de 1972, 30Z/160/12257, ênfase no original; Krauss, *Japanese Radicals Revisited*. "Campanha contra o Brasil: Amnesty International" apontava um relatório da Anistia Internacional da Alemanha citado em jornais de língua alemã no sul do Brasil, 9 de outubro de 1973, 50Z/9/35415-35407, Documentos do

Deops, Aesp. Para informações gerais sobre o Exército Vermelho japonês, ver Steinhoff, "Hijackers, Bombers, and Bank Robbers"; Box e McCormack, "Terror in Japan"; e Farrell, *Blood and Rage*. Ver também Dower, *War without Mercy*.

100. Departamento Estadual de Ordem Política e Social, Serviço de Informações, *Carta mensal* 4 (1975), 30 Z 16, 351-45, Documentos do Deops, Aesp. Em meados dos anos 1980, a romancista Karen Yamashita traduziu uma série de artigos sobre os ativistas *nikkeis* publicados no *Página Um*, de São Paulo, para o jornal nipo-americano *Hokubei Mainichi*; *e-mail* de Karen Yamashita para Jeffrey Lesser, 28 de outubro de 2004.

101. Miranda e Tibúrcio, *Dos filhos deste solo*, 257-258. Uma excelente análise sobre como a Oban se encaixa num padrão mais amplo de repressão sob o regime militar encontra-se em Fico, *Como eles agiam*. Estudos sobre a história das agências de inteligência brasileiras podem ser consultados em: Wasserman, "Império da Segurança Nacional", 27-44; Antunes, *SNI e Abin*; e Lagôa, *SNI*.

102. Jun Nakabayaski, entrevista a Jeffrey Lesser, São Paulo, 3 de janeiro de 2002; Shizuo Ozawa, entrevista a Jeffrey Lesser, Rio de Janeiro, 25 de janeiro de 2002.

103. Aerograma do Departamento de Estado dos Estados Unidos, do Consulado Americano, São Paulo, para o Departamento de Estado, Washington, "São Paulo 490, São Paulo 632 (Notal)", 14 de julho de 1970, RG 59, Registros Gerais do Departamento de Estado, arquivos temáticos 1970-1973, Política e Defesa, POL 17-5 BRAZ-POL 23-8 BRAZ, caixa 2132, NWDPH-1997, NARC.

104. Gorender, *Combate nas trevas*, 219.

105. Mir, *Revolução impossível*, 307.

106. "Estanslau Ignácio Corrêa, vítima do 'inevitável'", *O Estado de S. Paulo*, 10 de abril de 1980; *O Estado de S. Paulo*, 3 de julho de 1970.

107. "Messagio della Opposizione Rivoluzionaria e Democratica Brasiliana ai Nemici del Fascismo", sem referência a autor, sem data, CX 3,.92.310/n, Cedem. Gaspari, *Ditadura escancarada*, 197, 344.

108. Darci Rodrigues, citado em "Estanslau Ignácio Corrêa, vítima do 'inevitável'", *O Estado de S. Paulo*, 10 de abril de 1980.

109. Depoimento de Leonidas Pires Gonçalves. In: D'Araujo, Gláucio Soares, e Castro, *Anos de chumbo*, 240.

110. *Miami Herald*, 21 de maio de 1970.

111. *O Estado de S. Paulo*, 3 de julho de 1970.

112. *Manifesto da Vanguarda Popular Revolucionária* (VPR) sobre a experiência guerrilheira no Vale do Ribeira, setembro de 1970, disponível em: <www.resgatehistorico.com.br/doc-22.htm>; "Subversão: A morte do tenente", *Veja*, 16 de setembro de 1970.

113. Sirkis, *Os carbonários*, 333-335. Um artigo no *São Paulo Shimbun* sugere ter sido Fujimori quem matou o soldado; "O terrorista Fujimori morto em tiroteio contra agentes", *São Paulo Shimbun*, 9 de dezembro de 1970, 8; Jacob Gorender, sem mencionar quem matou o tenente, conta a história da mesma maneira; Gorender, *Combate nas trevas*, 272-273. A *Folha de S. Paulo* publicou o relato de um militante anônimo sobre esses acontecimentos, que não implica Fujimori especificamente, em 27 de agosto de 1979, 4-5. Uma versão similar pode ser encontrada em "A guerrilha paulista", *Veja*, 6 de setembro de 1978. O tenente-coronel Leonidas Pires Gonçalves, comandante de uma das unidades no Vale do Ribeira, culpou igualmente Fujimori e Lamarca; Depoimento de Leonidas Pires Gonçalves em D'Araujo, Soares e Castro, *Anos de chumbo*, 240.

114. José e Miranda, *Lamarca*. Um filme baseado nessa biografia defende a mesma idéia, numa breve cena que se passa no Vale do Ribeira, em que aparece um guerrilheiro nipo-brasileiro, de rosto inexpressivo e carregando uma metralhadora; *Lamarca* (s/d [1994?], dir. Sérgio Rezende. Uma análise de *Lamarca* pode ser encontrada em Foster, *Gender and Society*, 28-37.

115. Nota ao juiz da 1ª Vara Exec. Crim., 31 de julho de 1970, caso n. 67, rolo de microfilme n. 250, 106, BNM. Gostaria de agradecer a Anthony Pereira por me alertar sobre esse caso.

116. Declaração do promotor Durval A. Moura de Araujo ao juiz da 2ª Auditoria da 2ª Circunscrição Judiciária Militar, 27 de julho de 1970, caso n. 67, rolo de microfilme n. 250, 124-127, BNM.

117. "Assentada e auto de interrogatório de Kogi Kondo", 27 de agosto de 1970, caso n. 67, rolo de microfilme n. 250, 130-132, BNM.

118. Ibid.

119. Apelação 38.692 de Kogi Kondo, 1971, rolo de microfilme 250, 310, BNM.

120. Carta de Victoria Langland a Jeffrey Lesser, 14 de março de 2005.

121. "Terrorista viu a foto e falou: ele estava sendo traído", *Última Hora*, 29 de janeiro de 1970. Uma versão semelhante dessa história, acompanhada de uma fotografia, pode ser encontrada em "Os rachas do terror", *Veja*, 4 de fevereiro de 1970. "Some of Sergio Fleury's Victims". In: American Friends of Brazil, *Brazilian Information Bulletin* 5 (agosto-setembro de 1971), 11. As torturas sofridas por Amano e Susuki estão listadas em Alarcón, *Brasil*, 65-66.

122. Huggins, Haritos-Fatouros e Zimbardo, *Violence Workers*.

123. Tavares, *Memórias do esquecimento*, 91. Em suas próprias memórias, Samuel Wainer comenta sobre as questões de anti-semitismo a partir dos anos 1930; Wainer, *Minha razão de viver*. Ao fim, o MAR chegou a reunir membros da Polop e da VPR.

124. Della Cava, "Torture in Brazil", 137; "The Tragic Death of Chael Charles Schreier", *Terror in Brazil: A Dossier*, abril de 1970, 7. Esse material foi generosamente cedido por Joseph Love. Lungaretti, *Náufrago da Utopia*, 130.

125. Gramont, "How One Pleasant, Scholarly Young Man".

126. Braylan et. al., *Report on the Situation of the Jewish Detainees-Disappeared*; Kaufman, "Jewish Victims of Repression"; Timerman, *Prisoner without a Name*; Feitlowitz, *Lexicon of Terror*.

127. *O Estado de S. Paulo*, 22 de outubro de 1968, 13.

128. Jun Nakabayaski, entrevista a Jeffrey Lesser, São Paulo, 3 de janeiro de 2002; Carlos Takaoka, entrevista a Jeffrey Lesser, São Paulo, 3 de julho de 2002; Shizuo Osawa, entrevista a Jeffrey Lesser, Rio de Janeiro, 25 de janeiro de 2002.

129. Rioco Kaiano, entrevista a Jeffrey Lesser, São Paulo, 14 e 18 de junho de 2002.

130. "O primeiro *nisei* da Academia", *Arigatô*, 1.8 (1977): 10-11. Não consegui convencer os policiais *nikkeis* pertencentes ao aparato repressor a falar comigo.

131. Miranda e Tibúrcio, *Dos filhos deste solo*, 92-93.

132. Rioco Kaiano, entrevista a Jeffrey Lesser, São Paulo, 14 e 18 de junho de 2002.

133. Nair Yumiko Kobashi, entrevista a Jeffrey Lesser, São Paulo, 3 de maio de 2002.

134. Rioco Kaiano, entrevista a Jeffrey Lesser, São Paulo, 14 e 18 de junho de 2002.

CAPÍTULO 4

1. Rioco Kaiano, entrevista a Jeffrey Lesser, São Paulo, 14 de junho de 2002. Ver também Maia, Dantas e Savignano, *Guerrilheiras do Araguaia*, 40.

2. Neide Richopo, *e-mail* para Kenneth Serbin, 11 de julho de 2002; usado com permissão. Maia, Dantas e Savignano, *Guerrilheiras do Araguaia*, 44.

3. Sobre a formação ideológica desse movimento, ver Richopo, "Esquerda no Brasil". Para um panorama, ver Gaspari, *Ditadura escancarada*, 399-464. Algumas publicações recentes sobre o assunto são Morais e Silva, *Operação Araguaia*; e Campos Filho, *Guerrilha do Araguaia*.

4. Ver, por exemplo, *Brazilian Information Bulletin*, janeiro de 1973, 12-14.

5. "Governo desiste de recorrer a documentos para achar corpos no Araguaia", *Folha de S. Paulo*, 11 de março de 2004.

6. Um relato escrito em 1975, mas publicado alguns anos depois (1979) consta do *Diário da guerrilha do Araguaia*. Um outro relato, em que Kamayana é mencionada poucas vezes, sob um de seus nomes frios (Chica), encontra-se em Arroyo, "Relatório sobre a luta no Araguaia". Para outras breves menções, ver Morais e Silva, *Operação Araguaia*, 246-248.

7. Acessar: <www.vermelho.org.br/pcdob/80anos/martires/martires29.asp>.

8. Richopo, "Esquerda no Brasil", 68.

9. Portela, *Guerra de guerrilhas*, 82. Elio Gaspari nota que um residente local afirmou que Kamayana teria sido capturada viva; Gaspari, *Ditadura escancarada*, 456-457.

10. Spínola, "Guerrilha do Araguaia".

11. Para exemplos de como os mitos circulam, acessar: <www.desaparecidospoliticos.org.br/araguaia/10.html> e <www.torturanuncamais.org.br/mtnm-mor/mor-desaparecidos/mor-suely-kanayama.htm>. Sobre as práticas de execução, ver Paxton, *Christianizing Death*.

12. Cabral, *Xambioá*, 248. "O fim da guerra no fim do mundo", *Veja*, 13 de outubro de 1993. Dois anos depois da publicação de *Xambioá*, um ex-mecânico da Força Aérea Brasileira afirmou ter ouvido soldados discu-

tindo a cremação de uma "enfermeira japonesa" no Araguaia; Luiz, "Porões da ditadura".

13. Cabral, *Xambioá*, 220.

14. Em nome da transparência, os leitores devem saber que Rioco Kaiano, a militante *nikkei* citada ao longo de todo este livro, é casada com José Genoíno.

15. Henri George Kobata, entrevista a Jeffrey Lesser, São Paulo, 24 de janeiro de 2002. Kobata, "Yumiko".

16. Kobata é consultor de *marketing* social e ex-diretor editorial da Editora Abril, a maior empresa de publicação do Brasil.

17. Maia, Dantas e Savignano, *Gerrilheiras do Araguaia*, 138.

18. "A *nisei* guerrilheira: No Araguaia, a vida pelo sonho maior". *Página Um do Diário Nippak*, 1 de novembro de 1984.

19. Célia Abe Oi, entrevista a Jeffrey Lesser, São Paulo, 1 de abril de 2002.

20. *Veja*, 8 de julho de 1970.

21. Essa informação provém do "Termo de declarações" preenchido pelos pais de Massafumi Yoshinaga quando o visitaram na prisão. Encontrei cópias destes documentos do Deops, datados de 1 de julho de 1970, no Departamento de Documentação da Editora Abril (Dedoc), no arquivo "Presídio–presos políticos–BR".

22. Nair Yumiko Kobashi, entrevista a Jeffrey Lesser, São Paulo, 3 de maio de 2002. Sobre uma escola do Rio de Janeiro conhecida por produzir militantes, ver Abreu, *Intelectuais e guerreiros*.

23. Nair Yumiko Kobashi, entrevista a Jeffrey Lesser, São Paulo, 3 de maio de 2002.

24. Entrevista *on-line* com Celso Lungaretti, 11 de maio de 2006, disponível em:<www.geracaobooks.com.br/releases/entrevista-celso-lungaretti.php>. Ver também Lungaretti, *Náufrago da Utopia*, 181.

25. "Terror sem saídas", *Veja*, 29 de outubro de 1969.

26. "As lições dos últimos tempos", *Política operária: Órgão mensal do Partido Operário Comunista*, julho de 1970.

27. Telegrama Confidencial do Consulado Americano, São Paulo, para o Departamento de Estado, Washington, "Political Prisoners Recant", 22 de maio de 1970, RG 59, Registros Gerais do Departamento de Estado, arquivos temáticos 1970-1973, Political and Defense, POL 17-5 BRAZ-POL 23-8 BRAZ, caixa 2132, NWDPH-1997, NARC.

28. "Serviço de Informações", 29 de junho de 1970, 52Z/0/1026, Documentos do Deops, Aesp.

29. Aerograma do Departamento de Estado, da Embaixada, Rio de Janeiro, para Departamento de Estado, Washington. "Publicity Concerning Terrorist Defections", 21 de janeiro de 1971, RG 59, Registros Gerais do Departamento de Estado, arquivos temáticos 1970-1973, Political and Defense, POL 23-8 BRAZ-POL 33-4 BRAZ, caixa 2133, NWDPH-2, NARC.

30. *O Estado de S. Paulo*, 3 de julho de 1970; *Folha de S. Paulo*, 3 de julho de 1970.

31. *Jornal da Tarde*, 3 de julho de 1970. O uso da Copa do Mundo pelos militares é contado no filme *Pra frente, Brasil* (1982), direção de Roberto Farias.

32. *O Estado de S. Paulo* e *Jornal da Tarde*, 3 de julho de 1970, *Folha de S. Paulo*, 3 de julho de 1970.

33. Aerograma do Departamento de Estado dos Estados Unidos, do Consulado Americano, São Paulo, para Departamento de Estado, Washington, "São Paulo 490, São Paulo 632 (NOTAL)", 14 de julho de 1970, RG 59, Registros Gerais do Departamento de Estado, arquivos temáticos 1970-1973, Política e Defesa, POL 17-5 BRAZ-POL 23-8 BRAZ. Caixa 2132, NWDPH-1997, NARC.

34. NOZ-16mm-NE 15244.01A, Telejornalismo-TUPI, FCB.

35. *Veja*, 16 de junho de 1976.

36. *O Estado de S. Paulo*, 16 de julho de 1970.

37. *Folha de S. Paulo*, 3 de julho de 1970; *O Estado de S. Paulo*, 3 de julho de 1970.

38. *Jornal da Tarde*, 18 de julho de 1970.

39. *Diário Nippak*, 9 de julho de 1970; *Paulista Shimbun*, 8 de julho de 1970. Ver também *Correio do Povo*, 11 de julho de 1970.

40. Por exemplo, Rioco Kaiano, entrevista a Jeffrey Lesser, São Paulo, 14 de junho de 2002; Marta Tanisaki, entrevista a Jeffrey Lesser, São Paulo, 11 de junho de 2002; juiz Kazuo Watanabe, entrevista a Jeffrey Lesser, São Paulo, 4 de junho de 2002.

41. "Massafumi, este bom rapaz", *Jornal da Tarde*, 9 de julho de 1970. Idéias semelhantes são encontradas em "Um entre tantos outros", *O Estado de*

S. Paulo, 4 de julho de 1970; e "Ameaça à sociedade mas não à segurança nacional", *Jornal da Tarde*, 6 de julho de 1970.

42. *Jornal da Tarde*, 25 de julho de 1970.

43. *Veja*, 15 de julho de 1970.

44. *Veja*, "O terror renegado", 15 de julho de 1970, capa. Fotografias mais amplas, das quais a capa foi tirada, podem ser encontradas em *Veja*, 22 de setembro de 1971 e 17 de junho de 1976.

45. *E-mail* de Shizuo Osawa para Jeffrey Lesser, 15 de abril de 2002. Ver também Centro Azione e Documentazione Sull'America Latina, "Ciò Che Massafumi non Disse".

46. Olga Yoshiko Futema, entrevista a Jeffrey Lesser, São Paulo, 24 de abril de 2002.

47. Celso Lungaretti escreveu sua confissão pública para pôr fim aos 75 dias de tortura em "Um caso brasileiro", *Veja*, 30 de janeiro de 1991, 38. Uma entrevista *on-line* com Lungaretti está disponível em <www.geracao-books.com.br/releases/entrevista-celso-lungaretti.php>.

48. "Morte em surdina", *Veja*, 16 de junho de 1976.

49. A Sei-cho-no-iê foi introduzida no Brasil em 1934, poucos anos depois de sua fundação. Quando Masaharu Taniguchi, fundador da religião, visitou o Brasil em 1963, dezenas de milhares de pessoas vieram assistir às suas palestras; *Panorama*, novembro de 1963, 48-50. Meus agradecimentos a Evan Ross por me informar desse fato. Ver também Mullins, Susumu e Swanson, *Religion and Society*; e Clarke, *Japanese New Religions*.

50. "Morte em surdina", *Veja*, 16 de junho de 1976.

51. *O Estado de S. Paulo*, 9 de junho de 1976.

52. Lei de Campinas n. 9497, de 20 de novembro de 1997.

CAPÍTULO 5

1. Por exemplo, "Interrogatório de Ladislau Dowbor", 14 de julho de 1970, 30Z/60/7642, 337-354, Documentos do Deops, Aesp.

2. Gorender, *Combate nas trevas*, 210, 219; Patarra, *Iara*, 366-374; Gaspari, *Ditadura escancarada*, 179.

3. Uma versão ligeiramente diferente da infância de Shizuo Osawa é contada pelo diplomata japonês Nobou Okuchi, que conheceu o pai de Osawa

depois de o filho ter sido exilado no Brasil; Okuchi, *Seqüestro do diplomata*, 203-206.

4. Shizuo Osawa, entrevista a Jeffrey Lesser, Rio de Janeiro, 25 de janeiro de 2002. Todas as citações neste capítulo são desta entrevista, a menos se for indicada outra fonte.

5. Osava (Osawa), "Eles querem ser brasileiros".

6. Deops, Arquivo Carlos Lamarca, 30-Z-160 4150/4149/4163/4255/4253/4 355/4789, Documentos do Deops, Aesp.

7. Exemplos dos guerrilheiros *nikkeis* como supersoldados podem ser encontrados em Miranda e Tibúrcio, *Dos filhos deste solo*; e Patarra, *Iara*, 363-377; bem como nos relatos romanceados de Paz, *Viagem à luta armada* e *Nas trilhas da ALN*.

8. Maia, Dantas e Savignano, *Guerrilheiras do Araguaia*, 38.

9. "Interrogatório de Manuel de Lima", 26 de maio de 1970, 30Z/60/7692-7694, 443-53, esp. 446, Documentos do Deops, Aesp.

10. Vianna, *Tempestade como a sua memória*, 66.

11. Reis Filho e Ferreira de Sá, *Imagens da Revolução*, 222-276.

12. VPR: *Brésil: Documents sur le développement et la situation actuelle de la lutte armée*, março de 1971, CX 21.03.68.8/039, CEDEM; Rodrigues [Dowbor], "Vanguarda armada"; Gorender, *Combate nas trevas*, 151.

13. Dowbor narra sua experiência em Israel em Dowbor, *Mosaico partido*, 13-18.

14. Ibid., 26-27: "Perigosamente juntos", *IstoÉ/Senhor*, 4 de setembro de 1991, 60-61.

15. Vianna, *Tempestade como a sua memória*, 67.

16. Edsel Magnotti, Delegado de Polícia Adjunto à Especializada de Ordem Social, 29 de abril de 1970, "Relatório: Indiciados – Chizuo Osava", 30Z/160/14088-89, Documentos do Deops, Aesp. A Estrada das Lágrimas fica em São João Clímaco, área da cidade de São Caetano do Sul, São Paulo.

17. Ver declaração manuscrita de Dowbor, "De próprio punho declaro o seguinte", 14 de maio de 1970, 50Z/9/13994, 1-18, esp. 14, Documentos do Deops, Aesp.

18. "Continuação do resumo das declarações prestadas por Heleny Telles Guarira ('Lucy') à Equipe de Interrogatório Preliminar 'B1' em 25 de abril de 1970 das 21:50 às 03:00 horas", 30Z/160/6288; "Interrogatório de

Ladislau Dowbor", 14 de julho de 1970, 30Z/60/7642, 337-354, esp. 346; "Resumo das declarações prestadas por Ladislau Dowbor, 21 de abril de 1970 das 09:30 às 01:20 horas", 50Z/9/14060. Documentos do Deops, Aesp.

19. Dops – Divisão de Informações, 3 de agosto de 1970, SD/SAF 18202, Setor: Informações, pasta 102, 2, Aperj.

20. Nota da Secretaria de Estado de Relações Exteriores para a Embaixada do México, Brasília, 14 de março de 1970, AHI Notas Expedidas, México 1970, vol. 1, AHI.

21. Fon, *Tortura*, 52. Fon, irmão do membro da ALN Aton Fon Filho, foi um dos primeiros jornalistas a publicar matérias sobre a tortura, inicialmente na *Veja* e, mais tarde, num livro; Figueiredo, *Ministério do silêncio*, 294; Huggins, Haritos-Fatouros e Zimbardo, *Violence Workers*, 180-181.

22. Carvalho, *Mulheres que foram à luta armada*, 132. Essa alegação é sustentada pelos arquivos do Deops, em que anotações do interrogatório de Osawa indicam que sua declaração de nunca ter ido ao local de treinamento da VPR e, portanto, de não conhecer sua localização exata foi aceita; 30-Z-160 4150/4149/4163/4255/4253/4355/4789, Aesp. "Torturado na ditadura, *nikkei* hoje é 'apolítico'", entrevista com Shizuo Osawa no *Jornal Nippo-Brasil*, outubro de 2001. Para lembranças bem diferentes da tortura, ver Gabeira, *Carta sobre a anistia*, 26-33.

23. Vianna, *Tempestade como a sua memória*, 66.

24. Skidmore, *Politics of Military Rule*, 125.

25. VPR, "Considerações sobre os objetivos de uma operação de seqüestro". Esse documento sem data teria sido encontrado na casa do membro da VPR Juarez de Brito em 30 de abril de 1970, Setor: Secreto, pasta 62, 123-118, Aperj. Ver capítulo 4 para uma discussão das reações quando Alfredo Sirkis, um membro judaico-brasileiro da VPR, foi contra a inclusão do embaixador de Israel à lista de seqüestros; Sirkis, *Os carbonários*, 191.

26. Maria do Carmo Brito, citada em Vianna, *Tempestade como a sua memória*, 67. Segundo a *Folha de S. Paulo*, Denise Peres Crispim, integrante da VPR envolvida no seqüestro de Okuchi, afirmou em tribunal que "o objetivo era libertar 'Mário Japonês'"; *Folha de S. Paulo*, 14 de agosto de 1970. Maria do Carmo Brito conta que o líder da VPR, Carlos Lamarca, ficou "furioso" com a troca do cônsul por tão poucos militantes; Vianna,

Tempestade como a sua memória, 68. Augusto Boal, autor de *O Teatro do Oprimido* (pelo qual ele foi preso, torturado e exilado), defende este argumento em seu relato romanceado do período em "Seqüestramos o embaixador ianque".

27. Mário Gibson Barbosa, entrevista a Jerry Dávila, Rio de Janeiro, 5 de agosto de 2003.

28. *Veja*, 18 de março de 1970.

29. Truskier, "Politics of Violence". A entrevista traduzida contrabandeada para o Brasil pode ser encontrada em Archivo Storico del Movimento Operaio Brasiliano, 03.136.8; 46.03.136.8/n, CEDEM.

30. Okuchi, *Seqüestro do diplomata*, 100, 66.

31. O relato de Dowbor sobre as primeiras horas do seqüestro pode ser encontrado em Gramont, "How One Pleasant, Scholarly Young Man". Vianna, *Tempestade Como a sua memória*, 67.

32. Okuchi, *Seqüestro do Diplomata*, 98.

33. Chefe do SNI, "Seqüestro do cônsul geral do Japão no Brasil", 19 de março de 1970, em DSI, Nobou Okuchi, CX 587/05253, proc. 53052, 17, AN. Sobre o Serviço Nacional de Inteligência do Brasil, ver Antunes, *SNI e ABIN*.

34. Telegrama da Embaixada dos Estados Unidos para o Secretário de Estado, Washington, D.C., 20 de abril de 1970, RG 59, Registros Gerais do Departamento de Estado, arquivos temáticos 1970-1973, Political and Defense, POL17-5 BRAZ-POL 23-8 BRAZ, caixa 2132, NWDPH-1997, NARC.

35. *Jornal da Tarde*, 12 e 13 de março de 1970.

36. Kazuo Watanabe, filho de imigrantes japoneses, formou-se em Direito pela USP em 1959. Ele foi o primeiro *nikkei* a receber o título de desembargador (1962) e, em 1979, foi promovido ao cargo de juiz efetivo do egrégio tribunal da alçada civil do estado de São Paulo.

37. *Veja*, 18 de março de 1970. As relações com a Shindo Renmei também foram mencionadas no *Mainichi Shimbun*, 16 de março de 1970. Essa história me foi confirmada por Damon Kanda; Damon Kanda, entrevista a Jeffrey Lesser, São Paulo, 28 de setembro de 2001. Watanabe não se lembrava do incidente; juiz Kazuo Watanabe, entrevista a Jeffrey Lesser, São Paulo, 4 de junho de 2002.

38. *Folha de S. Paulo*, 13 de março de 1970.

39. Damon Kanda, entrevista a Jeffrey Lesser, São Paulo, 28 de setembro de 2001.

40. Comunicado da VPR encontrado em Barra Funda/SP em 12 de março de 1970, Dops Assunto: Terrorismo, pasta 2, 391, Aperj. O texto também pode ser encontrado em DSI, Nobou Okuchi, CX 587/05253, proc. 53025, II, AN. Agradeço a James Green por me apontar este material e a William Martins por localizar os arquivos. Uma discussão sobre os textos das exigências em outros casos de seqüestro pode ser encontrada em Aerograma da Embaixada dos Estados Unidos, Rio de Janeiro, 8 de janeiro de 1972, RG 59, Registros Gerais do Departamento de Estado, arquivos temáticos 1970-1973, Political and Defense, POL23-8 BRAZ-POL 33-4 BRAZ, caixa 2133, NWDPH-2, NARC.

41. Damon Kanda, entrevista a Jeffrey Lesser, São Paulo, 28 de setembro de 2001.

42. *Paulista Shimbun*, 17 de março de 1970. Traduções do japonês por Koichi Mori.

43. *Jornal da Tarde*, 13 de março de 1970.

44. *Diário Popular*, 12 de março de 1970. Ver relatos semelhantes em *Última Hora*, *O Dia* e *O Estado de S. Paulo*, 12 e 13 de março de 1970.

45. *Folha de S. Paulo*, 14 de março de 1970.

46. "Resumo das declarações prestadas por Heleny Telles Guarira ('Lucy') à Equipe de Interrogatório Preliminar 'B1' em 25 de abril de 1970 das 21:50 às 03:00 horas", 30Z/160/6289; ver também "Informação" n. 307, Operação Bandeirantes, 30 de abril de 1970, em 30Z/160/6290, Documentos do Deops, Aesp.

47. "Interrogatório de Ladislas Dowbor", 14 de julho de 1970, 30Z/60/7642, 337-354, esp. 346, Documentos do Deops, Aesp.

48. Carlos Takaoka, entrevista a Jeffrey Lesser, São Paulo, 3 de julho de 2002. "Interrogatório de Ladislas Dowbor", 14 de julho de 1970, 30Z/60/7642, 337-354, esp. 346, Documentos do Deops, Aesp.

49. *Mainichi Shimbun*, 13 de março de 1970, 1; *Diário Popular*, 14 de março de 1970.

50. *Notícias Populares*, 13 de março de 1970.

51. Telegrama do Consulado dos Estados Unidos, São Paulo, para Secretário de Estado, Washington, D.C., 2 de abril de 1970, RG 59, Registros Gerais

do Departamento de Estado, arquivos temáticos 1970-1973, Political and Defense, POL17-5 BRAZ-POL 23-8 BRAZ, caixa 2132, NWDPH-1997, NARC.

52. Telegrama do Consulado dos Estados Unidos, São Paulo, para Secretário de Estado, Washington, D.C., 2 de abril de 1970, RG 59, Registros Gerais do Departamento de Estado, arquivos temáticos 1970-1973, Political and Defense, POL17-5 BRAZ-POL 23-8 BRAZ, caixa 2132, NWDPH-1997, NARC.

53. Barbosa, *Na diplomacia*, 230-234. A decisão oficial pode ser encontrada em Ministério da Justiça, Gabinete do Ministro, Memorando n. 411, 12 de março de 1970, DSI, Nobou Okuchi, CX 587/05253, proc. 53052, 1-2, AN.

54. Nota de Alfredo Bruzaid (ministro da Justiça) e Mário Gibson Barbosa (ministro das Relações Exteriores), Brasília, 13 de março de 1970, DSI, Nobou Okuchi, CX 587/05253, proc. 53052, 8, AN. Ver também Figueiredo, *Ministério do silêncio*, 212.

55. Djalma Pereira, Polícia Federal Brasileira, 14 de março de 1970, Deops 30-Z-160 5626, Documentos do Deops, Aesp.

56. Nota de Djalma Pereira, agente do Departamento da Polícia Federal, dizendo que ele havia assumido a custódia do grupo, antes a cargo de Benedito Nunes Dias, diretor do Deops, 14 de março de 1970, 30Z/160/5626, Documentos do Deops, Aesp. O comunicado da VPR foi publicado em todos os principais jornais brasileiros.

57. "Perigosamente Juntos", *IstoÉ/Senhor*, 4 de setembro de 1991.

58. "Resumo das declarações prestadas por Ladislau Dowbor, 21 de abril de 1970 das 09:30 às 01:20 horas", 50Z/9/14060, Documentos do Deops, Aesp. Diógenes José Carvalho de Oliveira, depois de seu retorno ao Brasil nos anos 1980, tornou-se secretário de Transportes de Porto Alegre (1989-1992) e ocupou vários outros postos ligados ao Partido dos Trabalhadores (PT) do Rio Grande do Sul.

59. *Jornal da Tarde*, 14 de março de 1970.

60. Citação de uma entrevista com um nipo-brasileiro anônimo em *Mainichi Shimbun*, 16 de março de 1970. Tradução de Taku Yamamoto.

61. *Nihon Keizai Shimbun*, Tóquio, 16 de março de 1970; *Yomiuri Shimbun*, 16 de março de 1970. Traduções de Taku Yamamoto.

62. Carta de Néstor Luiz Ottoni Fernandes Júnior Barros dos Santos Lima (embaixador em Tóquio) para o Itamaraty, 13 de março de 1970, 923.1 (56) (42), Tóquio Ofícios (03) 1970, AHI.

63. Okuchi, *Seqüestro do diplomata*, 120.

64. Sobre a Madre Maurina, ver Gaspari, *Ditadura escancarada*, 265-266.

65. Relatório médico de 14 de março de 1970 por Mário Santalucia e José Henrique da Fonseca, Deops 30-Z-160 5613, 16 de março de 1970, Documentos do Deops, Aesp.

66. Telegrama confidencial do Consulado Americano de São Paulo para o Secretário de Estado, Washington, D.C., 2 de abril de 1970, RG 59, Registros Gerais do Departamento de Estado, arquivos temáticos 1970-1973, Political and Defense, POL23 Japan-POL Japan-UR, caixa 2406, NWDPH-1997, NARC.

67. Damon Kanda, entrevista a Jeffrey Lesser, São Paulo, 20 de setembro de 2001. Okuchi conta a história de forma ligeiramente diferente, dizendo que, ao se aproximar de sua casa, a primeira pessoa que ele reconheceu foi Kanda; Okuchi, *Seqüestro do diplomata*, 137.

68. Okuchi, *Seqüestro do diplomata*, 163.

69. A declaração formal de Mori foi republicada na íntegra como um apêndice em Okuchi, *Seqüestro do diplomata*, 225-231. A posição de Mori foi relatada na primeira página da *Folha de S. Paulo*, 18 de março de 1970.

70. Okuchi, *Seqüestro do diplomata*, 183. Telegrama confidencial da Embaixada dos Estados Unidos para o Secretário de Estado, Washington, D.C., 18 de março de 1970, RG 59, Registros Gerais do Departamento de Estado, arquivos temáticos 1970-1973, Political and Defense, POL23 Japan-POL Japan-UR, caixa 2406, NWDPH-1997, NARC.

71. Telegrama do Consulado dos Estados Unidos, São Paulo, para o Secretário de Estado, Washington, D.C., 15 de abril de 1970, RG 59, Registros Gerais do Departamento de Estado, arquivos temáticos 1970-1973, Political and Defense, POL17-5 BRAZ-POL 23-8 BRAZ, caixa 2132, NWDPH-1997, NARC.

72. *O Estado de S. Paulo*, 12 e 13 de março de 1970; *Folha de S. Paulo*, 17 de março de 1970.

73. *Folha de S. Paulo*, 17 de março de 1970.

74. *Veja*, 18 de março de 1970.

75. *Mainichi Shimbun*, 16 de março de 1970, 14; *Asahi Shimbun*, 16 de março de 1970, 12; *Yomiuri Shimbun*, 16 de março de 1970, 13; *Japan Times*, 16 e 17 de março de 1970.

76. Editorial do *Japan Times*, 19 de março de 1970.

77. Editorial do *Daily Yomiuri*, 19 de março de 1970.

78. *Sankei Shimbun*, 16 de março de 1970. Tradução de Taku Yamamoto.

79. *Asahi Shimbun*, 15 de março de 1970. Tradução de Taku Yamamoto.

80. *Mainichi Shimbun*, 16 de março de 1970. Tradução de Taku Yamamoto.

81. Embaixador japonês no Brasil Koh Chiba para ministro das Relações Exteriores Mário Gibson Barbosa, 16 de março de 1970, 922.2 (56) (42), Japão Notas, janeiro-junho de 1970, AHI.

82. Secretaria de Segurança Pública-Deops, "Relatório-Indiciados-Chizuo Osava", 29 de abril de 1970, 30Z/160/15601, 30Z/160/15606, 30Z/160/15614, Documentos do Deops, Aesp. Souza, *Eu, cabo Anselmo*, 135; Vianna, *Tempestade como a sua memória*, 126-128.

83. Okuchi, *Seqüestro do diplomata*, 206.

84. Ibid., 206.

85. *Veja*, 25 de julho de 1979.

86. A história do apelido de Osawa é semelhante à que conta o jogador de futebol Edson Arantes do Nascimento, que fala de sua raiva por receber um apelido que "parece fala de criança em português". Como "Japa", Nascimento acabou por assumir o controle sobre seu apelido, "Pelé". Ver matéria não assinada da Reuters, "Pelé Says He Hated His Nickname" (Berlim, 1 de janeiro de 2006), disponível em: <www.fifa.com/en/mens/index/0,2527,1139065,00.html?articleid=113065>.

EPÍLOGO

1. Ver, por exemplo ,*Veja*, 15 de dezembro de 2004.

2. Schneider, *Futures Lost*. Um outro caso do mesmo fenômeno encontra-se em Munasinghe, *Callaloo or Tossed Salad?*

3. Nos Estados Unidos também é possível encontrar chefs de *sushi* não-japoneses, ainda que não nas mesmas proporções que no Brasil. *The Chicago Reporter*, por exemplo, sugere que 30% dos chefs de *sushi* em Chicago são latinos; *The Chicago Reporter*, junho de 2001, disponível em <www.chicagoreporter.com/2001/6-2001/6-2001main.htm>.

4. José Eduardo Belmonte (via *e-mail*), entrevista a Jeffrey Lesser, 31 de outubro de 2004.

5. *5 Filmes Estrangeiros* (1997), dir. José Eduardo Belmonte. O filme de 13 minutos recebeu o Prêmio Especial do Júri no Festival de Gramado de 1998; *Pato Fu – site oficial* <www.patofu.com.br/oldsite/home/home.html>.

Glossário

Colônia: Um dos termos usados pelos imigrantes japoneses e por seus descendentes no Brasil para definir a comunidade *nikkei*. Este termo também foi usado por outros grupos imigrantes para representar um senso do Brasil como "lar".

Dekasegui (incluindo a variante portuguesa *dekassegui* ou a romanização japonesa *dekasegi*): No Japão, originalmente, o termo era usado para designar pessoas que abandonavam seu local de nascimento para trabalhar temporariamente em outro lugar. Mais recentemente, passou a indicar trabalhadores estrangeiros de descendência japonesa que vivem no Japão.

Gaijin: Termo japonês para forasteiro ou estrangeiro; alguém que não é japonês. No Brasil, este termo é muitas vezes usado pelos *nikkeis* para indicar os brasileiros não-*nikkeis*.

Isei, Nisei, Sansei, Yonsei: Termos japoneses para as sucessivas gerações de imigrantes japoneses em outro país – *Isei* diz respeito aos imigrantes da primeira geração, *Nisei* a seus filhos (a segunda geração), *Sansei* a seus netos (a terceira geração) e *Yonsei* a seus bisnetos (a quarta geração).

Japonês: Embora o termo possa indicar alguém nascido no Japão, é amplamente usado no Brasil para designar qualquer pessoa de ascendência japonesa.

Mangá: O termo japonês para gibis e cartuns impressos, normalmente produzidos em preto-e-branco.

Nihonjin: Japonês.

Nihonjin-kai: Associações japonesas.

Nikkei (ou *nikkeijin*): Pessoa de ascendência japonesa nascida no exterior.

Bibliografia

ARQUIVOS E BIBLIOTECAS

Arquivo da Propaganda (São Paulo)
Arquivo do Centro de Estudos Nipo-Brasileiros (São Paulo)
Arquivo do Estado de São Paulo (São Paulo)
Arquivo do Estado do Rio de Janeiro
Arquivo Edgard Leuenroth, Instituto de Filosofia e Ciências Humanas da Unicamp (Campinas)
Arquivo Histórico do Itamaraty (Brasília)
Arquivo Nacional (Rio de Janeiro)
Arquivo Público do Estado do Rio de Janeiro
Arquivo Público Mineiro (Belo Horizonte)
Biblioteca da Fundação Cinemateca Brasileira (São Paulo)
Biblioteca Jenny Klabin Segall do Museu Lasar Segall (São Paulo)
Biblioteca Nacional (Rio de Janeiro)
Centro de Documentação e Memória (São Paulo)
Centro de Pesquisa e Documentação da História Contemporânea do Brasil, Fundação Getulio Vargas (Rio de Janeiro)

Departamento de Documentação da Editora Abril (São Paulo)

Fundação Cinemateca Brasileira (São Paulo)

Instituto Histórico e Geográfico Brasileiro (Rio de Janeiro)

Museu da Imagem e do Som de São Paulo

National Archives and Record Center (Washington, D.C.)

Projeto Brasil, Nunca Mais, Universidade de Chicago, Biblioteca Joseph Regenstein

Public Records Office (Londres)

Secretaria de Estado da Promoção Social – Centro Histórico do Imigrante (São Paulo)

ENTREVISTAS

Barbosa, Mário Gibson. Entrevistado por Jerry Dávila, Rio de Janeiro, 5 de agosto de 2003.

Belmonte, José Eduardo. Entrevistado por Jeffrey Lesser (por *e-mail*), 31 de outubro de 2004.

Futema, Olga Yoshiko. Entrevistada por Jeffrey Lesser, São Paulo, 24 de abril de 2002.

Kaiano, Rioco. Entrevistada por Jeffrey Lesser, São Paulo, 14 e 18 de junho de 2002.

Kanda, Damon. Entrevistado por Jeffrey Lesser, São Paulo, 28 de setembro de 2001. (Perguntas em português por Lesser, respostas em japonês traduzidas por Koichi Mori.)

Kobashi, Nair Yumiko. Entrevistada por Jeffrey Lesser, São Paulo, 3 de maio de 2002.

Kobata, Henri George. Entrevistado por Jeffrey Lesser, São Paulo, 24 de janeiro e 2 de fevereiro de 2002.

Nakabayaski, Jun. Entrevistado por Jeffrey Lesser, São Paulo, 3 de janeiro de 2002.

Oi, Célia Abe. Entrevistada por Jeffrey Lesser, São Paulo, 1 de abril de 2002.

Osawa, Shizuo. Entrevistado por Jeffrey Lesser, Rio de Janeiro, 25 de janeiro de 2002.

Sternheim, Alfredo. Entrevistado por Jeffrey Lesser, São Paulo, 10 de abril de 2002.

Takaoka, Carlos. Entrevistado por Jeffrey Lesser, São Paulo, 5 de julho de 2002.

Tanaka, Misaki. Entrevistada por Jeffrey Lesser, São Paulo, 5 de fevereiro de 2002.

Tanisaki, Marta. Entrevistada por Jeffrey Lesser, São Paulo, 11 de junho de 2002.

Watanabe, Juiz Kazuo. Entrevistado por Jeffrey Lesser, São Paulo, 4 de junho de 2002.

Yoshi, Masako. Entrevistado por Jeffrey Lesser, São Paulo, 1 de julho de 2002.

JORNAIS E REVISTAS

A Tribuna (Santos)

ABB-Bandeirante (São Paulo)

Arigatô (São Paulo)

Asahi Shimbun (Tóquio)

Brazilian Information Bulletin (Berkeley)

Business Latin America (Londres)

Carta Capital (São Paulo)

Cinejornal/Embrafilme (Rio de Janeiro)

Cinema em Close-Up (São Paulo)

Contracampo: Revista de Cinema (www.contracampo.com.br)

Correio Braziliense (Brasília)

Daily Yomiuri (Tóquio)

Diário Catarinense (Florianópolis)

Diário da Noite (São Paulo)

Diário de Notícias (São Paulo)

Diário de São Paulo (São Paulo)

Diário Nippak (São Paulo)

Diário Popular (São Paulo)

Fairplay: A Revista do Homem (São Paulo)

Fiesta–Cinema (São Paulo)

Filme Cultura (São Paulo)

Folha da Tarde (São Paulo)

Folha de S. Paulo (São Paulo)

Framework: The Journal of Cinema and Media (Detroit)

Gazeta do Paraná (Cascavel)

Hokubei Mainichi (San Francisco)
IstoÉ (São Paulo)
IstoÉ/Senhor (São Paulo)
Japan Times (Tóquio)
Jornal da Tarde (São Paulo)
Jornal do Brasil (Rio de Janeiro)
Jornal do Comércio (Rio de Janeiro)
Jornal Nippo-Brasil (São Paulo)
Los Angeles Times
Mainichi Daily News (Tóquio)
Mainichi Shimbun (Tóquio)
Miami Herald
Monthly Film Bulletin (Londres)
New York Times Magazine
Nihon Keizai Shimbun (Tóquio)
Notícias Populares (São Paulo)
O Dia (Rio de Janeiro)
O Estado de S. Paulo (São Paulo)
Página Um (São Paulo)
Paulista Shimbun (São Paulo)
Realidade (São Paulo)
Revista Brasil de Cultura <www.revistabrasil.com.br/mateporbo21125.htm>
Revista Manchete (Rio de Janeiro)
Revista Panorama (Curitiba)
Sankei Shimbun (Tóquio)
São Paulo Shimbun
Scene: The Pictorial Magazine (Los Angeles)
Scientific American (Nova York)
The Chicago Reporter (Chicago)
Última Hora (Rio de Janeiro)
Veja (São Paulo)
Visão (São Paulo)
Yomiuri Shimbun (Tóquio)

LIVROS E ARTIGOS

Abe Oi, Célia. *Cultura Japonesa: São Paulo, Rio de Janeiro, Curitiba.* São Paulo: Aliança Cultural Brasil-Japão, 1995.

Abreu, Alzira de. *Intelectuais e guerreiros: O Colégio de Aplicação da UFRJ de 1948 a 1968.* Rio de Janeiro: UFRJ, 1992.

Alarcón, Rodrigo. *Brasil: Represión y tortura.* Santiago do Chile: Orbe, 1971.

Aliança Cultural Brasil-Japão e The Fact (eds.) *Universo em segredo: A mulher nikkei no Brasil.* São Paulo: Círculo do Livro, s/d.

Alquizola, Marilyn C.; Lane Ryo Hirabayashi. "Confronting Gender Stereotypes of Asian American Women: Slaying the Dragon." In: *Reversing the Lens: Ethnicity, Race, Gender, and Sexuality through Film.* Jun Xing; Lane Ryo Hirabayashi (eds.) Boulder: University Press of Colorado, 155-168, 2003.

Alves, Maria Helena Moreira. *State and Opposition in Military Brazil.* Austin: University of Texas Press, 1985.

Ando, Zempati. *Estudos socio-históricos da imigração japonesa.* São Paulo: Centro de Estudos Nipo-Brasileiros, 1976.

Andrade, Mário de. *Cartas a Anita Malfatti.* Marta Rossetti Batista (org.) Rio de Janeiro: Forense Universitária, 1989.

André, Bruno de. "Pornochanchada: Rir e brincar com um diretor udigrúdi." *Veja,* 23 de março de 1981.

Antunes, Priscila Carlos Brandão. *SNI e ABIN: Uma leitura da atuação dos serviços secretos brasileiros ao longo do século XX.* Rio de Janeiro: FGV, 2001.

Appelbaum, Nancy P.; Macpherson, Anne S.; Rosemblatt, Karin Alejandra (eds.) *Race and Nation in Modern Latin America.* Chapel Hill: University of North Carolina Press, 2003.

Aquino, Maria Aparecida. *Censura, imprensa, estado autoritário, 1968-1978: O exercício cotidiano da dominação e da resistência, O Estado de S. Paulo e Movimento.* Bauru: EDUSC, 1999.

Aquino, Maria Aparecida; Mattos, Marco Aurélio Vannucchi; Swensson Jr., Walter Cruz (eds.); Araújo, Lucimar Almeida de; Klautau Neto, Orion Barreto da Rocha (orgs.) *No coração das trevas: O Deops/SP visto por dentro.* São Paulo: Arquivo do Estado, 2001.

Arbix, Glauco; Zilbovicius, Mauro (eds.) *De JK a FHC: A reinvenção dos carros.* São Paulo: Scritta, 1997.

Archdiocese of São Paulo. *Torture in Brazil: A Report*, Joan Dassin, (ed.), Jaime Wright (trad.). Nova York: Vintage, 1986.

Arquidiocese de São Paulo. *Brasil, nunca mais*. Prefácio de Dom Paulo Evaristo Arns. 20ª ed. Petrópolis: Vozes, 1987.

Arroyo, Angelo. "Relatório sobre a luta no Araguaia." In: *Araguaia, o partido e a guerrilha*, Pomar, Wladimir, p. 249-273. São Paulo: Brasil Debates, 1980.

Athayde, Phydia de. "Justiça ainda que tardia." *Carta Capital* 18 de fevereiro de 2004.

Avellar, José Carlos. "A teoria da relatividade." In: *Anos 70: Cinema*. Rio de Janeiro: Europa, p. 71-77, 1970.

Bad Objects-Choices (ed.) *How Do I Look: Queer Film and Video*. Seattle: Bay, 1991.

Bal, Mieke, Crewe, Jonathan; Leo Spitzer (eds.) *Acts of Memory: Cultural Recall in the Present*. Hanover, N.H.: University Press of New England, 1998.

Banco do Brasil. *Brasil: Comércio exterior, exportação*. Vol. I. Rio de Janeiro: Banco do Brasil, CACEX, 1974.

Barbosa, Mário Gibson. *Na diplomacia, o traço todo da vida*. Rio de Janeiro: Record, 1992.

Barbosa, Neusa. "Amigos recordam o talento de Walter Hugo Khouri." *Cineweb*, 27 de junho de 2003. Disponível em: <www.cineweb.com.br/claquete /?idcla-quete =289>.

Barsalini, Glauco. *Mazzaropi: O Jeca do Brasil*. Campinas: Átomo, 2002.

Batista, Marta Rossetti. *Anita Malfatti no tempo e no espaço*. São Paulo: IBM Brasil, 1985.

Beozzo, José Oscar. "Os padres conciliares brasileiros no Vaticano II: Participação e prosopografia, 1959-1965." Tese de doutorado, Universidade de São Paulo, 2001.

Bernardet, Jean-Claude. "Chanchada, erotismo e cinema empresa." *Opinião*, 25 de abril de 1973, 21.

—————. *Cineastas e imagens do povo*. São Paulo: Companhia das Letras, 2003.

Bhabha, Homi. *The Location of Culture*. Londres: Routledge, 1994.

Biáfora, Rubem. Crítica de *O estripador de mulheres*. *O Estado de S. Paulo*, 10 de dezembro de 1978.

Boal, Augusto. *Milagre no Brasil*. Rio de Janeiro: Civilização Brasileira. 1979.

Borges, Luiz Carlos R. *O cinema à margem, 1960-1980*. Campinas: Papirus, 1981.

Borrie, W. D. (ed.) *The Cultural Integration of Immigrants: A Survey Based upon the Papers and Proceedings of the Unesco Conference Held in Havana, April 1956*. Nova York: Unesco, 1957.

Borstelmann. Thomas. *The Cold War and the Color Line: American Race Relations in the Global Arena*. Cambridge: Harvard University Press, 2001.

Box, Meredith; McCormack, Gavan. "Terror in Japan: The Red Army (1969-2001) and Aum Supreme Truth (1987-2000)". In: *Critical Asian Studies 36.1*: 91-112, 2002.

Braylan, Marisa; Feirstein, Daniel; Galante, Miguel; Jmelnizky, Adrián. *Report on the Situation of the Jewish Detainees-Disappeared during the Genocide Perpetrated in Argentina*. Buenos Aires: DAIA-Argentinean Jewish Community Centers Association, 2000.

Brubaker, Rogers; Cooper, Frederick. "Beyond Identity." In: *Theory and Society 29*:1-47, 2000.

Burton, Julianne (ed.) *Cinema and Social Change in Latin America: Conversations with Filmmakers*. Austin: University of Texas Press, 1986.

Butler, Kim D. *Freedoms Given, Freedoms Won: Afro-Brazilians in Post-abolition São Paulo and Salvador*. New Brunswick, N.J.: Rutgers University Press, 1998.

Butsugan, Sumi. "Participação social e tendência de casamentos interétnicos." In: *A presença japonesa no Brasil*, Saito, Hiroshi (ed.) São Paulo: Edusp, p. 101-112, 1980.

Cabral, Pedro Corrêa. *Xambioá: Guerrilha no Araguaia*. Rio de Janeiro: Record, 1993.

Campos Filho, Romualdo Pessoa. *Guerrilha do Araguaia: A esquerda em armas*. Goiânia: Ed. da UFG, 1997.

Cardoso, Ruth Correia Leite. *Estrutura familiar e mobilidade social: Estudos japoneses no estado de São Paulo*. São Paulo: Primus Comunicação Integrada, 1995. (1ª ed. São Paulo: FELCH/USP, 1972.)

————. "O papel das associações juvenis na aculturação dos japoneses." *Revista de Antropologia*, 7.1-2 (1959): 101-22.

Carneiro, J. Fernando. *Imigração e colonização no Brasil*. Rio de Janeiro: Faculdade Nacional de Filosofia, 1950.

Carvalho, Luiz Maklouf. *Mulheres que foram à luta armada*. São Paulo: Globo, 1998.

Comitê Central do Partido Comunista do Brasil (PCdoB). "Mais audácia na luta contra a ditadura" (julho de 1970). In: *Araguaia, o partido e a guerrilha*, Pomar, Wladimir. (ed.) São Paulo: Brasil Debates, p. 135-143, 1980.

Centro Azione e Documentazione Sull'America Latina. "Ciò che Massafumi non disse né mai potrà dire" (24 de setembro de 1970). In: *Dossier sul Brasile*. Milão: Sapere, 147-151, 1970.

Centro de Estudos Nipo-Brasileiros. *Pesquisa da população de descendentes de japoneses residentes no Brasil, 1987-1988*. São Paulo: Centro de Estudos Nipo-Brasileiros, 1990.

Chauí, Marilena. *Conformismo e resistência: Cultura popular no Brasil*. São Paulo: Brasiliense, 1986.

Chu, Henry. "When Revolt Hit Rio: Leftists Who Abducted a U.S. Ambassador in '69 Now Are Part of Brazil's Mainstream." *Los Angeles Times*, 23 de setembro de 2004.

Clarke, Peter B. (ed.) *Japanese New Religions in Global Perspective*. Richmond, Reino Unido: Curzon, 2000.

Comissão de Elaboração da História dos 80 Anos da Imigração Japonesa no Brasil. *Uma epopéia moderna: 80 anos da imigração japonesa no Brasil*. São Paulo: Hucitec, 1992.

Comissão de Recenseamento da Colônia Japonesa. *The Japanese Immigrant in Brazil*. 2 vols.Tóquio: University of Tokyo Press, 1964.

Cony, Carlos Heitor. *Pessach: A travessia*. Rio de Janeiro: Civilização Brasileira, 1967.

Costa, Albertina de Oliveira, et al. *Memórias das mulheres do exílio (depoimentos)*. Rio de Janeiro: Paz e Terra, 1980.

Costa, Caio Túlio. *Cale-se: A saga de Vannucchi Leme, a USP como aldeia gaulesa, o show proibido de Gilberto Gil*. São Paulo: Girafa, 2003.

Couto, Ronaldo Costa. *Memória viva do regime militar: Brasil, 1964-1985*. Rio de Janeiro: Record, 1999.

Cunha, Maria de Fátima da. "A face feminina da militância clandestina de esquerda: Brasil, anos 60-70." Proposta de tese, Universidade Estadual de Campinas, 2001.

Cyrelli de Souza, Hélder. "Selos postais e a ditadura militar no Brasil." In: *Ditaduras militares na América Latina*. Wasserman, Claudia; Guazelli, Cesar Augusto Barcellos (eds.) Porto Alegre: UFRGS, p. 123-136, 2004.

Cytrynowicz, Roney. *Guerra sem guerra: A mobilização e o cotidiano em São Paulo durante a Segunda Guerra Mundial.* São Paulo: Geração, Edusp, 2000.

D'Araújo, Maria Celina; Soares, Gláucio Ary Dillon; Castro, Celso (eds.) *Os anos de chumbo: A memória militar sobre a repressão.* Rio de Janeiro: Relume Dumará, 1994.

————. (orgs.)*Visões do golpe: A memória militar sobre 1964.* Rio de Janeiro: Relume Dumará, 1994.

Dávila, Jerry. *Diploma of Whiteness: Race and Social Policy in Brazil, 1917-1945.* Durham, N.C.: Duke University Press, 2003.

Deckes, Flávio. *Radiografia do terrorismo no Brasil, 1966/1980.* São Paulo: Ícone, 1985.

Deleuze, Gilles; Guattari, Félix. *A Thousand Plateaus: Capitalism and Schizophrenia.* Trad. Brian Massumi. Minneapolis: University of Minnesota Press, 1987.

Della Cava, Ralph. "Torture in Brazil." *Commonweal,* 24 de abril de 1970, 135-141.

Dennison, Stephanie; Shaw, Lisa. *Popular Cinema in Brazil, 1930-2001.* Manchester, Reino Unido: Manchester University Press, 2004.

Desser, David. *Eros plus Massacre: An Introduction to the Japanese New Wave Cinema.* Bloomington: Indiana University Press, 1988.

Diário da Guerrilha do Araguaia. São Paulo: Alfa-Omega, 1979.

Diégues, Jr. Manuel, *Imigração, urbanização e industrialização: Estudo sobre alguns aspectos da contribuição cultural do imigrante no Brasil.* Rio de Janeiro: Ministério da Educação. 1964.

Dirlik, Arif, (ed.) *What is in a Rim? Critical Perspectives on the Pacific Region Idea.* 2ª ed. Lanham, Md.: Rowman and Littlefield, 1998.

Domenig, Roland. *Art Theatre Guild: Unabhängiges Japanisches Kino, 1962-1984.* Viena: VIENNALE, 2003.

————. "The Anticipation of Freedom: Art Theatre Guild and Japanese Independent Cinema." Disponível em: <www.midnighteye.com/features/art-theatre-guild.shtml>.

Dowbor, Ladislau. *O mosaico partido: A economia além das equações.* Petrópolis: Vozes, 2000.

Dower, John W. *War without Mercy: Race and Power in the Pacific War.* Nova York: Pantheon, 1986.

Duarte, B. J. "Dia cheio." *Folha de S. Paulo,* 27 de janeiro de 1965.

Dunn, Christopher. *Brutality Garden: Tropicália and the Emergence of a Brazilian Counterculture*. Chapell Hill: University of North Carolina Press, 2001.

Dyer, Richard. *Stars*. Londres: BFI, 1998.

Dzidzienyo, Anani. *The Position of Blacks in Brazilian Society*. Londres: Minority Rights Group, 1971.

Empresa Brasileira de Filmes (Embrafilme). *Cinejornal/Embrafilme 6*. Rio de Janeiro: Embrafilme, 1986.

Farrell, William R. *Blood and Rage: The Story of the Japanese Red Army*. Lexington, Mass.: Lexington, 1990.

Fausto, Boris; Truzzi, Oswaldo; Grün, Roberto; Sakurai, Célia. *Imigração e política em São Paulo*. São Paulo: IDESP/Sumaré; São Carlos: UFSCAR, 1995.

Feitlowitz, Marguerite. *A Lexicon of Terror: Argentina and the Legacies of Torture*. Nova York: Oxford University Press, 1998.

Feng, Peter X. *Identities in Motion: Asian American Film and Video*. Durham, N.C.: Duke University Press, 2003.

————. (ed.) *Screening Asian Americans*. New Brunswick, N.J.: Rutgers University Press, 2002.

Fernandes Júnior, Ottoni. *O baú do guerrilheiro: Memórias da luta armada urbana no Brasil*. Rio de Janeiro: Record, 2004.

Ferreira, Elizabeth F. Xavier. *Mulheres, militância e memória*. Rio de Janeiro: Fundação Getulio Vargas, 1996.

Ferreira, Jairo. Crítica de *As carioca*. In: *São Paulo Shimbun*, 27 de outubro de 1966.

————. "Samurais, 008, Fatalismo." In: *São Paulo Shimbun*, 17 de agosto de 1967.

————. "Onibaba, a mulher abutre." In: *São Paulo Shimbun*, 16 de fevereiro de 1970.

————. "Um estripador está solto nas ruas." In: *Folha de S. Paulo*, 11 de dezembro de 1979.

————. "O Império do Desejo." In: *Framework 28* (1985).

————. "O imaginário da Boca: Pequenas omissões de uma obra fundamental." *Filme Cultura* 15:40 (agosto-novembro de 1982): 76-77.

Ferro, Marc. *Cinema and History*. Trad. Naomi Greene. Detroit: Wayne State University Press, 1988.

Fico, Carlos. *Reinventando o otimismo: Ditadura, propaganda e imaginário social no Brasil*. Rio de Janeiro: Fundação Getulio Vargas, 1997.

————. *Como eles agiam: Os subterrâneos da ditadura militar – Espionagem e polícia política*. Rio de Janeiro: Record, 2001.

Figueiredo, Lucas. *Ministério do silêncio: A história do serviço secreto brasileiro de Washington Luís a Lula, 1927-2005*. Rio de Janeiro: Record, 2005.

Fiske, John. "British Cultural Studies and Television." In: *Channels of Discourse: Television and Contemporary Criticism*. Alle, Robert C. (ed.) Chapel Hill: University of North Carolina Press, p. 254-289, 1987.

Flores, Moacyr. "Japoneses no Rio Grande do Sul." *Veritas* (Porto Alegre) 77: 65-98, 1975.

Fon, Antônio Carlos. *Tortura: A história da repressão política no Brasil*. São Paulo: Global, 1979.

Fong-Torres, Ben. "The Pioneer Performers of the Forbidden City." Disponível em: <asianconnections.com/entertainment/columns/ben.fong.torres/2002/11/>.

Foster, David William. *Gender and Society in Contemporary Brazilian Cinema*. Austin: University of Texas Press, 1999.

Fraga, Ody. "O Quilombo de Ody." *Filme Cultura*, abril-agosto 1984, 110-112.

Freire, Alípio; Almada, Izías; Ponce, J. A. de Granville (eds.) *Tiradentes, um presídio da ditadura: Memórias de presos políticos*. São Paulo: Scipione, 1997.

Fung, Richard. "Looking for My Penis: The Eroticized Asian in Gay Porn Video." In: *How Do I Look: Queer Film and Video*, Bad Objects-Choices (ed.) Seattle: Bay, 145-168, 1991.

Futema, Olga. "As salas japonesas no bairro da Liberdade." *Filme Cultura*, agosto de 1986, 79-82.

Gabeira, Fernando. *Carta sobre a anistia: A entrevista do Pasquim: Conversação sobre 1968*. 3ª ed. Rio de Janeiro: CODECRI, 1980.

Gamo, Alessandro. *Jairo Ferreira e convidados especiais: Crítica de invenção – Os anos do São Paulo Shimbun*. São Paulo: Imprensa Oficial do Estado de São Paulo, 2006.

Gaspari, Elio. *A ditadura envergonhada*. São Paulo: Companhia das Letras, 2002.

————. *A ditadura escancarada*. São Paulo: Companhia das Letras, 2002.

————. *A ditadura derrotada*. São Paulo: Companhia das Letras, 2003.

————. *A ditadura encurralada*. São Paulo: Companhia das Letras, 2004.

Gibson, Pamela Church; Gibson, Roma (eds.) *Dirty Looks: Women, Pornography and Power*. Londres: BFI, 1993.

Gilman, Sander. *Making the Body Beautiful: A Cultural History of Aesthetic Surgery*. Princeton: Princeton University Press. 1999.

Gorender, Jacob. *Combate nas trevas*. 6ª ed. São Paulo: Ática, 1999.

Gramont, Sanche de. "How One Pleasant, Scholarly Young Man from Brazil Became a Kidnapping, Gun-Toting, Bombing Revolutionary." *New York Times Magazine*, 15 de novembro de 1970, 43-45 e 136-53.

Gusmão, Emery Marques. *Memória, identidade e relações de trabalho: A carreira docente sob o olhar de professores de história*. Tese de doutorado, Universidade Estadual Paulista Júlio de Mesquita Filho, Campus de Marília, 2002.

Hamamoto, Darrel Y. "The Joy Fuck Club: Prolegomenon to an Asian American Porno Practice." In: *Countervisions: Asian American Film Criticism*. Hamamoto, Darrel Y.; Liu, Sandra (eds.) Filadélfia: Temple University Press, p. 59-89, 2000.

Hamamoto, Darrel Y.; Liu, Sandra (eds.) *Countervisions: Asian American Film Criticism*. Filadélfia: Temple University Press, 2000.

Hanchard, Michael George. *Orpheus and Power: The Movimento Negro of Rio de Janeiro and São Paulo, Brazil, 1945-1988*. Princeton: Princeton University Press, 1994.

Handa, Tomoo. *O imigrante japonês: História de sua vida no Brasil*. São Paulo: T. A. Queiroz, Centro de Estudos Nipo-Brasilieros, 1987.

Hartog, Simon. "Interview with Carlos Reichenbach for the Television Program Visions." *Framework: The Journal of Cinema and Media* 28, 50-55, 1985.

Heine, Steven. "Sayonara Can Mean 'Hello': Ambiguity and the Orientalist Butterfly Syndrome in Postwar American Films." *Post Script* 16.3, 29-47, 1997.

Hellerman, Leon. *Japan's Economic Strategy in Brazil: Challenge for the United States*. Lexington, Mass.: Lexington, 1988.

Hirabayashi, Lane Ryo. "Pathways to Power: Comparative Perspectives on the Emergence of Nikkei Ethnic Political Traditions." In: *New Worlds, New Lives: Globalization and People of Japanese Descent in the Americas and from Latin America in Japan*, Hirabayashi, Lane Ryo; Kikumura, Akemi; A. Hirabayashi, James (eds.) Stanford, Califórnia: Stanford University Press, p. 59-178, 2002.

Hoang, Nguyen Tan. "The Resurrection of Brandon Lee: The Making of a Gay Asian American Porn Star." In: *Porn Studies*, Williams, Linda (ed.) Durham, N.C.: Duke University Press, p. 223-270, 2004.

Hoffman, Alice M.; S. Hoffman, Howard. *Archives of Memory: A Soldier Recalls World War II*. Lexington: University Press of Kentucky, 1991.

Holloway, Thomas. *Immigrants on the Land*. Chapel Hill: University of North Carolina Press, 1980.

Hosokawa, Shuhei. *Shinema-ya Burajiru o iku: Nikkei imion no kyosho to ai-dentiti [Japanese Film goes to Brazil]*. Tóquio: Shinchosha, 1999.

——————. "Japanese Cinema Goes to Brazil." Trabalho apresentado na conferência "The Face of Another: Japanese Cinema/Global Images", Universidade de Yale, 21-24 fevereiro 2002.

Hu-DeHart, Evelyn. "Latin America in Asian-Pacific Perspective" In: Dirlik, *What Is in a Rim?* 251-282.

Huggins, Martha K.; Haritos-Fatouros, Mika; Zimbardo, Philip G. *Violence Workers: Police Torturers and Murderers Reconstruct Brazilian Atrocities*. Berkeley: University of California Press, 2002.

Iokoi, Zilda Márcia Grícoli. *Intolerância e resistência: A saga dos judeus comunistas entre a Polônia, a Palestina e o Brasil (1935-1975)*. São Paulo: Humanitas, 2004.

James, Daniel. *Dona Maria's Story: Life History, Memory, and Political Identity*. Durham, N.C.: Duke University Press, 2001.

Joanides, Hiroito de Morais. *Boca do Lixo*. São Paulo: Labortexto, 2003 [1970].

Johnson, Randal. *Cinema Novo X 5: Masters of Contemporary Brazilian Film*. Austin: University of Texas Press, 1984.

Johnson, Randal; Stam, Robert (eds.) *Brazilian Cinema*. Nova York: Columbia University Press, 1995.

José, Emiliano; Miranda, Oldack. *Lamarca: O capitão da guerrilha*. São Paulo: Global, 1980.

Kaiano, Rioco. "Estação Tiradentes." In: *Tiradentes, um presídio da ditadura: Memórias de presos*. Freire, Alipio; Almada, Izías e Ponce, J. A. de Granville (eds.) São Paulo: Scipione, p. 335-341, 1997.

Karam, John Taufik. *Another Arabesque: Syrian-Lebanese Ethnicity in Neoliberal Brazil*. Filadélfia: Temple University Press, 2007.

Kaufman, Edy. "Jewish Victims of Repression in Argentina under Military Rule (1976-1983)." *Holocaust and Genocide Studies* 4, 479-499, 1989.

Kehl, Maria Rita; Venceslau, Paulo de Tarso. "Clara Charf: Duas histórias de luta, uma história de amor." In: *Teoria e Debate* 8 (outubro-dezembro 1989), disponível em: <at www.fpa.org.br/td/tdo8/tdo8-memoria.htm>.

Keizi, Minami. *Reflection 46*. In: "Milênio: Edição 320," seção especial do *Jornal Nippo-Brasil* <www.nippobrasil.com.br/zashi/2.milenio/320.shtml>.

Khouri, Walter Hugo. "Influência do cinema japonês na concepção cinematográfica de diretores brasileiros." In: Abe Oi, *Cultura japonesa*, 138-141.

King, Larry D.; Suñer, Margarita. *Para a Frente! An Intermediate Course in Portuguese*. Los Angeles: Cabrillo, 1981.

Klinger, Barbara. *Melodrama and Meaning: History, Culture, and the Films of Douglas Sirk*. Bloomington: Indiana University Press, 1994.

Kobata, Henri George. "Yumiko, *nisei* guerilheira." *Página Um* do *Diário Nippak*, 28 de julho de 1979.

Kobe Carnival 1968. Tóquio: *Mainichi Daily* News. 1968.

Kobori. Edna M. "O cinema japonês em São Paulo." In: Abe Oi, *Cultura japonesa*, 142-146.

Kottak, Conrad Phillip. *Prime Time Society: An Anthropological Analysis of Television and Culture*. Belmont, Califórnia: Wadsworth, 1990.

Krauss, Ellis S. *Japanese Radicals Revisited: Student Protest in Postwar Japan*. Berkeley: University of California Press, 1974.

Kushnir, Beatriz. "Nem bandidos, nem heróis: Os militantes judeus de esquerda mortos sob tortura (1969-1975)." In: *Perfis cruzados: Trajetórias e militância política no Brasil*. Rio de Janeiro: Imago, p. 215-244, 2002.

————. *Cães de guarda: jornalistas e censores, do AI-5 à Constituição de 1988*. São Paulo: FAPESP, Boitempo, 2004.

La Cava, Gloria. *Italians in Brazil: The Post-World War II Experience*. Nova York: Peter Lang, 1999.

Lagôa, Ana. *SNI: Como nasceu, como funciona*. São Paulo: Brasiliense, 1983.

Langland, Victoria. "Birth Control Pills and Molotov Cocktails: Reading Sex and Revolution in the 1968 Brazilian Student Movements." In: *Gender, Sexuality and '68: Cultural Politics across Europe, Asia and the Americas*. Frazier, Jo; Cohen, Deborah (eds.) Durham, N.C.: Duke University Press.

Lavie, Smadar; Swedenburg, Ted. (eds.) *Introduction to Displacement, Diaspora, and Geographies of Identity*. Durham, N.C.: Duke University Press, p. 1-25, 1996.

Lee, Robert G. *Orientals: Asian Americans in Popular Culture*. Filadélfia: Temple University Press, 1999.

Lesser, Jeffrey. *Negotiating National Identity: Immigrants, Minorities and the Struggle for Ethnicity in Brazil*. Durham, N.C.: Duke University Press, 1999.

Edição brasileira: *Negociando a identidade nacional: Imigrantes, minorias e a luta pela etnicidade no Brasil.* São Paulo: Editora Unesp, 2001.

Lesser, Jeffrey. "Brazil." In: *American Jewish Year Book 2003: The Annual Record of Jewish Civilization.* Singer, David; Grossman, Lawrence (ed.) Nova York: American Jewish Committee, p. 335-343, 2004.

Lesser, Jeffrey. (ed.) *Searching for Home Abroad: Japanese-Brazilians and Transnationalism.* Durham, N.C.: Duke University Press, 2003.

Lima, Haroldo; Arantes, Aldo. *História da Ação Popular: Da JUC ao PCdoB.* São Paulo: Alfa-Ômega, 1984.

Linger, Daniel Touro. *No One Home: Brazilian Selves Remade in Japan.* Stanford, Califórnia: Stanford University Press, 2001.

Lobo, Bruno. *De japonez a brasileiro – Adaptação e nacionalisação do imigrante.* Rio de Janeiro: Typ. do Dep. Nacional de Estatística, 1932.

Louie, Andrea. *Chinese across Borders: Renegotiating Chinese Identities in China and the United States.* Durham, N.C.: Duke University Press, 2004.

Luiz, Edson. "Porões da ditadura: Ex-sargento não esquece dias vividos no Araguaia." *Diário Catarinense* (Florianópolis), 30 de julho 1995.

Lungaretti, Celso. *Náufrago da Utopia: Vencer ou morrer na guerrilha aos 18 anos.* São Paulo: Geração, 2005.

Lye, Colleen. *America's Asia: Racial Form and American Literature, 1893-1945.* Princeton: Princeton University Press, 2005.

Lyra, Marcelo. *Carlos Reichenbach: O cinema como razão de viver.* São Paulo: Imprensa Oficial do Estado de São Paulo, 2004.

Maeyama, Takashi. "Ethnicity, Secret Societies, and Associations: The Japanese in Brazil." In: *Comparative Studies in Society and History* 21: 589-610, 1979.

Maia, Iano Flávio; Dantas, Renata; Savignano, Verónica. "Guerrilheiras do Araguaia: Os caminhos de quatro jovens militantes." Tese de bacharelado. Unicamp, 2005.

Maio, Marcos Chor. "O Brasil no 'concerto' das nações: A luta contra o racismo nos primórdios da Unesco." In: *História, ciências e saúde: Manguinhos* 5.2: 375-413, 1998.

————. "Unesco and the Study of Race Relations in Brazil: Regional or National Issue?" In: *Latin American Research Review* 36: 118-36, 2001.

Mantega, Guido. *Sexo e poder.* São Paulo: Brasiliense, 1979.

Marchetti, Gina. *Romance and the "Yellow Peril": Race, Sex, and Discursive Strategies in Hollywood Fiction*. Berkeley: University of California Press, 1993.

Marighella, Carlos. *Escritos de Carlos Marighella*. São Paulo: Livramento, 1979.

—————. *Manual of the Urban Guerrilla*, trad. Gene Hanrahan. Chapel Hill, N.C.: Documentary Publications, 1985.

—————. "Canto para atabaque." In: *Poemas: Rondó da Liberdade*, 63-64. São Paulo: Brasiliense, 1994.

Maximiliano, Henrique. "Satoshi, Satoshi." In: *Triunfo dos pelos e outros contos GLS*. Prefácio de João Silvério Trevisan, 137-138. São Paulo: GLS, 2000.

McCann, Bryan. *Hello, Hello Brazil: Popular Music in the Making of Modern Brazil*. Durham, N.C.: Duke University Press, 2004.

Meihy, José CarIos Sebe Bom. "Oral History in Brazil: Development and Challenges." In: *Oral History Review* 26.2: 127-36, 1999.

Melo, Luís Alberto Rocha. "Ody Fraga, a dama e a filha." In: "A pornochanchada e suas fronteiras," edição especial de *Contracampo: Revista de Cinema* (36). Disponível em: www.contracampo.com.br/36/frames.htm.

—————. "Galante, um produtor." In: "A pornochanchada e suas fronteiras," edição especial de *Contracampo: Revista de Cinema* (36). Disponível em: <www.contracampo.com.br/36/frames.htm>.

Miceli, Sérgio. *Nacional estrangeiro: História social e cultural do modernismo artístico em São Paulo*. São Paulo: Companhia das Letras, 2003.

Ministério das Relações Exteriores. *Resenha de política exterior do Brasil* II (julho-setembro 1974).

Mir, Luís. *A revolução impossível*. São Paulo: Best Seller, 1994.

Miranda, Mário Botelho de. *Shindo Renmei: Terrorismo e extorsão*. São Paulo: Saraiva, 1948.

Miranda, Nilmário; Tibúrcio, Carlos. *Dos filhos deste solo: Mortos e desaparecidos políticos durante a ditadura militar. A responsabilidade do Estado*. São Paulo: Ed. Fundação Perseu Abramo Boitempo, 1999.

Mirsky, Steve. "The Big Dig: A Cross-Cultural Look at Cultural Crossings." *Scientific American*, 94-95, julho 2005.

Miyao, Sussumu. "Posicionamento social da população de origem japonesa". In: *A presença japonesa no Brasil*. Saito, Hiroshi (ed.) São Paulo: Edusp, p. 91-112, 1980.

Miyao, Sussumu; Yamashiro, José. "A comunidade enfrenta um caos sem precedentes." In: Comissão de Elaboração da História dos 80 Anos da Imigração Japonesa no Brasil, *Uma epopéia moderna: 80 anos da imigração japonesa no Brasil.* São Paulo: Hucitec, 1992.

————. "A comunidade nipônica no período da guerra." In: Comissão de Elaboração da História dos 80 anos da Imigração Japonesa no Brasil, *Uma epopéia moderna: 80 anos da imigração japonesa no Brasil,* São Paulo: Hucitec, p. 247-265, 1992.

Moniz, Naomi Hoki. "Race, Gender, Ethnicity and the Narrative of National Identity in the Films of Tizuka Yamasaki." In: *New Worlds, New Lives: Globalization and People of Japanese Descent in the Americas and from Latin America in Japan.* Hirabayashi, Lane Ryo; Kikumura, Akemi; Hirabayashi, James A. (ed.) Stanford, Calif.: Stanford University Press, 2002.

Morais, Taís; Silva, Eumano. *Operação Araguaia: Os arquivos secretos da guerrilha.* São Paulo: Geração, 2005.

Mourão, Gerardo Mello. "A galáxia chinesa." *Folha de S. Paulo – Ilustrada,* 22 de fevereiro de 1980.

Moreno, Antônio. *Cinema brasileiro: História e relações com o Estado.* Niterói: Eduff; Goiânia: Cegraf/UFG, 1974.

Moretti, Fernando; Guerrino, Rodrigo; Chinem, Nobuioshi; Keizi, Minami; Peixoto, Sérgio. *Hentai: A sedução do mangá.* São Paulo: Opera Gráphica, 2005.

Mori, Koichi. "O Mundo dos brasileiros mestiços descendentes de japoneses." Manuscrito não-publicado, 1994.

————. "Por que os brasileiros começaram a apreciar a culinária japonesa? As condições de aceitação da culinária japonesa na cidade de São Paulo". Manuscrito não-publicado, 1997.

Moya, Jose. *Cousins and Strangers: Spanish Immigrants in Buenos Aires, 1850-1930.* Berkeley: University of California Press, 1998.

Müller, Antônio Rubbo; Saito, Hiroshi (eds.) "Memórias do 1º Painel Nipo-Brasileiro." Edição especial de *Estudos de antropologia teórica e prática* 3B (agosto 1956).

Mullins, Mark R.; Susumu, Shimazono; Swanson, Paul L. (eds.) *Religion and Society in Modern Japan: Selected Readings.* Berkeley: Asian Humanities, 1993.

Munasinghe, Viranjini. *Callaloo or Tossed Salad? East Indians and the Cultural Politics of Identity in Trinidad.* Ithaca, N.Y.: Cornell University Press, 2001.

Nagib, Lúcia (ed.) *The New Brazilian Cinema*. Londres: Palgrave Macmillan, 2003.

Nakasumi, Tetsuo; Yamashiro, José. "O fim da era de imigração e a consolidação da nova colônia nikkei." In: Comissão de Elaboração da História dos 80 Anos da Imigração Japonesa no Brasil, *Uma epopéia moderna*. São Paulo: Hucitec, p. 417-458, 1992.

Nester, William R. *Japan and the Third World: Patterns, Power, Prospects*. Londres: Macmillan, 1992.

Neves, Herculano. *O processo da "Shindo-Renmei" e demais associações secretas japonesas*. São Paulo: n.p., 1960.

Nobles, Melissa. *Shades of Citizenship: Race and the Census in Modern Politics*. Stanford, Calif.: Stanford University Press, 2000.

Nova, Cristiane; Nóvoa, Jorge. "Genealogias, transversalidades e rupturas de Carlos Marighella." *Carlos Marighella*. São Paulo: Unesp, p. 35-188, 1999.

—————. (orgs.) *Carlos Marighella: O homem por trás do mito*. São Paulo: Unesp, 1999.

Nunes, Edison. "Um dia na vida de um comunista: Takao Amano." In: *Lua nova: Cultura e política* 2.3 (1985): 70-74.

Okuchi, Nobou. *O seqüestro do diplomata: Memórias*. Trad. Masato Ninomiya. São Paulo: Estação Liberdade, 1991.

Ortiz, Renato. *O próximo e o distante: Japão e modernidade-mundo*. São Paulo: Brasilense, 2000.

—————. *A moderna tradição brasileira*. São Paulo: Brasiliense, 2001 [1988].

—————. *Cultura brasileira e identidade nacional*. São Paulo: Brasiliense, 2003 [1985].

Osava, Chizuo [Osawa, Shizuo]. "Eles querem ser brasileiros." *Revista Panorama* 16.164 (1966): 12-14.

Palumbo-Liu, David. *Asian/American: Historical Crossings of a Racial Frontier*. Stanford, Calif.: Stanford University Press, 1999.

Patai, Daphne. "Minority Status and the Stigma of 'Surplus Visibility.'" *Chronicle of Higher Education*, 30 de outubro de 1991.

Patarra, Judith Lieblich. *Iara: Reportagem biográfica*. 4ª ed. Rio de Janeiro: Rosa dos Tempos, 1993.

Paxton, Frederick S. *Christianizing Death: The Creation of a Ritual Process in Early Medieval Europe*. Ithaca, N.Y.: Cornell University Press, 1990.

Paz, Carlos Eugênio. *Viagem à luta armada: Memórias romanceadas*. Rio de Janeiro: Civilização Brasileira, 1996.

—————. *Nas trilhas da ALN: Memórias romanceadas*. Rio de Janeiro: Bertrand Brasil, 1997.

Pereira, Anthony W. "The Archive of the Brazilian Military Regime's Political Trials." Trabalho apresentado no 116º Encontro Anual da American Historical Association, San Francisco, 4 de janeiro de 2002.

—————. *Political (In)justice: Authoritarianism and the Rule of Law in Brazil, Chile and Argentina*. Pittsburgh: University of Pittsburgh Press, 2005.

Perosa, Lilian Maria Faria de Lima. *Cidadania proibida: O caso Herzog através da imprensa*. São Paulo: Imprensa Oficial do Estado Sindicato dos Jornalistas Profissionais no Estado de São Paulo, 2001.

Perrott, Roy. "Brazil's Reckless Dash for Tomorrow." *Observer*, 30 de abril de 1972.

Petrone, Pasquale, (ed.) *Pinheiros: Estudo geográfico de um bairro paulistano*. São Paulo: Edusp, 1963.

Pinsky, Carla Bassanezi. *Pássaros da liberdade: Jovens, judeus e revolucionários no Brasil*. São Paulo: Contexto, 2000.

Piper, Rudolph. *Filmusical e chanchada*. 2ª ed. São Paulo: Global, 1977.

Polari, Alex. *Em busca do tesouro*. Rio de Janeiro: Codecri, 1982.

—————. *Forest of Visions: Ayahuasca, Amazonian Spirituality, and the Santo Daime Tradition*. Rochester, Vt.: Park Street, 1999.

Portela, Fernando. *Guerra de guerrilhas no Brasil: Informações novas – Documentos inéditos e na íntegra*. São Paulo: Global, 1979.

Prado, Maria Lígia Coelho. "*Gaijin: Os Caminhos da Liberdade* – Tempo e história." In: *A história vai ao cinema*. Rio de Janeiro: Record, p. 99-110, 2001.

Pulido, Laura. "Race, Class, and Political Activism: Black, Chicano/a, and Japanese American Leftists in Southern California, 1968-1978". *Antipode*, 34.4: 762-88, 2002.

—————. *Black, Brown, Yellow and Left: Radical Activism in Los Angeles*. Berkeley: University of Califórnia Press, 2006.

Queiroz, Rachel de. "Nacionalidade." In: *Para a Frente! An Intermediate Course in Portuguese*, 98. King, Larry D.; Suñer, Margarita. Los Angeles: Cabrillo, 1981.

Radhakrisnnan, R. "Ethnicity in an Age of Diaspora." In: *Theorizing Diaspora*, Braziel, Jana Evans; Mannur, Anita (eds.) Malden, Mass: Blackwell, p. 119-131, 2003.

Ramos, Fernão; Miranda, Luiz Felipe (eds.) *Enciclopédia do cinema brasileiro*. São Paulo: Editora Senac, 2000.

Reichenbach, Carlos. "Segunda parte: Com a palavra, Carlão." In: *Carlos Reichenbach*, Lyra, 94-95.

Reis Filho, Daniel Aarão; Sá, Jair Ferreira de (eds.) *Imagens da revolução: Documentos políticos das organizações clandestinas de esquerda dos anos 1961 a 1971*. Rio de Janeiro: Marco Zero, 1985.

Reis Filho, Daniel Aarão; Ridenti, Marcelo; Motta, Rodrigo Patto Sá (eds.) *Golpe e a ditadura militar: Quarenta anos depois (1964-2004)*. Bauru: Edusc, 2004.

Ribeiro, Darcy. *O povo brasileiro: A formação e o sentido do Brasil*. São Paulo: Companhia das Letras, 1995.

————. *The Brazilian People: The Formation and Meaning of Brazil*. Trad. Gregory Rabassa. Gainesville: University Press of Florida, 2000.

Richopo, Neide. "A esquerda no Brasil: Um estudo de caso." Dissertação de mestrado, Universidade de São Paulo, 1987.

Ridenti, Marcelo. *O fantasma da revolução brasileira*. São Paulo: Unesp, 1993.

————. *Em busca do povo brasileiro: Artistas da revolução, do CPC à era da TV*. Rio de Janeiro: Record, 2000.

Rodrigues, Jamil [Ladislau Dowbor]. "A vanguarda armada e as massas na primeira fase da revolução" (junho 1969). In: *Imagens da revolução*. Reis Filho; de Sá, Ferreira (eds.), p. 233-247. Rio de Janeiro: Marco Zero, 1985.

Rodrigues, João Carlos. "A pornografia é o erotismo dos outros." *Filme Cultura* 15:40 (agosto-novembro 1982): 66-71.

Roett, Riordan. "Brazil and Japan: Potential versus Reality." In: *Japan and Latin America in the New Global Order*. Purcell, Susan Kaufman; Immerman, Robert M. (eds.) Boulder: Lynne Rienner, p. 101-120, 1992.

Ropp, Steven Massami. "The 'Nikkei' Negotiation of Minority/Majority Dynamics in Peru and the United States." In: *New Worlds, New Lives: Globalization and People of Japanese Descent in the Americas and from Latin America in Japan*. Hirabayashi, Lane Ryo; Kikumura, Akemi; Hirabayashi, James A. (eds.) Stanford, Calif.: Stanford University Press, p. 279-295, 2002.

Rosenstone, Robert A. *Visions of the Past: The Challenge of Film to Our Idea of History*. Cambridge: Harvard University Press, 1996.

Roth, Joshua Hotaka. *Brokered Homeland: Japanese Brazilian Migrants in Japan*. Ithaca, N.Y.: Cornell University Press, 2002.

──────. "Urashima Taro's Ambiguating Practices: The Significance of Overseas Voting Rights for Elderly Japanese Migrants to Brazil." In: *Searching for Home Abroad: Japanese Brazilians and Transnationalism*. Lesser, Jeffrey (ed.) Durham, N.C.: Duke University Press, p. 103-120, 2003.

Roveri, Sérgio. *Gianfrancesco Guarnieri: Um grito solto no ar*. São Paulo: Imprensa Oficial do Estado de São Paulo, 2004.

Saito, Hiroshi. "Alguns aspectos da mobilidade dos japoneses no Brasil." *Kobe Economic and Business Review 6th Annual Report*, 49-59, 1959.

──────. *O japonês no Brasil: Estudo de mobilidade e fixação*. São Paulo: Sociologia e Política, 1961.

Saito, Hiroshi; Maeyama, Takashi (eds.) *Assimilação e integração dos japoneses no Brasil*. São Paulo: Vozes, Edusp, 1973.

Sakai, Naoki. "Return to the West/Return to the East: Watsuji Tetsuro's Anthropology and Discussions of Authenticity." *boundary* 2 18.3, 157-190, 1991.

Sakurai, Célia. *Romanceiro da imigração japonesa*. São Paulo: Idesp/Sumaré, 1993.

──────. "A fase romântica da política: Os primeiros deputados *nikkeis* no Brasil." In: *Imigração e política em São Paulo*. Fausto, Boris; Truzzi, Oswaldo; Grün, Roberto; Sakurai, Célia. São Paulo: Idesp/Sumaré; São Carlos: Ufscar, p. 127-177, 1995.

San Martín, Paulo; Pelegrini, Bernardo. *Cerrados: Uma ocupação japonesa no campo*. Rio de Janeiro: Codecri Ibase, 1984.

Schneider, Arnd. *Futures Lost: Nostalgia and Identity among Italian Immigrants in Argentina*. Oxford: P. Lang, 2000.

Seixas, Ivan. "Nome, nome de guerra e nomes legendários." Prefácio a: *Nas trilhas da ALN*. Carlos Eugênio Paz. Rio de Janeiro: Bertrand Brasil, p. 9-11, 1997.

Serper, Zvika. "Shindô Kaneto's films *Kuroneko* and *Onibaba*: Traditional and Innovative Manifestations of Demonic Embodiments." *Japan Forum* 17:2 (julho 2005): 231-256.

Silva Jr., Gilberto. "*O Bem Dotado: O Homem de Itu,* de José Miziara." In: *Contracampo: Revista de Cinema* 36. "A pornochanchada e suas fronteiras." Disponível em: <www.contracampo.com.br/36/frames.htm.>

Silva Neto, Antônio Leão da. *Dicionário de filmes brasileiros: Longa-metragem.* São Paulo, 2002.

Simões, Inimá Ferreira. *Roteiro da intolerância: A censura cinematográfica no Brasil.* São Paulo: Senac São Paulo, 1999.

————. "Sou... mas quem não é? Pornochanchada: O bode expiatório do cinema brasileiro." In: *Sexo e poder.* Mantega, Guido. São Paulo: Brasiliense, p. 85-96, 1979.

————. *Imaginário da Boca.* São Paulo: Departamento de Informação Artística, Centro de Documentação e Informação sobre Arte Brasileira Contemporânea, 1981.

Sims, Harold D. "Japanese Postwar Migration to Brazil: An Analysis of the Data Presently Available." In: *International Migration Review* 6.3: 246-266, 1972.

Sirkis, Alfredo. *Os carbonários: Memórias da guerrilha perdida.* Rio de Janeiro: Record, 1998 [1980].

Siu, Lok C. D. *Memories of a Future Home: Diasporic Citizenship of Chinese in Panama.* Stanford, Calif: Stanford University Press, 2005.

Skidmore, Thomas. *The Politics of Military Rule in Brazil, 1964-1985.* Nova York: Oxford University Press, 1988.

————. *Brazil: Five Centuries of Change.* Nova York: Oxford University Press, 1999.

Sorlin, Pierre. *The Film in History: Restaging the Past.* Totowa: Barnes and Noble, 1980.

Souza, Maria Carmo Jacob de. *Telenovela e representação social: Benedito Ruy Barbosa e a representação do popular na telenovela "Renascer."* Rio de Janeiro: E-Papers, 2004.

Souza, Percival de. *Eu, cabo Anselmo: Depoimento a Percival de Souza.* São Paulo: Globo, 1999.

Spickard, Paul R. *Japanese Americans: The Formation and Transformations of an Ethnic Group.* Nova York: Twayne; Londres: Prentice Hall International, 1996.

Spínola, Rodolfo. "Guerrilha do Araguaia será contada em livro: Aqui e no Japão." *Gazeta do Paraná* (Curitiba), 23 de fevereiro de 1992.

Spitzer, Leo. *Hotel Bolivia: The Culture of Memory in a Refuge from Nazism.* Nova York: Hill and Wang, 1999.

Stallings, Bárbara; Székely, Gabriel (eds.) *Japan, the United States, and Latin America: Toward a Trilateral Relationship in the Western Hemisphere.* Houndmills, Reino Unido: Macmillan, em associação com o St. Antony's College, 1993.

Stam, Robert. *Tropical Multiculturalism: A Comparative History of Race in Brazilian Cinema.* Durham, N.C.: Duke University Press, 1998.

Stam, Robert; Vieira, João Luiz; Xavier, Ismael. "The Shape of Brazilian Cinema in the Postmodern Age." In: *Brazilian Cinema.* Johnson, Randal; Stam, Robert (eds.) Nova York: Columbia University Press, p. 387-472, 1995.

Steinhoff, Patricia G. "Hijackers, Bombers, and Bank Robbers: Managerial Style in the Japanese Red Army." *Journal of Asian Studies* 48: 724-740, 1989.

Sternheim, Alfredo. *David Cardoso: Persistência e paixão.* São Paulo: Imprensa Oficial do Estado de São Paulo, 2004.

Sumizawa, Shigueaki. "Ex-presos políticos da ditadura recebem indenização no Paraná." *Jornal Nippo-Brasil,* 3-9 de agosto de 2005.

Tajima, Renee. "Lotus Blossoms Don't Bleed: Images of Asian Women." In: *Anthologies of Asian American Film and Video.* Nova York: Third World Newsreel, p. 28-33, 1984.

Takeshita, Hermengarda Leme Leite. *Um grito de liberdade: Uma família paulista no fim da belle-époque.* São Paulo: Alvorada, 1984.

Tal, Tzvi. *Pantallas y revolución: Una visión comparativa del Cine de Liberación y el Cinema Novo.* Buenos Aires: Lumiere; Israel: Universidad de Tel Aviv, 2005.

Tanaka, Chester. *Go for Broke: A Pictorial History of the Japanese American 100th Infantry Battalion and the 442d Regimental Combat Team.* Richmond, Calif.: Go For Broke; distribuído por JACP, 1982.

Tavares, Flávio. *Memórias do esquecimento.* São Paulo: Globo, 1999.

Tendai Educational Foundation. *Japanese Eyes, American Heart: Personal Reflections of Hawaii's World War II Nisei Soldiers.* Honolulu: distribuído pela University of Hawaii Press, 1998.

Tigner, James L. "Shindo Renmei: Japanese Nationalism in Brazil." *Hispanic American Historical Review* 41: 515-532, 1961.

Timerman, Jacobo. *Prisoner without a Name, Cell without a Number.* Trad. Toby Talbot. Madison: University of Wisconsin Press, 2002 [1981].

Tolentino, Célia Aparecida Ferreira. *O rural no cinema brasileiro*. São Paulo: Unesp, 2001.

Torres, Ernani T. "Brazil-Japan Relations: From Fever to Chill." In: *Japan, the United States, and Latin America: Toward a Trilateral Relationship in the Western Hemisphere*. Stallings, Barbara; Székely Gabriel (eds.). Houndmills, Reino Unido: Macmillan, em associação com o St. Antony's College, p. 12-148, 1993.

Tosi, Juliano. "Todos os filmes citados." *Contracampo: Revista de Cinema* 36. Disponível em: <www.contracampo.he.com.br/27/todososfilmes.htm>.

Trento, Angelo. *Do outro lado do Atlântico: Um século de imigração italiana no Brasil*. Trad. Mariarosaria Fabris e Luiz Eduardo de Lima Brandão. São Paulo: Nobel, 1989.

Trevisan, João Silvério. "Entrevista com A. P. Galante: o rei do cinema erótico." *Filme Cultura* 15:40 (agosto-novembro 1982): 71-75.

Truskier, Andy (entrevistador). "The Politics of Violence: The Urban Guerilla in Brazil." *Ramparts* 9.4: 30-34, 39, 1970.

Turim, Maureen. "The Erotic in Asian Cinema." In: *Dirty Looks: Women, Pornography and Power*. Gibson, Pamela Church; Gibson, Roma (eds.). Londres: BFI, p. 81-89, 1993.

—————. *The Films of Oshima Nagisa: Images of a Japanese Iconoclast*. Berkeley: University of California Press, 1998.

Ustra, Carlos Alberto Brilhante. *Rompendo o silêncio: OBAN DOI/CODI, 29 set. 1970-23 jan. 1974*. Brasília: Editerra, 1987.

Valle, Maria Ribeiro do. *1968: O diálogo é a violência – Movimento estudantil e ditadura militar no Brasil*. Campinas: Unicamp, 1999.

Vianna, Martha. *Uma tempestade como a sua memória: A história de Lia, Maria do Carmo Brito*. Rio de Janeiro: Record, 2003.

Vieira, Francisca Isabel S. "Sistema de casamento entre isei e nisei." In: *Assimilação e integração dos japoneses no Brasil*. Saito, Hiroshi; Maeyama, Takashi, (eds.). Petrópolis: Vozes/São Paulo: Edusp, p. 302-316, 1973.

Villaméa, Luiza. "A verdadeira história do cofre do Dr. Rui: Trinta anos depois, *IstoÉ* revela fatos inéditos da maior ação da guerrilha brasileira, que tomou US$2,596 milhões da amante de Adhemar de Barros." *IstoÉ*, 21 de julho de 1999.

Vinício, Marcos. "Gaijin: O melhor 'mestiço'" *Folha da Tarde*, 7 de abril de 1980.

Wainer, Samuel. *Minha razão de viver: Memórias de um repórter*. Rio de Janeiro: Record, 1987.

Warren, Jonathan W. *Racial Revolutions: Antiracism and Indian Resurgence in Brazil*. Durham, N.C.: Duke University Press. 2001.

Wasserman, Claudia. "O império da segurança nacional: O golpe militar de 1964 no Brasil." In: *Ditaduras militares, na América Latina*. Wasserman e Guazelli(eds.) Porto Alegre: UFRGS, p. 27-44, 2004.

Wasserman, Claudia; Guazelli, César Augusto Barcellos (eds.) *Ditaduras militares na América Latina*. Porto Alegre: UFRGS, 2004.

Watanabe, Nelson; Abe, Célia Oi. "Cinema japonês no Brasil: Câmara lenta." *Página Um* do *Diário Nippak*, 3 de setembro de 1983.

Weinstein, Barbara. "Racializing Regional Difference: São Paulo versus Brazil, 1932." In: *Race and Nation in Modern Latin America*. Appelbaum, Nancy P.; Macpherson, Anne S.; Rosemblatt, Karin Alejandra (eds.) Chapel Hill: University of North Carolina Press, p. 237-262, 2003.

White, Hayden. *The Content of the Form: Narrative Discourse and Historical Representation*. Baltimore: Johns Hopkins University Press, 1987.

Williams, Linda (ed.) *Porn Studies*. Durham, N.C.: Duke University Press, 2004.

Willems, Emílio; Saito, Hiroshi. "Shindo Renmei: Um problema de aculturação," *Sociologia* 9: 133-152, 1947.

Xing, Jun. *Asian America through the Lens: History, Representations, and Identity*. Walnut Creek, Calif.: AltaMira, 1998.

Yamashiro, José. *Trajetória de duas vidas: Uma história de imigração e integração*. São Paulo: Aliança Cultural Brasil-Japão/Centro de Estudos Nipo-Brasileiros, 1996.

Yoshimura, Evelyn. "G.I.'s and Asian Women." *Gidra* 3: 1, 15, 1971.

Zilbovicius, Mauro. "Modelos de produção e produção de modelos." In: *De JK a FHC: A reinvenção dos carros*. Arbix, Glauco; Zilbovicius, Mauro (eds.) São Paulo: Scritta, p. 285-326, 1997.

SITES

2000 U. S. Census – factfinder.census.gov/home/saff/main.html?-lang=en

Asian Connections – asianconnections.com/entertainment/columns/ben.fong. torres/2002/II/

Chicago Reporter – www.chicagoreporter.com/2001/6-2001/6-2001main.htm

Cineweb – www.cineweb.com.br

Contracampo Revista Cinema – www.contracampo.com.br

Desparecidos Políticos – www.desaparecidospoliticos.org.br/araguaia/10.html

Diocese of Lins – www.catholic-hierarchy.org/diocese/dlins.html#info

Governo do Estado de São Paulo – www.justica.sp.gov.br/sessoes/sessao27.htm

Greg Pak/Asian Pride Porn – www.gregpak.com/app/index.html

Jovem Pan Radio – jovempan.uol.com.br/jpamnew/opiniao/consultores/con- sultores-all.php?id=14&last-id=5182&act=sim

Partido Comunista do Brasil – www.vermelho.org.br/pcdob/80anos/martires/ martires29.asp

Patu Fu – Site Oficial – www.patofu.com.br/oldsite/home/home.html

Resgate Histórico – www.resgatehistorico.com.br/doc-22.htm

Revista Brasil – www.revistabrasil.com.br/mateporbo21125.htm

The Midnight Eye: The Latest and Best in Japanese Cinema – www.midnighteye. com/features/art-theatre-guild.shtml

Tizuka Yamasaki – www.tizukayamasaki.com.br/index-port.htm

Tortura Nunca Mais – www.torturanuncamais.org.br/

FILMES

Back, Sylvio. *Aleluia Gretchen* (1976)

————. *Vida e Sangue do Polaco* (1983)

Barreto, Bruno. *Amor Bandido* (1979)

Belmonte, José Eduardo. *5 Filmes Estrangeiros* (1997)

Bodanzky, Jorge. *Jakobine* [também conhecido como *Os Mucker*] (1978)

Broca, Philippe de. *L'Homme de Rio* (1964)

Calmon, Antônio. *O Bom Marido* (1978)

Cardoso, José Adalto. *E a Vaca foi para o Brejo* (1981)

Carvalho, Vladimir. *Barra 68 – Sem Perder a Ternura* (2001)

Dong, Arthur. *Forbidden City USA* (1989)

Doo, John. *Ninfas Diabólicas* (1977)

————. *A Noite das Taras* (1980)

Farias, Roberto. *Pra Frente, Brasil* (1982)

Fraga, Ody. *Macho e Fêmea* (1973)
————. *Terapia do Sexo* (1978)
Futema, Olga. *Retratos de Hideko* (1980)
————. *Hia sá sá-Hai yah!* (1986)
————. *Chá Verde sobre Arroz* (1998)
Gamo, Alessandro; Melo Luis Rocha. *O Galante Rei da Boca* (2003)
Garret, Jean. *A Força dos Sentidos* (1980)
Hou, James. *Masters of the Pillow* (2004)
Khouri, Walter Hugo. *Noite Vazia* (1964)
————. *Paixão e Sombras* (1977)
————. *O Prisioneiro do Sexo* (1979)
————. *Eros: O Deus do Amor* (1981)
Laurelli, Marko. *Meu Japão Brasileiro* (1965)
Mauro, Roberto. *Desejo Violento* (1978)
Mazzaropi, Amácio. *Portugal . . . Minha Saudade* (1973)
————. *Um Caipira em Bariloche* (1973)
Meliande, Antonio. *Escola Penal das Meninas Violentadas* (1977)
————. *Damas do Prazer* (1978)
Oliveira, Oswaldo de. *Pensionato de Vigaristas* (1977)
————. *As Fugitivas Insaciáveis* (1978)
Pak, Greg. *Asian Pride Porno* (*on-line*) disponível em: www.gregpak.com/app/index.html
Reichenbach, Carlos. *Sonhos de Vida* (1979) (curta-metragem)
————. *O Império do Desejo* (1981)
Rezende, Sérgio. *Lamarca* (1994)
Rocha, Glauber. *Deus e o Diabo na Terra do Sol* (1964)
Santos, Nelson Pereira dos. *Como era Gostoso o meu Francês* (1971)
Sternheim, Alfredo David. *Isei, Nisei, Sansei* (1970)
————. *Borboletas e Garanhões* (1985)
Sugie, Toshio. *Kokusai himitsu keisatsu: Shirei dai hachigo* (1963)
Taniguchi, Senkichi. *Samurai Pirate*, também conhecido como *The Lost World of Sinbad* (*Daitozoku*) (1963)
Tendler, Sílvio. *Marighella: Retrato Falado do Guerrilheiro* (2001)
Thomé, Antonio Bonacin. *Belinda dos Orixás na Praia dos Desejos* (1979)
Vieira, Tony. *Os Depravados* (1978)
————. *O Matador Sexual* (1979)

Yamasaki, Tizuka. *Gaijin: Os Caminhos da Liberdade* (1980)

MÚSICA

Premeditando o Breque. *Premeditando o Breque.* "Marcha da Kombi (Wandy)." (Spalla, 1981).

————. *Quase lindo.* "São Paulo, São Paulo." (Lira Paulistana/Continental), 1983.

Índice remissivo

Pornochanchada, 87-106; cartazes e, 95-7

Portugal, 24

Prosopografia, 60

Publicidade, 21-2, 36, 46, 53, 55, 58, 96; da Atlantic, 55; do Bamerindus, 22; de *O Bem Dotado*, 96; de *Gaijin*, 28; da Japan Airlines, 51; imagens de *nikkeis* e, 203; protesto e, 205; da Semp Toshiba, 20, 21, 31; da Yamaha, 50

R

Raça: raça "brasileira", 116; cor e, 79, 115, 132; etnicidade, 57; pluralismo étnico e, 65; estrangeirismo e, 29, 113; idéias sobre, 26, 49, 57, 85, 112; raça "japonesa", 191; pobreza e, 115; racismo e, 85; brancos, 39, 48, 70, *Ver também* Miscigenação

Reichenbach, Carlos, 64, 90, 100-4

Religião: Batismo, 127, 177, 182; Budismo, 177; Catolicismo, 84, 123, 125, 128, 176-7; Sei-cho-no-iê, 170

Rezende de Souza Nazareth, Helenira, 132, 158

Ribeiro, Darcy, 25

Rocha, Glauber, 70, 106

Rock and roll, 36, 44, 56; jovens *hippies* e, 78

S

Santa Rosa, 26

Santos, Nelson Pereira dos, 106, 111

São Paulo: expansão econômica de, 36; grupos imigrantes em, 28, 29, 35-7, 107; como cidade japonesa, 66; paisagem de, 63; identidade *nikkei* e, 29, 64; população de, 27; identidade regional e, 27; migrações urbanas e, 36, 91, 93, 106

Semp Toshiba, 20-2, 30-1

Seqüestro: suposições étnicas e, 191, 193; do embaixador alemão, 145; do embaixador japonês, 188-201; como estratégia política, 188-90; cobertura de imprensa do, 191-2; do embaixador dos Estados Unidos, 188

Sexualidade: como brasilidade, 22, 94-101, 207; no cinema, 65-7, 71, 79, 87-106; erotismo e, 102; como questão étnica, 96-9; feminina, 50, 53; masculina, 91, 94; profissionalismo e, 100; sexo e, 74,

Shibata, Harry, 144

Shindo Renmei, 43, 57; cinema e, 104, 119

Sírio-libaneses, 126; como árabes, 125

Sirkis, Alfredo, 144, 148, 188

Sternheim, Alfredo, 68-86, 92; documentários e, 78; filmes eróticos e, 97-8

T

Takaoka, Carlos, 122, 152, 188

Tanaka, Misaki, 67, 75, 86, 96-105; como gueixa, 75, 101

Impressão e Acabamento